SV

Die Lieblinge der Justiz

Möge Gerechtigkeit walten. Möge die Welt untergehen.
Uralter Richterwitz

Erster Teil
Samijlo oder Der wundersame Räubersmann

Samijlo (Samuel) Nemyrytsch, dieser zu früh verdorrte und unglücklich vergessene Spross am Baum unseres nationalen Banditentums, zieht vor allem stilistisch Aufmerksamkeit auf sich, und die außergewöhnliche Schönheit seiner Verbrechen gründet auf absoluter Freiheit. Sogar von den frechsten seiner Morde und Raubzüge lässt sich sagen, dass sie mit einem seltenen Sinn für Ästhetik begangen wurden und dass sie alle zwangsläufig den Eindruck freier, inspirierter Schöpferkraft hinterlassen.

Bis heute wurde das Leben dieses Kleinadligen aus Podolien, der den glänzendsten Teil seiner Erdentage im Lemberg der 1610er Jahre vertändelte, von kaum einem unserer schon einmal erschossenen Historiographen beschrieben. Die Erzählung, auf die wir bei Władysław Łoziński in seinem umfangreichen Band *Prawem i lewem* stoßen (oder, ins Ukrainische übersetzt, »Mit Säbel und Urkunde«[1]), kommt zu tendenziös daher: Samijlo Nemyrytsch ist dem Autor schon deshalb ausnehmend unsympathisch, weil er weder Katholik noch Pole ist. Außerdem stammt er von denselben Nemyrytschs ab wie der künftige Oberst der Saporoger Kosaken Nemyrytsch Jurko – erbarmungsloser Held der Kampagne von 1648/49, Dichter, Philosoph und Häretiker. (Die Nemyrytschs traten überhaupt sehr bereitwillig zum Arianismus über, was

---

1 Genauer – »Mit Wahrheiten und Unwahrheiten«

damals aber nicht nur für sie, sondern auch für so alteingesessene Geschlechter wie die Potockis, Wiśniowieckis und Tatomyris typisch war.)

Zu dem Gedicht, das angeblich über Samijlo Nemyrytsch und in seinem Namen geschrieben und im Buch *Exotische Vögel und Pflanzen* veröffentlicht wurde, muss angemerkt werden, dass der Autor sich gar nicht erst die Mühe gemacht hat, in die Vergangenheit einzutauchen und einen schillernden und lehrreichen historischen Typus zutage zu fördern. Im Mittelpunkt des Gedichts steht vielmehr der übermäßig betonte, aus dem Lebenszusammenhang gerissene und hypertrophierte »Kartoffelpuffer-Vorfall«, der, obwohl in der Biographie unseres Helden tatsächlich festgehalten, einigermaßen singulär und untypisch ist.

Nun aber ist es an der Zeit, die ganze Wahrheit über diese den Nachkommen kaum bekannte Persönlichkeit darzulegen und damit einen weißen Fleck im Ozean der Nationalgeschichte und des Befreiungskampfes zu tilgen.

Samijlo Nemyrytsch lässt sich im Jahr 1610 in der Krakauer Vorstadt Lembergs nieder. Das genaue Datum seiner Geburt bleibt unbekannt, aber wir wissen zuverlässig, dass er bei seinem Umzug etwas mehr als zwanzig Jahre zählt. Er ist ein glänzender Reiter und Fechter, geschmackvoll gekleidet – die teuren Stoffe kauft er stets nur bei venezianischen und genuesischen Händlern –, er liebt Sherry, Malvasier, Madeira und gute Musik. Schon bald wird sein Haus zum Anziehungspunkt für originelle Exilanten aus allen Winkeln der Alten Welt; meist notorisch Ruchlose und Perverse, Zirkusnarren, Serienmörder, Philosophen, Okkultisten, berühmte Alchimisten, Sodomiten, Protestanten, Feueranbeter, Liliputaner und Banditen. Die Zeit vergeht mit wilden Gelagen, ketzerischen Gesängen und religiösen Disputationen. Fast täglich zieht Nemyrytsch in Begleitung seiner Kohorte durch die bekanntesten Weinschenken der Stadt, wo er gerne und bereitwillig Scherze treibt: er feuert aus seiner Muskete auf Flaschen und Sanduhren, nagelt den Besuchern die Bärte an den Tresen, bricht ihnen Arme und Beine, schüttelt ihnen die goldenen und silbernen Münzen aus den Taschen, zeigt seinen nackten Hintern, zertrümmert Fenster und Spiegel, tunkt den Ratsherrn Szczepiórski in einen Kessel frisch gebrühten Kaffees und den korrupten Richter Gołąbek in eine Latrine, schlägt den allzu Frechen die Augen aus, bricht ihnen die Rippen, pisst in ihr Bier und zwingt sie, ihre eigene Scheiße zu fressen, er singt laut, tanzt etc.

Der heutige Leser mag mit Unverständnis und sogar Missfallen auf solche Zeichen von Vitalität und gesunder geistiger Energie reagieren. Daher scheint es angebracht, an dieser Stelle ein paar Worte über die damaligen Gebräuche zu verlieren.

Mord oder auch eine Tätlichkeit kleineren Kalibers galten nach der Verfassung von 1577 nicht als etwas extrem Unzulässiges oder Verbotenes. Die damaligen Juristen behandelten die erwähnten Verbrechen eher philosophisch als juristisch, mit einer großen Dosis Humor, Ironie und christlicher Barmherzigkeit gegenüber den Delinquenten. Die Gefängnisstrafen fielen erstaunlich gering aus und wurden meistens zur Bewährung ausgesetzt. So stand auf Mord eines Kleinadligen an seinesgleichen (und Kleinadlige machten damals gut drei Viertel der gesamten Bevölkerung der Rzeczpospolita aus) ein Jahr und drei Monate Arrest im Festungsturm und die Zahlung von zweitausend Goldmünzen in die Staatskasse. Wurde der Mörder »in ricenti« (auf frischer Tat) ertappt, verdoppelte sich die Strafe: zwei Jahre und sechs Wochen Kerker und viertausend Goldmünzen Schadensersatz. (Aus irgendeinem Grund galt das Ertapptwerden auf frischer Tat als strafverschärfend: Lass dich nicht erwischen, Dummkopf, morde so klug, dass niemand etwas merkt!)

Schließlich konnte kein Mordprozess stattfinden, wenn es der Familie des Opfers nicht gelang, den toten Körper herbeizuschaffen (eine besondere juristische Prozedur mit der Bezeichnung »Präsentation der Leiche«). Daher dachte jeder, der seinen Nächsten abmurksen wollte, angestrengt darüber nach, auf welche Weise er den Körper rechtzeitig und zuverlässig loswerden könnte: mit einem Stein beschwert auf den Grund der Poltwa sinken lassen, im Küchenofen verbrennen, so tief wie möglich im schwärzesten Wald vergraben, in kleinste Stücke zerhacken etc. Im Falle des Richters Gołąbek, den Nemyrytsch, wie erwähnt, in der Scheiße ertränkte, fand man die Leiche nicht, weswegen der Fall aufgrund des Fehlens des Corpus Delicti, des Richterkörpers nämlich, ad acta gelegt wurde.

Man tötete leicht, mordete sorglos – heimlich und »in ricenti«, in aller Öffentlichkeit, denn selbst wenn das Gerichtsverfahren stattfand und ein Urteil gefällt wurde, musste der Verurteilte nicht zwangsläufig in den Kerker; meistens ging er nach Hause oder mit Freunden auf einen Becher Wein. Denn obwohl Gerichtsbarkeit und ausführende Gewalt schon damals potentiell unabhängig waren, konnte die ausführende Gewalt, offen gestanden, nichts ausführen, da sie an einem katastrophalen Mangel an Ausführenden, sprich Ordnungshütern litt. Während jeder Angeklagte bei Gericht in Begleitung einer ausgewählten Gesellschaft von mit Säbeln, Schwertern, Lanzen, Knüppeln, Totschlägern, Hellebarden und Degen bis an die Zähne bewaffneten Kumpanen, Verwandten und Bediensteten erschien, hätte nur ein durchgeknallter Rechtsstaatfanatiker oder ein Selbstmörder versucht, ihn gewaltsam ins Gefängnis zu bringen – ein Versuch, der nicht ohne traurige Folgen geblieben wäre.

Als zum Beispiel gute Bekannte im Juni des Jahres 1612 Nemyrytsch in der Schenke der Makoljondra im Lemberger Stadtteil Samarstyniw trafen, bestens gelaunt, ein Glas Sherry in der Hand und eine pralle, nur mit türkischen Strümpfen bekleidete Hure an seiner Seite, da hörten sie auf ihre vorsichtige Nachfrage, was er denn hier tue, die nicht weniger vorsichtige Antwort: »He-he, ich sitze meine Strafe ab, meine Herren! Habe, belieben, gerade den alten Isakowicz erschlagen und dafür, belieben, drei Monate und ein Jahr bekommen. Muss also sitzen, nichts zu machen!«

(Isakowicz, ein getaufter Karaime, handelte mit gefälschten Lemberger Teppichen, die er als persische ausgab, und sie unterschieden sich auch wirklich in nichts von den persischen. Einmal erwischten Nemyrytsch und seine Desperado-Kumpane, Jatzko Borodawka, Genyk Schulerman und der portugiesische Mohr Joelinho, den Sohn von Isakowicz, Zachariah, im Bordell »Zu den vier Titten«, wo der junge Karaime beseelt Papas Einkünfte verprasste; sie zerrten ihn von der Bordellangestellten Susanna Waligóra herunter, schleppten ihn in den Wald von Wynnyky und ließen ihn gefesselt in einer Höhle zurück, bewacht von dem halb blinden Liliputaner Ptuszek. Sie telefonierten den alten Isakowicz an, forderten fünftausend österreichische Zechinen Lösegeld, andernfalls würden sie den jungen Zachariah in elf gleiche Teile zerlegen und ihm, dem Vater, Kopf, Magen und Geschlechtsteil überbringen. Der alte Isakowicz schnappte sich seine geliebte Schatulle mit den Zechinen und eilte Richtung Teufelsfelsen, wo das Treffen mit Nemyrytsch und seiner Bande verabredet war. In der Zwischenzeit aber hatte sich der junge Isakowicz von seinen Fesseln befreit (diese Nummer hatte er sich bei den wandernden Magiern abgeschaut, denen er ein paar Sommer lang nachgelaufen war), den verschlafenen Liliputaner mit einem Stein ausgeknockt, vielmehr erschlagen, und sich zu Fuß durch den Wald und die Halytscher Vorstadt zurück ins Bordell »Zu den vier Titten« begeben, denn er hatte das ungute Gefühl, dass er sich noch nicht richtig ausgetobt hatte. Erbost über seine Flucht durchsiebten Nemyrytsch und seine Kumpane den alten Isakowicz mit Kugeln und verbrauchten dabei ganze acht Ladestreifen. Noch dazu holten sie aus der Schatulle keineswegs Zechinen, sondern die auf dem damaligen Währungsmarkt erheblich billigeren Taler, die der Alte in Hast und Dunkelheit offensichtlich mit Zechinen verwechselt hatte. Das Ende der Geschichte kennt der Leser schon: Gerichtstermin und anschließendes Besäufnis Nemyrytschs und seiner Kumpane in der Schenke der Makoljondra in Samarstyniw.)

In der Zeit zwischen der Ermordung des alten Karaimen und dem Überfall auf eine walachische diplomatische Mission unter dem ehrwürdigen Bojaren Gheorghiţa, die im Herbst 1615 auf dem Weg zum Aufenthaltsort des Königs von Schweden war und wertvolle Dokumente das transsylvanische Erbe betreffend mit sich führte, widmete sich Samijlo Nemyrytsch der Wissenschaft und den Künsten. Im Jahr 1614 gab er in Dresden den in lateinischen Versen verfassten Traktat »Über das Heilen mit Mohn und die Natur des Hanfes«[2] heraus, von den Zeit-

2 Im Original: »De papavere curatione et natura cannabis«

genossen gerühmt und heute leider unwiederbringlich verloren. Außerdem musizierte er viel, bereiste die Umgegend von Lemberg auf einer eigenen Erfindung in der Art des heutigen zweirädrigen Fahrrads, jagte und schrieb polemische Briefe gegen den unierten Metropoliten Ippatius Potius, ohne zu ahnen, dass dieser schon mehr als ein Jahr nicht mehr unter den Lebenden weilte.

Der Raubüberfall auf die walachische Gesandtschaft sollte die aufsehenerregendste Tat unter Beteiligung Nemyrytschs werden, abgesehen von dem bei Łoziński erwähnten »Kartoffelpuffer-Vorfall«, der für Nemyrytsch mit Festnahme und Kerker endete. Heute, in Zeiten ungezügelter »politischer Korrektheit« und dem vernichtenden Triumphmarsch des Hashtags #MeToo, scheint selbst die Erwähnung jener Episode mehr als riskant. Also zurück zu harmloseren Geschichten.

Nemyrytsch und Kumpane lauerten der walachischen Karawane im Schwarzen Wald auf, der, damals für seine Abgeschiedenheit bekannt, von Halytsch und Kalusch im Osten mit nur wenigen Unterbrechungen bis fast nach München reichte, empfingen sie mit einer Wand aus Tränengas und erreichten, dass der oberste Bojar, die übrigen Gesandten und sogar die Wachen mit dem Gesicht nach unten auf dem herbstnassen Weg lagen und sich, vom Gas oder vor Angst völlig gelähmt, nicht mehr rührten. Nachdem sie ihre Reisesäcke mit walachischen Nüssen (Walnüssen), Dukaten, Topasen, Amethysten und Sonnenblumenkernen gefüllt und sich die geheimen Dokumente geschnappt hatten, die versiegelt in einer besonderen Schatulle aus Ebenholz mit Perlmutt- und Elfenbeinintarsien lagen, und den Gesandten die Mützen und Jacken heruntergerissen hatten, die mächtig nach Schaf stanken, verschwanden Nemyrytsch und seine Freunde in den Tiefen des Schwarzen Waldes. Der portugiesische Mohr Joelinho schleppte noch den neunjährigen Eselstreiber mit, der ihm ausnehmend gut gefiel, aber kurz darauf an einer Überdosis starb. Die geheimen diplomatischen Dokumente retournierte Nemyrytsch geschickt dem transsylvanischen Hof und forderte dafür zwanzigtausend Schweizer Franken, doch Fürst Rákóczi zeigte sich wenig enthusiastisch ob eines solchen Deals, und so musste man sich mit achteinhalbtausend zufriedengeben.

Zu diesem Zeitpunkt hatten König und Sejm der Rzeczpospolita Nemyrytsch schon dreimal zum Infamus erklärt (unter Entzug der staatsbürgerlichen Ehre und des Adelsprädikats) und zweimal zum Gesetzlosen (unter Entzug sämtlicher Rechte und des Schutzes von Seiten des Staates und seiner Bewohner). Das bedeutete, dass ihn jedermann jederzeit hätte umbringen können, ohne Rechenschaft vor dem Gesetz ablegen zu müssen, und dazu noch den Dank Seiner Königlichen Gnaden erworben hätte. Es waren aber nicht viele zu sehen, die nach einem solchen Dank strebten, und die Summe einer möglichen Geldprämie auf Nemyrytschs Kopf blieb so nebulös, dass Nemyrytsch auch weiterhin dreist in seinem goldverbrämten Mantel über den Marktplatz spazierte, in Begleitung der lupenreinen Galgenvögel Schulerman, Joelinho und Inokentij-Silvester Kozkyj, eines für Freigeisterei und Onanismus exmatrikulierten Theologiestudenten. (Ein weiterer seiner engsten Kumpel, Jazko Borodavka, hatte sich damals schon den Saporoger Kosaken angeschlossen, wo er bald darauf Sahajdatschnyj stürzen und zum Hetman aufsteigen würde. Bei Chotyn, wo er als Hetman das ruhmreiche Kosakenheer zur fast vollständigen Niederlage führte, würde er dafür mit dem Kopf bezahlen.) Der letzte Bann gegen Nemyrytsch wurde für die sogenannte »Causa Bestiarii« verhängt. Die Episode hat einen exotischen Beigeschmack. Im Jahr 1616, wohl im Mai, Juni, machte auf der Pohuljanka die wandernde Tierschau eines gewissen Michelagnolo Romano Station (unter diesem Namen verbarg sich der in ganz Europa bekannte Falschmünzer und Giftmischer Gustav Suppe vor der Inquisition, übrigens ein Sohn Thüringens): zehn Dutzend Käfige mit allen nur denkbaren indischen Tieren – Löwen, Panthern, Lemuren, Nas- und Einhörnern, Giraffen, Antilopen, Flusspferden und Hippos, Pavianen, Zebras, Ameisenigeln, Vampiren, Incubi etc. Tagtäglich, vor allem aber am Sonntag begab sich die erlesenste Lemberger Nobilität zur grünen Pohuljanka, wo man für eine vergleichsweise hohe Gebühr nach Herzenslust diese wundersame Fauna bestaunen konnte, die allerdings ganz grässlich stank.

An einem Sonntag brachen Nemyrytsch und seine Freunde wie ein Taifun über das Bestiarium herein, öffneten alle Käfige und ließen die ungefütterten Insassen frei. Dabei kam der portugiesische Mohr Joelinho ums Leben, zertrampelt von einem Nashornweibchen, dem sich der alte Liederjan und Zoophile unvorsichtigerweise in eindeutiger Absicht genähert hatte. Die verängstigten, halb toten Bürger der *treusten aller Städte der Krone* stoben panisch auseinander, und die entkommenen Tiere trabten, nachdem sie den ersten Hunger gestillt hatten, die Leninstraße (heute Lytschakiwska-Straße) hinunter Richtung Zentrum und okkupierten bald die ganze menschenleere Stadt, sie vergnügten sich in Blumenbeeten, Springbrunnen und Klostergärten und labten sich in aller Ruhe an einzelnen erlegten Passanten. Der Besitzer des Bestiariums Michelagnolo (alias Gustav Suppe) verlor vor Verzweiflung den Verstand. Um die Tiere wieder in die Käfige zu bekommen, knöpfte ihm Nemyrytsch eintausend sizilianische Dukaten ab. Suppe stimmte freudig zu und legte gleich dreihundert Dukaten als Anzahlung auf das Fass (das Gespräch fand in der Bierschenke »Fisch ohne Kopf« statt). Am nächsten Tag befand sich das ganze Bestiarium tatsächlich wieder an Ort und Stelle. Unter Einsatz des brasilianischen Gifts Curare, am Vorabend in der Apotheke van der Vanden auf den Hetmans-Wällen beschafft, hatten Nemyrytsch und seine Bande alle Monster mit gekonnten Bogenschüssen eingeschläfert und schlafend auf Karren zur Pohuljanka transportiert. So lautet jedenfalls die eine Version, doch es gibt auch eine andere, dass nämlich die Tiere von selbst in die Käfige zurückgekehrt seien, besänftigt der originellen Melodie folgend, die Nemyrytsch ihnen auf einer langen Flöte vorspielte. Wie dem auch gewesen sein mag, Suppe zahlte Nemyrytsch die restlichen Dukaten aus und verließ Lemberg noch am selben Tag mit seiner ganzen Karawane. Wie sich danach herausstellte, waren die Dukaten ausnahmslos gefälscht, und in der Nacht zum 22. Juni holten Nemyrytsch und seine Kumpane, wortbrüchig geworden, den Betrüger und seinen Geleitzug auf der Großen Maulbeerstraße ein, schlachteten sie alle ab und übergaben die Tiere und Käfige dem Zirkus »Vagabundo«, mit dessen Direktor Nemyrytsch durch zweifelhafte Geschäfte verbunden war.

Der schon erwähnte Apotheker van der Vanden unterhielt mit Nemyrytsch ebenfalls recht enge Verbindungen. Er versorgte ihn mit den unterschiedlichsten narkotischen Kräutern und mit empfängnisverhütenden Pillen. Als Hauptlieferant von Opium für den Hof des türkischen Padischahs und von Kokain für den Kalifen von Bagdad verstand sich der geschäftige Holländer auf alle Arten verbotener Substanzen. Seinen mehr als überzeugenden Überredungskünsten nachgebend, hing Nemyrytsch bald an der Nadel und war einige lange Jahre abhängig, er jagte Freunde und Gespielinnen aus dem Haus und vereinsamte tragisch. Ganze Tage lang stand er nicht auf; er magerte sichtlich ab und vertrocknete, traf die Vene jedoch mit erstaunlicher Sicherheit. Unablässig träumte er seine farbigen Mysterienträume, und wenn er zwischendurch unter großen Mühen wieder zu Bewusstsein kam, las er im neusten Traktat des berühmten sächsischen Theologen Abraham von Aschenbach »Das göttliche Ei, oder Mechanismus zur Folterung der Sünder«, den er eigens von der Sorbonne kommen ließ. Die Randnotizen in diesem Quartband, seine Bemerkungen und Unterstreichungen zeugen von einem uneingeschränkten Verständnis für das Thema und von der Absicht, seinerseits eine ausführliche polemische Arbeit zu verfassen.

Die wahre Ursache seines zutiefst melancholischen und sogar depressiven Zustands aber lag in der Liebe zu der dreizehnjährigen Amalka, der Tochter des städtischen Henkers Stefan Neboraka. Zum ersten Mal hatte Nemyrytsch sie durch die Gitterstäbe seiner Zelle gesehen, als er seine Strafe für den hier zum dritten und letzten Mal erwähnten tragischen »Kartoffelpuffer-Vorfall« absaß. Das Mädchen kam täglich in ihres Vaters Henkerstube in der Nähe des Turms und brachte ihm in wolltuchumwickelten Krügen sein warmes Mittagessen. Einmal hockte sie sich zum Verrichten ihrer Notdurft in die Büsche unweit des Turms. Nemyrytsch bemerkte sie und verliebte sich sofort unsterblich. Die Wände seines Kerkers waren vollgekritzelt mit Amalkas Namen. Mit einem dunkelroten Stück Ziegel zeichnete er unzählige Male ein durchbohrtes Herz, Mädchenlippen, Körperteile etc.

Tragisch war, dass das junge Fräulein Amalia seine Gefühle brüsk zurückwies. Aus dem Gefängnis frei gekommen, erklärte sich Nemyrytsch ihr brieflich und bot ihr an, seine gesetzliche Ehefrau zu werden. Dem Brief legte er sein meisterhaftes Akrostichon-Sonett »Amalia Neboraka« bei. Das Mädchen aber antwortete ziemlich direkt, dass es ihr niemals einfallen würde, einen solchen Taugenichts und Liederjan zu ehelichen, schließlich entstamme sie einer angesehenen Familie, deren Würde in den Augen von ganz Lemberg durch eine schändliche Verbindung wie diese zerstört würde. Noch dazu liebe sie schon lange und treu den ihr anverlobten Metzgersohn Piotruś dafür, dass er lockenköpfig und von fröhlicher Disposition war und es wie kein anderer verstand, die blutigen Därme mit Wurstmasse zu stopfen. Am Abend darauf stellte sich Samijlo Nemyrytsch dem Metzgersohn Piotruś in Kulparkiw in den Weg und prügelte besagte Därme aus ihm heraus. Aber das nutzte nichts – bis ans Ende ihrer Tage ging Amalia in Trauer, hielt dem Verlobten die Treue und verbrachte ihm zu Ehren ihr langes 93jähriges Leben als Jungfrau.

Nachdem er sich schließlich von der Vergeblichkeit aller Anstrengungen und Versuche überzeugt hatte, irgendetwas in dieser sinnlosen Welt zu verbessern, verfiel Samijlo Nemyrytsch in Untätigkeit und verschloss sich. Offenbar hatte er ein paar einfache und beunruhigende Dinge verstanden. Indem er die Reichen bestrafte und sich ihren Besitz aneignete, hatte er diesen einfach nur umverteilt. Aber das rettete die Bedürftigen nicht aus ihrer Not, die Hungernden nicht vor dem Hunger. Die Frauen gaben sich ihm gern und in großer Zahl hin, aber nicht, weil sie ihn für seinen Verstand und sein Herz liebten, sondern weil er wusste, wie er ihnen Befriedigung verschaffen konnte. Seine wissenschaftlichen und künstlerischen Arbeiten verstanden die Zeitgenossen überhaupt nicht und verbrannten sie häufig – auf Befehl mal der Inquisition, mal des Moskauer Zaren. Seine brillant ausgeführten kunstfertigen Verbrechen riefen nichts als Abscheu, Unverständnis, Infamie und Bann hervor, weitere Verurteilungen und Gefängnis. Niemals wurden sie zum Gegenstand unvoreingenommener professioneller Kommentierung, respektvoller Auslegung oder höherer moralischer Betrachtung, was der unglückliche Samijlo so sehr ersehnte. Sein Los war, den bitteren Becher der Tragödie aller Großen bis zur Neige zu leeren: die Diskrepanz zur Epoche, in die ihn das Schicksal geschleudert hatte.

Dabei war Nemyrytschs Becher von doppelter Bitterkeit: nicht nur die Epoche, sondern auch der Ort. Samijlo Nemyrytsch hatte das Unglück, Ukrainer zu sein und in der Ukraine zu leben – ohne eigene Staatlichkeit, Jurisprudenz, Geschichte und sogar ohne eigene Unterwelt. In Amerika hätte er Präsident werden können, in Rom Papst oder doch zumindest Kardinal, in England Robin Hood, in Deutschland Bismarck oder sogar Goebbels. In der Ukraine aber hatte er nur die Wahl zwischen Bandit oder Aufrührer. Im folgenden polnischen Sprichwort aus jener Zeit steckt heilige Wahrheit: »In der Rus kannst du Jesuiten säen, es werden trotzdem Verbrecher herauskommen!«

Samijlo trat am 18. Oktober 1619 unter dem Namen eines Bruders Theodosius ins Kloster ein und wurde in einer Zelle der Potschajiwska-Lawra unbemerkt alt. Nach dem Tod, der im Januar 1632 durch eine unbekannte nächtliche Krankheit eintrat und unverzüglich mit versteckter Kamera für die künftige Veröffentlichung bei YouTube fixiert wurde, verweste der Körper nicht und begann am fünften Tag, geschmeidig und warm wie vorher, nach Malve zu duften. Entgegen der Beweiskraft dieser unzweideutigen Anomalie wurde Nemyrytsch nicht kanonisiert. Angeblich, weil seine Geburtsurkunde nicht aufzufinden war. Nach und nach hörte man überhaupt auf, an die Tatsache seiner Existenz zu glauben.

Nebenstehend Samijlo Nemyrytschs Akrostichon-Sonett »Amalia Neboraka« – sein einziges Werk, das bis in unsere Tage überliefert ist.

Samijlo Nemyrytsch (? – 1632)

A. N.

Ach Gottesengel kennen nicht den Vogel –
Mir Abgrund. Blut hast du genommen.
Amur hat mich besiegt wie einen Deppen.
Liebling, schau her! Im Herz sitzt mir ein Nagel.

Ist das ein Glück verglichen mit den Fesseln
An Überdruss und Trauer der Tataren
Noch Polacken Kriegszug. Wütend werden
Erst und irre. Wie zum Verzweifeln!

Bliebst du nicht jung, ein hässlich scheußlich Weib,
O widerlich, der Nas und Zähne bar,
Ratzratte mein, o teuflische Giftnatter!

Ach du hast nichts als nur ein Loch im Leib
Kein andrer armer Sünder so verliebt je war.
Auf los jetzt, ab zum Henker – deinem Vater.

Zweiter Teil
B.S., der Mörder von S.B.

1

Der Mann, der Bohdan Staschynskyj genannt wurde, könnte mit Recht einen prominenten Platz in Borges' »Universalgeschichte der Niedertracht« beanspruchen. Mehrmals hat er in seinem Leben bewusst und kaltblütig die Grenze überschritten, hinter der keine Vergebung mehr ist. Daher erscheint die Bezeichnung »Held« in Bezug auf ihn äußerst riskant. Trotzdem würde ich ihn und nicht sein Opfer, von dem später noch die Rede sein wird, zum Helden meines Filmprojekts machen. Wobei ich zu meiner Entlastung anführen kann, dass ich dieses Projekt niemals verwirklichen werde. Was mir bleibt, sind naive Versuche, den Film mit Wörtern und Sätzen irgendwie zu beschreiben – so wie ich als Kind den Klassenkameraden Filme nacherzählt habe, die es in Wirklichkeit gar nicht gab. Der mir unbekannte John Steele, Korrespondent des *Life-Magazine*, nennt Staschynskyj in seinem Essay »Monster mit menschlichem Antlitz«. Wenn man dem Internet glauben will, hat John Steele diesen Text im September 1962 veröffentlicht, als die Spur der beschriebenen Ereignisse noch frisch war. Jedenfalls dient mir diese *Aufklärung* zum Thema Aufklärung des unbekannten John Steele als Synopse. Mit anderen Worten, sie lässt mir schon seit mehreren Wochen keine Ruhe; ich sehe meinen Film in ganzen Abschnitten und einzelnen Bildern, und meistens gefällt er mir.

Aber wie ihn nacherzählen? Vielleicht beginne ich mit einer Annäherung.

»Monster mit menschlichem Antlitz« oder »Der Mordroboter«. Mit diesen Worten beschreibt John Steele Staschynskyj. Aber der Nachweis dieser Charaktereigenschaften muss, ehrlich gesagt, erst noch geführt werden. Ausschlaggebend ist wahrscheinlich die unerhörte und praktisch unerreichte Perfektion, mit der Staschynskyj sich vorbereitet und die Aufgabe dann ausgeführt hat. Der ideale Exekutor für Spezialaufgaben. Wie es in der Sprache der Spione heißt, er handelte *sauber*, also vollendet – keine menschliche Regung führte zu einer Abweichung, keinerlei sentimentalen Anwandlungen oder psycho-neurotischen Eskapaden. Seine Genialität als Mörder lag darin, dass wir bis heute nicht wüssten, von wem und warum sowohl Rebet als auch Bandera umgebracht wurden, hätte Bohdan Staschynskyj alias Joseph Lehmann nicht beim Tanzen eine gewisse Inge Pohl kennengelernt, eine Deutsche, 21 Jahre alt, Friseurin. Und hätte er sie nicht nach dem Tanzen heimbegleitet. So aber entstand ein Gefühl, das den spektakulärsten Spionageskandal des vergangenen Jahrhunderts auslöste und für ganze siebzehn hochrangige KGB-Offiziere das jähe Ende ihrer Karriere bedeutete. Die gesamte westliche Welt aber wurde nochmals in ihrer nicht sehr originellen Überzeugung vom mörderisch kriminellen Charakter des bolschewistischen Systems bestärkt. In diesem Sinne tritt Staschynskyj auch noch als strafendes Element der Geschichte auf, in der ihr eigenen Ironie: Er macht das Geheime offensichtlich. Ich habe sogar schon gelesen, die Berliner Mauer, die angeblich in einer Nacht, vom 12. auf den 13. August 1961, errichtet wurde, sei in Wirklichkeit mit nur einem Ziel gebaut worden – Staschynskyj sämtliche

Schlupflöcher für die Flucht zu versperren. Trotz ihrer offensichtlichen Überspanntheit und Infantilität kann diese These zumindest symbolisch als folgerichtig gelten. Denn ohne Übertreibung lässt sich sagen, dass die Liebe des ukrainischen Verräters (und sowjetischen Spions) zu einer einfachen deutschen Friseurin geopolitische Bedeutung erlangte.

Über Staschynskyj, vielmehr mit seiner Beteiligung, wurde bereits ein Film gedreht. Jedoch wirkt die Darstellung des *Helden* dort zu simpel und betont plakativ, wie überhaupt der ganze Film. Vielleicht hatten die Autoren es sich ja zur Aufgabe gemacht, einen plakativen Film zu drehen, und hielten das damals, Anfang der Neunziger, für einen notwendigen und ausreichenden ersten Schritt. Warum eigentlich kommen wir nie über die ersten Schritte hinaus? Aber das nur nebenbei.

In dem Film sehen wir einen vorbildlichen Stepan Bandera, der neben den Tugenden, die für eine politische Ikone unerlässlich sind, auch noch privat absolut positive Züge aufweist, vor allem als vorbildlicher Familienvater, der einfach keine Schwächen haben kann (und – Gott behüte – auch nicht haben darf!), am wenigstens für Frauen. Sein Mörder Bohdan Staschynskyj wird entsprechend als geistesschwacher Opportunist dargestellt, als *zitternde Kreatur* und verirrtes Schaf aus der heroischen ukrainischen Herde.

Tatsächlich ist Staschynskyj ein Monster, aber eines, dem es gelingt, sich zu retten. Und genau deshalb würde ich ihn und nicht Stepan Bandera zum Helden des Films machen, den ich zum Glück niemals drehen werde.

Aber ich kann ihn imaginieren. Das ist übrigens viel interessanter und fesselnder. Der Film würde vor allem vom Chaos der Geschichte handeln und von Blut. Blut auf dem Anzug des ANFÜHRERS, zum Beispiel. Was mich aber viel mehr interessiert – es wäre ein Film über Aufruhr und Widerstand. Sein Held Bohdan Staschynskyj widersetzt sich plötzlich seinen Arbeitgebern und – dazu waren sie geworden – seinen Wohltätern, entschlossen tritt er (also gut, er kriecht als Schlange!) aus dem SYSTEM, obwohl dieses ihn mit allen möglichen Umarmungen und Zärtlichkeiten umfängt, darunter auch mit ebenjenem Blut. Und obwohl es aus ganzem Raubtierrachen stinkt, eine unmissverständliche Bedrohung seines unbedeutenden, verirrten Schafslebens.

Ungeachtet der Absurdität der Wahl – glänzende Fortsetzung einer überwältigend erfolgreichen Agentenkarriere oder tödliche Hoffnungslosigkeit der Flucht in die Liebe – wählt das Untier Staschynskyj, »Monster mit menschlichem Antlitz« und »Mordroboter«, Letzteres. Als wäre er nicht ein gebildeter und zynischer galizischer Abtrünniger, sondern einfach ein dummer Junge, der, nachdem ihn irgendwelche »Beatles« zu Tränen gerührt haben, fanatisch daran glaubt, dass »Love Is All You Need«.

2

In groben Zügen und als punktierte Linie nachgezeichnet verläuft sein Leben etwa folgendermaßen.

Eines schönen Tages Ende der vierziger, Anfang der fünfziger Jahre wurde der damalige Oberschüler im Bummelzug zwischen Lemberg und seinem Wohnort Borschtschowytschi beim Schwarzfahren erwischt.

Wie und warum man den kaum volljährigen Passagier aus den Händen des Zugschaffners der Bahnhofsmiliz übergibt und von dort in noch fürsorglichere Hände, das wird wohl immer ungeklärt bleiben. Die Dienste werden damals doch nicht etwa jeden Schwarzfahrer angeworben haben, der das Pech hatte, erwischt zu werden? Wenn doch, dann ist es entsetzlich, sich die wahre Zahl ihrer *freiwilligen Helfer* auch nur vorzustellen. Wahrscheinlicher aber ist, dass sich über Staschynskyj schon etwas zusammenbraute und die Festnahme im Zug nur der Prolog zu einem festgelegten Szenario war.

Der junge Mann erklärte sich vergleichsweise schnell zur Zusammenarbeit bereit. Vielleicht hatte er nur auf diese Gelegenheit gewartet, vielleicht heimlich von ihr geträumt. Nachdem er auf Befehl des KGB in die Strukturen des Untergrunds eingedrungen war, verriet er die Widerständler, wie es so schön heißt, in ganzen Kampfgruppen. Die Operationen, die unter seiner Beteiligung ausgeführt wurden, erinnern irgendwie an Aufführungen damaliger Provinztheater. John Steele schreibt von »Pfützen von Hühnerblut«, die von den Tschekisten in diesen Inszenierungen eingesetzt wurden. Das andere, das Nichthühnerblut, das mit reißfesten Stricken bindet und einen nicht nur zu Loyalität, sondern zur völligen Hingabe zwingt, können wir uns vorstellen.

Die Sorgfalt und der Erfolg dieses jungen Provokateurs blieben nicht unbemerkt. Schon im Jahr 1952 wird er nach Kiew berufen, wo er eine zweijährige Spionage-Ausbildung absolviert. Zum superintensiven Erlernen feindlicher Sprachen kommen Politinformation sowie Lektionen in Schießen, Selbstverteidigung »SAMBO« und angewandter Giftkunde. Ungefähr in der Mitte dieser Epoche mit Goldschimmer stirbt Stalin, und der alleroffiziellste Dichter der Ukraine publiziert einen neuen Band, »Macht ist uns gegeben«. Was die Macht angeht, kann Staschynskyj ihm nur zustimmen. Anlässlich der glänzend bestandenen Abschlussprüfungen richtet die Führung Staschynskyj ein Festmahl aus. In meinem Film wäre diese Episode eine besondere Zäsur: der ellenlange Tisch mit ausschließlich armenischem Kognak, Champagner, Sardinen, Krabben, zwölf Sorten Fleisch, Orangen, Ananas und Haselhühnern würde unvermeidlich mit Stalins »Buch vom schmackhaften und gesunden Essen« assoziiert, vor allem vor dem Hintergrund der allgemeinen chronischen Unterernährung während der ersten und aller weiteren Nachkriegsjahre.

Nicht lange darauf findet sich Staschynskyj in der DDR wieder, wo man ihn mit verschiedenen Routineangelegenheiten zu testen beginnt. Da heißt er schon Joseph Lehmann und spricht Deutsch, als habe er sein ganzes bisheriges Leben im Ruhrgebiet verbracht (Kohlenpott-Dialekt) – und das nicht zufällig, denn entsprechend seiner Legende stammt er aus der Nähe von Essen. Eine Zeitlang muss er jetzt den Balljungen spielen (nein, nicht einmal die Kastanien darf er aus dem Feuer holen!), und wenn er auch manchmal nach Westdeutschland kommt, dann nur um alle möglichen lächerlichen Aufgaben auszuführen wie zum Beispiel durch München schlendern und die Nummernschilder der Militärfahrzeuge aufschreiben. Eine andere Zerstreuung bieten die mehr oder weniger regelmäßigen Besuche im Zirkus »Vagabundo«, vielmehr seiner kläglichen Reste. Bohdan Staschynskyj hatte schon als Jugendlicher in Lemberg und Umgebung einige Vorstellungen dieser Truppe gesehen. Jetzt tauchten die Überbleibsel des Zirkus, sich langsam ihrem überseeischen Ziel nähernd, hin und wieder mit ihrem Zelt in irgendwelchen deutschen Käffern auf: die sichtlich verarmten und gezwungenermaßen gekürzten Aufführungen konnte man wenn auch nicht mehr in Paderborn oder Heilbronn, so doch in Gauting oder Tutzing sehen.

John Steele vergisst nicht, dies zu erwähnen, aber er schreibt nichts über die inneren Stürme und tief verborgenen Qualen – oder über das nervöse Zucken über den Wangenknochen. Bohdan Staschynskyj hält sich für einen Diamanten, der keine seiner Bestimmung entsprechende Verwendung findet. Aber das ist das Schicksal des Spions – er muss warten. Die Spionagetätigkeit besteht zu 99 Prozent aus Warten. Der Raum der Spionage ist noch nicht einmal ein Empfangszimmer, sondern ein kalter und öder Wartesaal.

Gerade da wendet sich ihm das Schicksal auf ganz unerwartete Weise zu – mit weiblichen Brüsten. Und zum ersten Mal im Leben presst er sich ganz daran – beim Tanz in Ostberlin, an einem seiner seltenen *freien* Abende. Über Inge Pohl, in die sich Staschynskyj beim ersten Tanz blitzartig und bedingungslos verliebt, schreibt John Steele nur sehr zurückhaltend: »Ihr Äußeres war völlig unauffällig, sogar irgendwie ungepflegt. Bei Tisch benahm sie sich wie ein Wolf. Durch intellektuelle Bedürfnisse zeichnete sie sich nicht aus. Jedoch war sie ihrem Freund treu ergeben, der sich rettungslos in sie verliebte.« Am interessantesten ist hier natürlich der Vergleich: wie ein Wolf. Nur, was bedeutet er? Benahm sie sich wild? aggressiv? aß sie gierig das ganze Fleisch? Wir werden keine Antwort hören. Aber auch John Steele kann nichts wissen von den tausend anderen »jedoch«. Zum Beispiel von ihrer Angewohnheit, das rötliche Haar zurückzuwerfen, es auf ihre Schultern zu schütteln, nachdem sie sie von der Haarspange befreit hat. Oder über den Geruch ihres ganz und gar nicht raffinierten Friseurparfüms (und dann auch noch aus der DDR), der das ungeküsste Spionage-As aus Borschtschowytschi in süße Trance versetzte. Oder davon, wie die Waggontüren des letzten Zuges nach Karlshorst sie, die Schutzlose, jedes Mal von ihm trennten. Oder schließlich davon, wie unaussprechlich lange und leidenschaftlich sie zum Höhepunkt kam – mit ihrem ganzen Selbst, sich als Welle erhebend und dankbar stöhnend.

Interessant, dass Staschynskyj der Führung diszipliniert Bericht erstattete über seine Romanze. Komisch, dass seine Oberen auf diese Nachricht eher nachsichtig reagierten. Kein Alarmsignal wurde ausgelöst, keine Selbstblockade des Systems.

Ganz im Gegenteil – endlich kam Bewegung in sein Leben, man beauftragte ihn mit zwei großen Morden. Im Oktober 1957 beging er in München den ersten – an Lew Rebet. Als Jude und Angehöriger des demokratischen Flügels der OUN war Rebet eher ein symbolisches Ziel. Allein durch seine Existenz widersprach er dem häufigsten Vorwurf gegen den ukrainischen Untergrund oder zog ihn zumindest in Zweifel – den des Nazismus. Staschynskyj sollte diese Ungereimtheit auslöschen und Rebet aus der Arena des Widerstands entfernen. Bevor er ihn aber findet, sich ihm in den Weg stellt und ihm aus einer speziellen zylinderförmigen Aluminiumpistole einen Schwall Giftflüssigkeit ins Gesicht spritzt, müsste in meinem Film ein Hund auftauchen – um das Gift an ihm zu testen. Der Hund wäre an einen Baum gebunden, und Staschynskyj näherte sich ihm zusammen mit einigen, wie John Steele sie nennt, Kollegen. Ob sie sich wohl in die Augen geblickt haben, Staschynskyj und der Hund? Ob die Hand Staschynskyjs nicht doch ein ganz kleines bisschen gezittert hat? Ob Staschynskyj nicht doch eine klitzekleine Möglichkeit hatte, nicht abzudrücken? »Er spritzte, und der Hund warf sich sofort auf die Erde, ohne noch einen Laut von sich zu geben«, schreibt John Steele. »Aber noch ungefähr drei Minuten lang zitterte er im Todeskampf.«

Rebets Todeskampf dauerte nicht einmal drei Minuten.

Nachdem er ihn vernichtet hatte, floh Staschynskyj noch am selben Tag nach Frankfurt am Main, wo er im Hotel »International« *übernachtete.* Wie hat er diese Nacht verbracht? Ist er wirklich eingeschlafen? Vielleicht kaum dass sein Kopf das Kissen berührte, wie es oft heißt? Wir wissen es nicht. Aber es scheint fast hundertprozentig sicher, dass er mit dem siegreichen Gefühl einer sauber ausgeführten Aufgabe nach Ostberlin zurückgekehrt ist. Aus diesem Anlass deckten die Kollegen des Agentenstützpunkts in Karlshorst erneut den Tisch – es handelt sich um das zweite Festmahl für Staschynskyj und die zweite Zäsur im Film. Diesmal mit Bier und Schnaps, geräuchertem Aal und rotem und schwarzem Kaviar in sächsischen Trophäen-Schalen aus Silber und Porzellan. Und mit Liedern aus dem immer noch beliebten Kinofilm *Kubankosaken,* die man zum lädierten Klavier anzustimmen versucht, und einem zuerst langsamen, dann immer schnelleren und dreisteren Besäufnis. Auch ein wertvolles Geschenk gibt es: Im Namen der allerhöchsten Führung erhält Staschynskyj einen Fotoapparat »Contax«.

Was für eine wunderbare Gelegenheit, die Geliebte zu verewigen – vor dem Hintergrund von Parkbäumen, Brücken, Schlosstoren, unter einem Bogen, unter einem neuen Regenschirm, mit Sonnenbrille! Sie lieben sich wie Engel – nur mit dem Unterschied, dass Engel keinen Körper haben und daher auch keine Geschlechtsteile.

Stepan Bandera, den Staschynskyj ungefähr zwei Jahre später ermordete, gefiel den Frauen. »Gefiel« ist eigentlich nicht ganz das richtige Wort – in Wahrheit konnte er (der Charismatische, Mystische, Revolutionäre, Gnadenlose) sie in den stillen und geheimen Wahnsinn treiben. Er hatte eine Aura der Macht, und die gilt als sexy. Darum entwischte er ab und zu seinen Personenschützern und verschwand für lange Stunden *ins Unbekannte*. Es war ihm natürlich bekannt, dass er die Erschießungsliste der sowjetischen Geheimdienste unverändert mit großem Abstand zu den nächsten Konkurrenten anführte. In der Realität bedeutete das eine dauernde Todesgefahr – minütlich, stündlich, vierundzwanzig Stunden am Tag, sieben Tage die Woche, ohne Wochenende und Feiertage. Einer verbreiteten Erzählung nach hatte Stepan Bandera auf seine Wahl zum Anführer der ORGANISATION mit offenem Sarkasmus reagiert: »Ich nehme euer Todesurteil an.«

Aber er tat alles, um so wenig Zeit wie möglich unter dem Schutz der Bodyguards zu verbringen. In einem geheimen Versteck zu sitzen, sich auf den Boden zu werfen und nicht den Kopf zu heben, davon konnte schon gar keine Rede sein. Das wäre für ihn schlimmer gewesen als der Tod. So hob er den Kopf und drehte seinen Bodyguards ab und zu eine Nase.

Die Tschekisten kannten seine *Schwäche* natürlich nur zu gut. Eben auf sie wiesen sie Staschynskyj in ihren Instruktionen hin, als sie ihn losschickten, um den Feind Nr. 1 aufzuspüren. Und doch ist die Geschichte jenes Aufspürens unglaublich lang und verworren. Sie bildet eine eigene Punktlinie, die von mehreren ganz trivialen

Dingen getragen wird, etwa dem Münchner Telefonbuch (warum, warum nur musste der Name einer so konspirativen Persönlichkeit, auch wenn es sich um ein Pseudonym handelte, dort mit voller Adresse verzeichnet sein?!) oder einem erst defekten, dann glücklich an sich gebrachten Schlüssel zur Haustür an ebenjener Adresse.

Die Feinde im Hausflur, Treppenhaus oder Fahrstuhl der Gebäude zu töten, wo sie wohnen, ist eine Art Erkennungszeichen. Deshalb war es Staschynskyj so wichtig, in diesen Hausflur zu gelangen und Bandera dort zu stellen.

Am 15. Oktober 1959 gegen 13.00 Uhr sind sie sich für einen Moment drinnen begegnet, an der Tür zum Vestibül (*du kommst rein? – und ich gehe raus!*) und hatten sogar einen kurzen Blickkontakt, das Opfer und sein Mörder, Stepan Bandera und Bohdan Staschynskyj, SB und BS – wie im Spiegel, der 50jährige Mann und der 28jährige. Der Zweite führte ohne Zögern das oberste dienstliche Gebot aus – »Du sollst töten« – und ergriff die Flucht. Der Erste ging erst zwischen der dritten und vierten Etage zu Boden, er ließ nicht einmal die Papiertüte los, mit der er gerade nach Hause kam, die Lebensmitteleinkäufe für die Familie. Es sollte nichts herausfallen.

Pflichterfüllung bis zuletzt?

4

Das dritte Festmahl für Bohdan Staschynskyj war von der Art, welche die Magie der Zahl drei unter Beweis stellte. Es war der Anfang vom Ende. Staschynskyj wurde offiziell zum Helden ernannt und mit dem Orden »Rote Fahne« ausgezeichnet. Die Tische bogen sich diesmal, wie der ungewöhnlich gut unterrichtete John Steele schreibt, unter einer »unglaublichen Menge von Gerichten und Getränken«. Ich will mich keinen Phantasien hingeben von gebackenen Fasanen und hundertjährigem Krim-Portwein – Sie werden sich dieses neronische Gelage und die von Stiefelsohlen über die ideal glänzende Parkettoberfläche verschmierten Reste der Pastete aus Nachtigallenzungen selbst ausmalen können.

Stattdessen will ich dem Gespräch lauschen – mit ihm beginnt das Ende. Es ist äußerst vertrauensvoll und ganz intim – wie nur Spione es können. Die Generalshand legt sich auf die Schulter des frischgebackenen Helden: »Und nun, welche Pläne haben wir jetzt, junger Adler?« Der Adler reckt die Schultern und zieht hörbar die Luft durch die Nüstern ein. »Also wissen Sie, Genosse General, meine Freundin und ich wollen heiraten. Sie heißt Inge Pohl, ich habe die Beziehung gemeldet.« Aus irgendeinem Grund hört die ganze Gesellschaft diese Worte. Stille tritt ein – von der Art, die man drückend nennt.

Wie haben sie das *verpennen* können? Er macht also immer noch mit dieser flachärschigen Schlampe rum! Macht nicht nur rum. Dieser Held vermasselt sich einfach so, bei einem *Prosit*, die eigene Karriere, Kretin! Aber noch wichtiger jetzt – was tun?

Ganz bestimmt haben sie analysiert und beraten. Einerseits war Staschynskyj schon zu weit gekommen im Dienst, zu tief eingeweiht ins Geheime, als dass man ihn einfach aus den Organen entlassen konnte auf Ehrenwort und Unterschrift. Andererseits ließ eine Heirat mit einer Vertreterin einer feindlichen Nation und Klasse keinerlei Fortkommen im Dienst mehr zu. Da war noch eine dritte Seite: Sie wollten einen so qualifizierten, geprüften und in seiner Mitleidlosigkeit unangefochtenen Mörder nicht verlieren. Es gab noch viele andere Seiten, alles musste sorgfältig durchdacht und er selbst irgendwie verarscht werden. »Hör zu«, sagte der damalige KGB-Chef Schelepin zu ihm, »wenn du wirklich eine Freundin brauchst, dann nimm lieber eine von unseren Mitarbeiterinnen.« Er dachte dabei nicht nur an Kochen, Waschen, Putzen, sondern durchaus auch an die sogenannte geschlechtliche Funktion. Aber nicht an Liebe. Das konnte er gar nicht.

Was weiter geschah, davon würde gut ein Drittel meines phantasierten Filmes handeln: Zähneknirschend stimmt die Führung ihrer Heirat zu, das junge Paar wird nach Moskau gelockt, wird verfolgt, *abgehört*, seine Post geöffnet, der Ring von Aufmerksamkeit und Misstrauen wird immer erstickender. Dann fordert man, Inge solle abtreiben, aber Staschynskyj – da ist er, der Anfang der Revolte! – erklärt, das werde nicht passieren. Man ließ sie für die Geburt nach Berlin reisen, ihm aber wurde befohlen, in Moskau zu bleiben – offensichtlich als Geisel. So gut wie möglich versuchte man, sie auseinanderzubringen und zu *verarschen*. Er, der doch gerade erst den künftigen Sohn vor der Ermordung durch die Abtreibung bewahrt hatte, schaffte es nicht, den Kleinen lebend zu sehen. Tot hingegen schon. Im August 61 erlaubte man ihm für wenige Tage nach Berlin zu fliegen – zur Beerdigung seines Jungen. Der hatte sich in den Armen von Nachbarn verschluckt, das Karma des Mörders ruhte nicht.

Am Tag vor der Beerdigung nutzten Bohdan und Inge die vorübergehend nachlassende Wachsamkeit ihrer Beschützer aus und schlüpften über den Hof aus ihrem Elternhaus. Vielleicht waren die Tschekisten einfach überzeugt, dass sie sich vor der Beerdigung nicht absetzen würden. Ihre nächtliche Flucht mit der S-Bahn von Ostberlin nach Westberlin ist die letzte erfolgreiche Operation des Spions Staschynskyj. Zur kompletten Symmetrie fehlt nur der Kontrolleur, der sie in der S-Bahn beim Schwarzfahren erwischt hätte.

Am 12. August 1961 abends stellte er sich der Westberliner Polizei, die ihn ihrerseits den Amerikanern übergab. Am nächsten Morgen begann er *auszupacken.*

John Steele beendet seine Darstellung sehr aussagekräftig: »Als Bohdan und Inge Staschynskyj das Polizeirevier betraten, brach in Berlin jene Nacht herein, in der die Stadt durch die Mauer geteilt wurde.«

5

Die Liebe ist menschlich. Die Liebe ist jenes Weh, ohne das es uns nicht gäbe.

Eines Tages wurden wir, Soldaten in der Grundausbildung, vor der Kaserne aufgestellt, um dem Verlesen eines Befehls des Divisionskommandeurs zu lauschen. Es ging darum, dass sich der Wehrdienstleistende X vom Militärstandort Y in der letzten Nacht erschossen hatte. Eine typische Geschichte: angeblich nachdem sein geliebtes Mädchen ihn verlassen hatte. Den Politoffizieren aller Einheiten wurde befohlen, mit den Soldaten erzieherische Gespräche zu führen. »Stellt euch vor«, sprach der Politoffizier zu uns, »dieser Dummbeutel war noch nicht mal 19 Jahre alt, hatte das ganze Leben vor sich und hat es sich genommen – bloß wegen einer *Fotze!*« Es war ein richtiges Männergespräch. Über die treffende Formulierung brachen wir in brüllendes Gelächter aus – echte Machos, vom Kampf gestählte Desperados.

Als seine Oberen Staschynskyj vorschlugen, ihm eine andere *Fotze* zu suchen, lehnte er sich auf. Bei seinem ganzen dämonischen Eindringen in die Geheimnisse der

Psyche hat der KGB das Menschliche in ihm unterschätzt. Er hat es unterschätzt, denn er kannte Geheimnisse, aber nicht *das Geheimnis*. In seine Analyse auch noch so etwas Leichtes, Ephemerisches mit einzubeziehen wie die Liebe, dazu war er nicht fähig. Natürlich nicht – er hat überhaupt keinen Zugang zu ihr.

Denn mit welchem Maß lässt sich dieses besondere Weh messen, wenn alles andere seinen Sinn verliert und All You Need Is Love?

6

Die Spuren von Bohdan und Inge Staschynskyj verlieren sich in den Nebeln des vergangenen Jahrhunderts. Bekannt ist, dass er für seine Verbrechen zu acht Jahren verurteilt wurde. Ist das viel? Wenig? Bekannt ist auch, dass er wohl nur vier davon absaß und dann vorzeitig entlassen wurde. Das war dann irgendwann 1965/66. Also mit kaum 35 Jahren, er – wie Stas Perfezkyj, ein anderer meiner Helden – hatte noch das halbe Leben vor sich. Soll man das für ein Happyend halten?

Und warum sollte man nicht vermuten, dass er dann einer der populären Korrespondenten des *Life-Magazine* wurde?

Ich glaube nicht, dass die Amerikaner ihn nach allem, was passiert war, vernachlässigt haben. Wahrscheinlich stand er bis ans Ende seiner Tage (und wer sagt eigentlich, dass seine Tage schon zu Ende sind?) unter ihrer Aufsicht, ohne sich aber je zu zeigen. Wenn sie bloß nicht versucht haben, ihn von seiner Inge zu trennen. Aber das haben sie bestimmt nicht, nach den bitteren Erfahrungen ihrer Gegenüber.

Doch ich möchte noch einmal sehen, wie das Paar am späten Abend des 12. August 1961 übergelaufen ist, die ganz und gar nicht schöne Frau und das blutrünstige Monster, mit letzter Kraft überwinden sie die letzte Grenze und lösen sich immer mehr in der Dunkelheit auf, werden unsichtbar und körperlos. Das Wichtigste ist jetzt – sich keinesfalls umschauen, denn hinter ihnen wächst die Mauer, die sie für immer von der Vergangenheit trennt.

Dritter Teil
Albert oder Die höchste Form der Hinrichtung

1

Das Jahr 1641 zeichnete sich in der Stadt Lemberg durch eine ganze Reihe schauerlich schöner Ereignisse aus, unter denen die öffentliche Verbrennung eines gewissen Albert Wiroziemski – einer Person ohne Staatsangehörigkeit und mit äußerst nebulöser sozialer Vergangenheit – einen herausragenden Platz einnahm. Das genaue Datum dieses lehrreichen Spektakels auf dem Marktplatz ist für uns heute ohne Bedeutung; jedenfalls geht es um den Herbst oder zumindest um den *Herbst des Mittelalters.* Verbrennungen fanden im damaligen Lemberg nicht oft statt, und wenn, dann ausschließlich im Herbst: Zum herbstlichen Farbspektrum der Bäume und Sträucher in den umliegenden Wäldern und Parks passte nach Meinung der örtlichen Patrizier die Flamme des reinigenden Feuers am besten. Aus ähnlichen Erwägungen – ästhetische Korrespondenz – war der Winter die Zeit des Köpfens (die roten Ströme im weißen Schnee spielten gelungen auf die Nationalflagge an). Der Frühling galt als Periode der sog. *Setzlinge,* also der Gepfählten. Im Sommer wurden die Verurteilten meist in einem eigens dafür eingerichteten *toten* Arm der Poltwa ertränkt (in der sog. Arrestanten-Bucht), oder aber man goss ihnen flüssiges Blei in die Kehle. So konnte der Sommer auf jeden Fall als *Fluss-Saison* gelten.

Albert Wiroziemski wurde verbrannt. In der Urteilsbegründung hieß es, er habe die »schändlichste menschliche Tat in der gesamten Stadtgeschichte« begangen. Eine ziemlich radikale Formulierung, die jeden Zweifel und jegliche Hoffnung ausschließt.

2

Am Tag der Urteilsvollstreckung begrüßt daher eine festlich herausgeputzte, in solche didaktischen Massenschauspiele kindlich verliebte Menge sein Erscheinen auf dem Platz mit einmütigen Pfiffen und Sprechchören. Die höchsten Würdenträger haben es sich unter goldbestickten Purpurbaldachinen auf den Balkonen der Bürger- und Adelshäuser sowie auf speziell montierten Aussichtsterrassen bequem gemacht. Unten auf dem Platz schwenkt das Volk tausendfach seine an den Kiosken erstandenen Fähnchen mit dem Konterfei des heiligen Jan von Dukla – Patron und Beschützer (oder besser gesagt *Vormund*) der Stadt. Tausend flammende Luftballons steigen auf. Das Waldhornorchester der städtischen Feuerwehr heizt die brodelnde Atmosphäre mit dem Evergreen seines Repertoires, den »Posaunen des Jüngsten Tages«, weiter an.

Aus dem Bernhardinerkloster, in dessen Katakomben er bis jetzt eingekerkert war, wird Albert Wiroziemski über die Serbska-Straße zum Hinrichtungsort gebracht. Acht Wächter tragen ihn auf ihren Schultern, in einer besonderen, nur für Todgeweihte bestimmten schwarzen Sänfte mit zwei vergitterten Fensterchen. *Fliegender Teppich* haben die städtischen Nichtsnutze dieses *Fortbewegungsmittel* humorvoll getauft.

Der Zeremonienmeister in orangefarbenem Schal und

einem lächerlichen himbeerroten Barett muss die schon grenzenlos erregte Gemeinde diesmal nicht lange anheizen. Schon kurz nachdem Wiroziemski auf dem Platz eingetroffen ist, erklingt hundertfach »Feuer! Feuer!« – als forderten sie den Beginn eines festlichen Saluts. Vater Aloisius, der geistliche Beistand des Verurteilten, schreitet hinter ihm her und imitiert einen letzten Versuch, ihn doch noch zu einer Spur von Reue zu bewegen. Aloisius' Schritte sind unsicherer als die seines *Schutzbefohlenen*. Wahrscheinlich würgt es ihn ganz unerträglich vom Malvasier, dem er vergangene Nacht in einer Ménage-à-trois mit dem Vater Kustos und seiner Konkubine übermäßig zugesprochen hat. Schließlich winkt er ab und bleibt stehen, in mehr oder weniger sicherer Entfernung von der Stelle, wo gleich das Feuer auflodern wird.

Neben einem Haufen erlesener Scheite, die ungefähr dort aufgeschichtet wurden, wo heute die bekannte Neptun-Statue steht, macht sich eine kleine Brigade von Brandhenkern in feuerfesten Overalls zu schaffen und trifft letzte Vorbereitungen. Unter ihren Berufskollegen gelten die Brandhenker als *Elite*. Nur die Perfektesten und Gebildetsten werden in ihre Reihen aufgenommen. Außerdem gibt es mindestens zwei gute Gründe, das Verbrennen für die höchste Form der Hinrichtung zu halten: Erstens wird die gerechte Strafe ohne Blutvergießen vollstreckt, zweitens hat das Feuer unzweifelhaft reinigende Wirkung.

Während die Menge »Feuer! Feuer!« skandiert, zerren zwei Oberhenker Albert Wiroziemski auf den Scheiterhaufen und binden ihn mit einem Hanfstrick am Pfahl gut fest. Der Verurteilte wendet den Kopf hin und her und versucht, freche Gewissheit in ein glückliches Ende zu demonstrieren. Noch immer hofft er auf das Auftau-

chen, und sei es im allerletzten Moment, seines BEFREI-
ERS. Und ahnt nicht einmal, wie viel Glück er hat.

Er hat wirklich Glück, denn er wird nicht in Russland
verbrannt.

3

Historische Quellen bezeugen, dass die Hinrichtung durch
Verbrennen in Russland immer um vieles grausamer war
als in Europa, handelte es sich doch eher um ein unab-
wendbares, methodisches Rösten auf sehr kleiner Flamme. Ein Augenzeuge berichtet, wie im Jahr 1701 ein gewisser Grischka Talizkij mit seinem Kumpan wegen der
Verbreitung aufrührerischer Pamphlete gegen Zar Peter
verbrannt wurde – die Prozedur dauerte fast acht Stunden, und die Verurteilten wurden in dieser Zeit mit einer
giftigen Substanz besprüht, wovon ihnen »alle Haare vom
Kopf und aus dem Bart fielen und der Körper schmel-
zend verging, als sei er aus Wachs«.

Zu seinem Glück wurde Wiroziemski im Dazwischen,
also dem zwischen Russland und Europa liegenden Teil
der Welt hingerichtet. So dass seine Qualen keine acht,
sondern nur viereinhalb Stunden dauerten. Wie die damaligen Stadtschreiber berichten, versuchte er, solange
er am Leben blieb – also von dem Moment, als die Hen-
kersbrigade wie auf Kommando mit ihren Flammenwer-
fern auf die trockenen Scheite zielte, bis zur letzten Minute, bevor er in Rauch und Flammen in ewige Ohnmacht
fiel – hustend und von Krämpfen geschüttelt einen Namen auszustoßen, und wiederholte viele Male eine letzte
verzweifelte Beschwörung: »He, wo bist du, wo bist du,
wo?!!!«

Ich zweifle nicht, dass ich den Namen kenne, den er ausstieß.

In der fünften Stunde der Darbietung – die meisten Zuschauer waren von der nachlassenden Dynamik der Handlung inzwischen mehr als gelangweilt – fraß das Feuer ihn endgültig und brannte langsam nieder. Spezialisierte Gerichtsdiener fegten die zu Asche gewordenen Überreste in ein silbernes Schaugefäß (den sog. *Fortuna-Cup*), das dem Zeremonienmeister unter Waldhornblasen und Paukenschlagen feierlich übergeben wurde. Nicht ausgeschlossen, dass sich in dem Moment, als dieser gemäß Brauch und Gesetz Alberts Asche vom Rathausbalkon *in alle vier Himmelsrichtungen* zu verstreuen begann, der von der Mehrzahl der Chronisten beschriebene entsetzliche Wind erhob, der Himmel sich verdunkelte und der milde Oktober plötzlich zu einem durchdringenden Novembernachmittag wurde. Die verängstigten Leute ergriffen die Flucht wie Teilchen in einer Braun'schen Reaktion – es entstand eine panische Masse, die sich trotz des insgesamt korrekten operativen Vorgehens der Magistratsbüttel nicht auflösen wollte. Der Wind bog die Glockentürme, zerfetzte Banner und Fahnen und riss Köpfe ab.

Jener, den Albert Wiroziemski vor seinem Tod gerufen hatte, war also doch noch gekommen.

4

Worin hatte die »schändlichste menschliche Tat in der gesamten Stadtgeschichte« nun aber bestanden?

Ich will damit beginnen, dass Albert Wiroziemski erst knapp ein Jahr vor dem oben beschriebenen Finale im

Lemberger Bernhardinerkloster aufgetaucht war. Er erklärte seine Absicht, die Kutte zu nehmen, und wurde bald Novize. Komisch, aber in der eigentlich wohlwollenden und herzlichen Gemeinschaft der minderen Bernhardinerbrüder begann man gleich irgendwie ungut zu tuscheln. Man hielt ihn für einen ziemlich dubiosen Herumtreiber, der sich nur deshalb hinter Klostermauern flüchtete, um der gerechten Strafe für düstere Affären zu entgehen. Irgendjemand behauptete, ihn von früher her als fahrenden Komödianten zu kennen, genauer gesagt als Taschenspieler. Angeblich hatte er lange der schon damals sagenhaften Truppe des Zirkus »Vagabundo« angehört, jener jahrhundertealten wandernden Legende ausnahmslos aller Marktplätze im Alten und Neuen Europa. Die wahre Geschichte des Zirkus »Vagabundo« ist noch nicht geschrieben, es existieren nur fragmentarische Überlieferungen aus unterschiedlichen Epochen, zu weit auseinanderliegend, als dass sich aus den Bruchstücken ein aussagekräftiges Ganzes oder auch nur ein roter Faden ergäbe. Trotzdem erzählt eines der Fragmente von einem gewissen »Taschenspieler Albert«, einem verarmten Kleinadligen aus den unbekannten Randgebieten des Vereinten Europa, der angeblich von kleinen Diebstählen lebte, die er mit Zirkustricks kombinierte. Das brachte empfindliche Unannehmlichkeiten mit sich, der Ruf der ganzen Truppe nahm Schaden, und die einflussreichsten Zirkuskritiker schrieben schon damals von »geschickten Händen«, dem »Jonglieren mit der Berufsehre« und »organisierter Kriminalität unterm Kuppelzelt«. Nachdem ihn die Vier Zwillingsathleten auf geheimen Befehl des damaligen Direktors Messire Arcimboldo (in Wirklichkeit eine bärtige Frau) schwer verprügelt hatten, versteckte sich Wiroziemski eine Zeitlang im vorstädtischen

52

Schilfgürtel an der Poltwa, begab sich aber schließlich ohne Papiere oder auch nur einen roten Heller in der Tasche nach Lemberg und bat um die Barmherzigkeit der Bernhardinerväter.

Vielleicht wäre dies ein geeigneter Moment gewesen, den Staub der Vergangenheit abzuschütteln und ein neues Leben zu beginnen?

Doch Albert Wiroziemski dachte nicht einmal im Traum daran. Bald verschwanden im Kloster einige persönliche Besitztümer – von Mönchen wie von Novizen. Das Leben eines Menschen, der den irdischen Gütern zugunsten der Ewigkeit entsagt hat, lässt wenig Raum für persönliche Kleinigkeiten; die wenigen, die er besitzt, erscheinen ihm jedoch umso wertvoller. Daher brachte es Unruhe und Spannungen ins Klosterleben, wenn einer der Brüder zum Beispiel einen Flakon mit Anti-Schuppen-Shampoo, seine goldene Schweizer Uhr, ein antikes Porte Cigare aus Familienbesitz oder ein Geschenkset von Daguerreotypien vermisste, Abbildungen exquisiter erotischer Szenen zwischen der Wunderbaren Dame und dem Einhorn. Heute kann man fest davon ausgehen, dass diese Verluste nicht ohne das Zutun Albert Wiroziemskis zustande kamen.

Sein bedeutendster Diebstahl aber, der ihm schließlich zum Verhängnis wurde, verdient etwas mehr Aufmerksamkeit. Bezeichnend, dass Wiroziemski ihn am 8. Juli ausführte, am Tag des heiligen Jan von Dukla, als die gesamte Bruderschaft mit dem Abt und einigen Provinzsuperioren an der Spitze sich wie jedes Jahr zu einer Prozession formierte und zum heiligen Brunnen zog, dem ursprünglichen Begräbnisort des Heiligen. Böse Zungen aus konkurrierenden Orden ratschten und tratschten, dass seit einigen Jahren in diesem Brunnen die Kinder ertränkt würden, die die Klarissinnen den Bernhardiner-Brüdern geboren hatten – eine Folge der kürzlich hergestellten Kontakte, die anzuknüpfen ein unterirdischer Gang zwischen den Klöstern erlaubte. Und ein böswillig verleumderisches Gerücht, das hier nichts zur Sache tut. Gerade als der zentrale und bedeutendste Teil des Gedenkgottesdienstes begann, öffnete Wiroziemski, der sich freiwillig gemeldet hatte und die unzähligen Gips- und Marmornajaden im Arbeitszimmer des Abtes mit Terpentin reinigte, mit Hilfe einer »Gänsekralle«, von der er sich niemals trennte, den Safe des Abtes, schob ungeduldig die Papierstapel mit Ablass-Formularen und Denunziationen beiseite und griff nach dem Klostersiegel, das den heiligen Bernhard von Siena im Profil zeigte, umrahmt von einer Inschrift: »Ordo Fratrum Minorum Regularis Observantiae.« Das Siegel war aus amerikanischer Kartoffel gefertigt, ein damals in Europa seltenes Material, wertvoller als Elfenbein oder Walbarteln – das sogenannte *Mandiburger Siegel.* Mit ihm siegelte er eine vorbereitete gefälschte *Lizenz,* eine *Zedula,* eine Urkunde, die bestätigte, dass er ein bernhardinischer Priester sei, bevollmächtigt, Ehen zu schließen, die Beichte abzunehmen, die Kommunion zu erteilen und Kinder zu taufen. Wonach er das wertvolle Siegel in den Safe zurück legte, den Safe (mit Hilfe der »Gänsekralle«) wieder verschloss und das Kabinett auf Hochglanz polierte.

Alles, was der falsche Priester von nun an unternimmt, sind betrügerische Gastspiele in der Gegend um Lemberg. In Hlibowytschi, Hrybowytschi, Brjuchowytschi und Kurowytschi feiert er parodistische Gottesdienste, schließt in Pasiki Subryzki, Wolja Baranezka, Symna Woda und Sudowa Wyschnja falsche Ehen, in Wynnyki, Lypnyki, Sokilnyki und Koselnyki nimmt er unautorisiert die Beichte ab, erteilt die Kommunion und tauft Kinder. Dabei scheffelt er Geld, trinkt und feiert und häuft auf einer soeben eröffneten Filiale der Internationalen Westindischen Bank ein kleines Vermögen an. Die größten Gewinne aber macht Albert Wiroziemski mit dem Verkauf gefälschter Ablassbriefe und – hier kam ihm sein früheres Handwerk zupass – mit religiösen Taschenspielertricks. Die weiten Ärmel seiner braunen Soutane verbergen zuverlässig jede gezinkte Karte. Allerdings sollten wir denen keinen Glauben schenken, die versichern, er habe eines Tages begonnen, auf den Jahrmärkten Neugeborene aus dem Kloster zur Schau zu stellen, mit für die Flügel bestimmten Einschnitten auf dem Rücken. Was auf ihre wundersame Empfängnis und Engelsnatur hindeuten sollte.

Wiroziemski hätte seine Machenschaften, die Gottesdienste und das Erteilen von Sakramenten wer weiß wie lange fortsetzen können, wären da nicht seine Geliebten gewesen. Der ruchlose Albert achtete nämlich immer streng darauf, dass es zwölf waren, nicht mehr und nicht weniger. Wobei die Jüngste noch keine elf Jahre alt war, die Älteste weit über siebenundachtzig. Was er am schönen Geschlecht am meisten schätzte, waren Unterschiedlichkeit und Abwechslung, daher unterlagen die Persona-

lien der Geliebten einer gewissen Rotation. Eine Über-
schreitung der Zahl zwölf aber wäre ihm als unvernünfti-
ges Übermaß und unnatürliche Zügellosigkeit erschienen.
Sein Liebesregister enthielt in jenem Jahr Perlen wie eine
dunkelhäutige Tänzerin aus einem grenznahen Nachtklub
in Mosciska, eine goldzahnige Landratsgehilfin aus Stare
Selo, die schon Rubens Modell gestanden hatte, oder
»Miss Hinterturksk«, seine letztjährige Geliebte, aktiv
protegiert von den Räubern, die in den Bergen hausten.

Das Schicksal ereilte Wiroziemski jedoch im Bett einer
anderen Favoritin – Wulschka aus Bibrka, einer jungen
Hexenanwärterin mit rot gefärbten Haaren und Schwanz,
dominant und eifersüchtig. Mit ihrem Hang zu Latex und
grausamen körperlichen Vergnügungen hatte Wulschka
die Schmerzschwelle in ihrem Verhältnis zu Albert von
Anfang an sehr hoch angesetzt. Wiroziemskis Körper über-
zog sich schnell mit den Malen ihrer Küsse und Bisse.
Nach jedem Rendezvous konnte der arme Trickser kaum
die Beine rühren und musste sich an einem sicheren, für
Wulschka unerreichbaren Ort auskurieren. Im Grunde hätte er fliehen und sich von ihr fernhalten müssen. Das aber
konnte Albert Wiroziemski aus einem sehr einfachen
Grund nicht – er liebte sie. In seinen Gefühlen für Wulschka ging er so weit, dass sein Herz, bis vor kurzem noch
hart und zynisch, allein bei der Nennung von Wulschkas
Heimatort schmerzhaft klopfte und dann aussetzte. Es
brauchte nur jemand in seiner Nähe Bibrka zu erwähnen
und dieses Wort auszusprechen (egal, aus welchem Anlass und in welchem Sinne), und Albert erbleichte und
fing fast an zu zittern. Er war bereit, dreimal in der Woche nach Bibrka zu gehen – nicht nur zu Fuß, sondern
auch, wie der letzte Karmeliter, barfüßig.

Wulschkas aggressiv-diktatorischer Charakter äußerte sich schon bald darin, dass sie von Wiroziemski absolute Monogamie forderte. Keine seiner Geliebten hatte das Recht, auch nur flüchtig in seinem Leben zu erscheinen oder auch überhaupt nur zu existieren. Indem sie sich aller möglichen Hexenkünste und einer Reihe von mehr oder weniger freiwilligen Informanten bediente, erlangte Wulschka eine solche Kontrolle über Albert, dass dieser, um auch künftig seinem Prinzip des *schönen Dutzend* zu genügen, große Anstrengungen unternehmen und jeden seiner Schritte verbergen musste. Eine Zeitlang schien es ihm, als sei alles in Ordnung und die geheimen Treffen mit den anderen elf Geliebten blieben ihr und sein striktes Geheimnis.

Wulschka aber sammelte und ordnete geduldig und unbemerkt Fakten und Beweise für jeden Verrat. Nachdem sie von den ersten drei Passionen Alberts erfahren hatte, zuckten nur die Wangenknochen auf ihrem lieben, halb kindlichen Gesicht. Wie groß war aber ihre Überraschung, als sich mit der Zeit herausstellte, dass es ganze fünf waren! Auf das Erstaunen folgte der Schock, und ganz unwillkürlich ballte sie ihre Händchen so stark zu Fäusten, dass das Blut unter den Nägeln hervorspritzte: Er hat ja sieben! Als sie von der neunten erfuhr, gefror sie zu Eis. Bei der zehnten erreichte Wulschka den Boden der Verzweiflung und bereitete sich einen Gifttrunk, von dem einige Schlucke genügt hätten, ihre Qualen zu beenden und in eine andere Form der Existenz zu wechseln. Nur die Nachricht von der elften und letzten Nebenbuhlerin rettete sie vor dem Selbstmord. Wulschka wartete noch ein wenig ab – um sicherzugehen, dass die aktuelle *Liste Wiroziemskis* abgeschlossen und der Kreis der Betroffenen endgültig festgestellt war.

Was Albert betrifft, so hielt der sich weiter für phänomenal geschickt und hatte keine Ahnung von den jüngsten Resultaten der Nachforschungen Wulschkas. Die Stunde der Rache rückte immer näher.

Eines Nachts erschöpfte sie ihren pseudobernhardinischen Buhlen mit besonders wilden Liebesspielen (unter Verwendung der schon erwähnten »Gänsekralle« und eines Paars Spanischer Stiefel), schläferte ihn dann mit einem Gebräu aus Honig, Melisse und Tollkirsche ein und hisste Alberts Unterhose über dem Turm ihrer Miniaturburg. Das war das Zeichen für die von Kampfhunden begleitete Sturmtruppe der Dominikanermönche, die damals die Rolle einer Art interner Gendarmerie spielten und keine Gelegenheit ausließen, Vertreter des Franziskanertums zu kompromittieren.

So erwacht Albert Wiroziemski erst drei Tage später in einem ihm unbekannten Kerker. Er liegt auf Büscheln fauligen Heus, das linke Bein und den rechten Arm mit Ketten an die Wand geschmiedet, ihn quälen Durst, Kater und eine Erektion, er ist von Wanzen zerbissen, und Ratten huschen über seinen Körper.

6

Über den Verlauf der Untersuchung und des Gerichtsprozesses gegen ihn ist leider viel weniger, fast nichts, bekannt. Ein Chronist berichtet allerdings, dass Wiroziemski das allerschlimmste Los traf: Im Lemberger Vogteigericht nahm sich seiner Sache angeblich Laurentius der Unerbittliche selbst an, ein schieläugiger und halb gelähmter, dazu noch tauber und natürlich blind fanatischer Anhänger der *eisernen* Gerichtsbarkeit, der sich vehement für die Schuldvermutung aussprach und sein ganzes Leben lang die These vertrat, dass ein einziger gerecht verurteilter Verbrecher Hunderte irrtümlicherweise gehenkte Pechvögel wert sei. Die unverhältnismäßig große Grausamkeit der Urteile erklärte er störrisch zum Faustpfand für den endgültigen Sieg über das Verbrechen. Dass aber die Verbrechensrate gerade während seiner professionellen Blütezeit ihren statistischen Höhepunkt erreichte, erzürnte den unerbittlichen Laurentius nur noch mehr.

Er fungierte als Hauptankläger. Schon in der ersten Sitzung wurde sonnenklar, dass Albert Wiroziemski hingerichtet werden würde und sich die Debatten im Gerichtssaal nur um die technischen Details der Vollstreckung des Urteils drehen konnten.

In tiefe unterirdische Einsamkeit versunken und jeder Hoffnung auf irdische Gnade beraubt, beschloss Wiroziemski, sich auch der himmlischen zu begeben. »Sein Lebenswille«, heißt es in einer Quelle, »war so stark, dass er beschloss, einen Cyrographus zu schließen, also einen Pakt mit dem Teufel über den Verkauf seiner Seele.«

Wie man in direkten Kontakt mit dem Teufel treten konnte, wusste er aus deftigen Erzählungen von Zirkuskollegen und gewissen Geliebten. Zuerst sprach er vierzig mal vierzig Pater noster, aber von hinten – also nicht »Pater noster«, sondern »Retson retap«. In der dritten Nacht trat dann Kohler in sein unterirdisches Verließ – ein schwarzhaariger, stattlicher junger Mann, der aus seiner Pfeife unablässig aromatischen Tabakrauch paffte und dessen ausgesuchte Manieren und schmeichlerische Stimme an einen französischen Geschäftsmann erinnerten. Kohler konnte durch Wände gehen – so war er auch in den Karzer gelangt.

Die ersten Verhandlungen endeten ergebnislos: für seine Seele forderte Albert Wiroziemski die Freiheit, hun-

dert Lebensjahre, einen Sommerpalast am Hlynna-Na-
warija-See und ewige Jugend. Kohler lehnte freundlich
ab und legte ihm nahe, sich zu besinnen – es gebe zu viele
Bewerber, und die ewige Jugend reiche nie für alle, denn
schließlich handle es sich dabei ja nicht um Zuckerwatte,
die man endlos um ein Stöckchen wickeln könne.

Beim nächsten Mal forderte Wiroziemski schon etwas
bescheidener die Freiheit, fünfzig Lebensjahre, einen Gra-
fentitel und posthumes ewiges Andenken. »Über den letzten Punkt ließe sisch unter Umständen reden«, murmelte
Kohler schmeichlerisch und verschwand durch die Mauer.

Als er aber wieder erschien, las Albert Wiroziemski in
seiner höflich kalten Miene, dass es nichts mehr zu ver-
handeln gab. »Zwansisch Jahre«, teilte ihm Kohler mit.
»Das ist alles, was isch bieten kann.«

Der Pakt wurde in die Karzerwand geritzt, mit einem
speziellen knöchernen, in Blut aus Alberts Mittelfinger
getauchten Griffel. Wenn später das Schöffen-Strafge-
richt Lembergs die Verhandlung fortsetzt und die *Anklage erweitert*, d.h. zusätzlich zum Betrugsparagraphen
nun auch den der Gotteslästerung untersucht, wird eben
dieser Mittelfinger, vielmehr die Wunde, als wichtigster
Beweis dafür dienen, dass der Angeklagte Albert Wiroziemski, ehemaliger Taschenspieler beim Zirkus und Novize des Bernhardinerordens, Verbrecher und Renegat,
wirklich die »schändlichste menschliche Tat in der gesamten Stadtgeschichte« begangen hat. Der Angeklagte
aber wird, nachdem er das entsetzliche Urteil betont un-
bewegt und mit übel gefletschten Zähnen vernommen
hat, eben jenen unheilbringenden Mittelfinger heben
und ihn der ganzen hohen Gerichtsversammlung zeigen.

Bis heute ist es unverständlich, warum der Teufel den Pakt nicht eingehalten hat. Der Cyrographus war korrekt aufgesetzt worden, unter Beachtung aller rituellen Anforderungen und notwendigen Formulierungen. Kohler, den Wiroziemski auf seinem Scheiterhaufen so verzweifelt und vergeblich rufen wird, hat ihm den Text persönlich diktiert, so dass ihm gar kein Fehler unterlaufen konnte.

Warum hat die unterirdische Kanzlei, wie man so schön sagt, schändlich versagt und die Angelegenheit dieser sündigen Seele ignoriert? Zwanzig Jahre (nur zwanzig Jahre!) werden doch nicht etwa jemandem aus der Amtsleitung als zu hoher Preis für eine so minderwertige Ware erschienen sein?

Bleibt eine kategorisch andere, allen früheren Vorstellungen widersprechende These. Zum Beispiel die plötzliche Einmischung der entgegengesetzten Kraft.

Der Mann, der einsam am Pfahl hängt und unerträglich schmerzhaft im Feuer zugrunde geht, wiederholt unzählige Male, wie im Gebet: »Na, wo bist du, wo bist du, wo?!« Aber der ihm ganze zwanzig Lebensjahre versprochen hat (ganze zwanzig Jahre Sonnenaufgang, Tau, Flusswasser, ganze zwanzig Maienmonate), will ihn nicht hören.

Aber durchaus möglich, dass er *bei der anderen Seite* Gehör gefunden hat.

Einen unaussprechlich kurzen Moment steht Albert Wiroziemski neben ausnahmslos allen auf der Welt durch Feuer gerichteten Häretikern, Sodomiten, Hexen, Juden und aufständischen Kosaken. Dann passiert Folgendes: Der Himmel verdunkelt sich, und aus einem Spalt seiner fast undurchdringlichen Oberfläche strömen Heerscharen leuchtender Boten. Sie fliegen hinunter, bekommen in Staub und Asche den feinsten Leib des unglücklichen Taschenspielers zu fassen und entschweben mit ihm, begleitet vom Klang der Sirenen und Posaunen – vielleicht in ein *dortiges* Brandschutzzentrum.

Vierter Teil
Die Würde des Königs oder Felius

1

Damals trugen sie noch keine Trainingsanzüge mit gefälschten Etiketten und schoren sich die Haare auch nicht
kurz. Ganz im Gegenteil – sie ließen sich ziemlich lange
Zotteln wachsen, die sie Mähne nannten. Sich mit allen
fünf Fingern im Schopf des Gegners zu verkrallen, verbot
ihr Kampfkodex kategorisch, weshalb ein Kurzhaar-
schnitt auch gar nicht nötig war.

Bier tranken sie, und zwar reichlich – doch mit Sonnenblumenkernen sah man sie nur selten. Wenn mal
einer Kerne kaute, dann ausnahmslos Ware aus Bess-
arabien, wie sie zuweilen in kleinen, geschmuggelten Partien auf dem lokalen Markt auftauchte, ohne wirklich
populär zu werden.

Außerdem gingen sie nie *in die Hocke*. Die für diesen
Stil erforderliche Menge mongolischer Gene hat unsere
Provinzen erst später erreicht.

Wenn also keine Trainingshosen, was dann?

Sie trugen Breeches, aus Flanell, Tweed – »Salz und
Pfeffer«, wie sie sagten –, auch Samt kam vor und im
Sommer helles Segeltuch. Die Kappen mussten in Muster
und Farbe mit den Hosen harmonieren; Westen, Gürtel
oder Hosenträger ebenfalls. Manchmal gingen sie in Cow-
boyhemden auf die Straße, Cowboyhüte trugen sie jedoch nie, trotz ihrer überwältigenden Liebe zu Western.

Dabei verzichteten sie nicht etwa komplett auf Hüte. Aber es waren andere Hüte, und sie setzten sie schief auf, wie der deutsche Schauspieler Hans Albers.

Taschen? Ja, die waren wichtig – sowohl aufgesetzte als auch Innentaschen. Taschen gab es viele, und sie hatten viele Funktionen.

Zigaretten nannten sie Papirossen und konsumierten vor allem »Wisła« oder »Sport«, zu besonderen Anlässen auch die leicht parfümierten »Ägyptischen« und zu ganz besonderen die ausländischen »Gitanes« oder »Camel«, damals noch ohne Filter.

Ihr Schuhwerk wählten sie nach Wetter und sonstigen Umständen. Diese Umstände waren meistens Straßenkämpfe. Mit Rücksicht darauf waren die Schuhe sportlich, aber nicht im heutigen Sinne: die Spitzen mussten scharf und mit Metall beschlagen sein.

Mit ihrer Frisur imitierten sie vor allem berühmte Schauspieler. Die eine Hälfte trug das Haar genauso wie William Clark Gable, der König Hollywoods; die Älteren versuchten zudem, sich den Gable'schen Schnurrbart wachsen zu lassen. Die andere Hälfte teilte sich ihre Vorlieben zwischen Gary Cooper, Ramon Novarro und Maurice Chevalier; nur ein paar wenige orientierten sich an Willi Fritsch und Gustav Fröhlich oder dem einheimischen Eugeniusz Bodo.

Überhaupt war für sie der Film die wichtigste aller Künste. Aber was sage ich – der Film war ihr Haus, ihr ein und alles. Ihr Leben bestand aus Kinofilmen, und einen großen Teil ihres Lebens verbrachten sie im Kinosaal.

Außerdem zogen sie durch die Kneipen, wo sie sich meist an Bier hielten und dunkles Bock bevorzugten, dessen Monopol sich, je später der Abend, im Monopolschnaps auflöste. In der warmen Jahreszeit drängten sie sich gerne in den hellblauen Holzpavillon gegenüber dem Kino »Ton«. (Sogar ich erinnere mich an dieses Etablissement, noch aus meiner Kindheit in den sechziger Jahren: Mein Vater bestellte sich einen Strelitzen-Schnaps oder einen Portwein und für mich Sprudelwasser mit Rosensirup. Das Kino gegenüber hieß da allerdings schon anders.)

Im Spätherbst verlegten sie sich an die Ecke Goluchowski- und Sobieski-Straße in eine verruchte Bierkneipe, die unter dem Namen »Volksschlägerei« bekannt war. Dort saßen sie dann den ganzen Winter und ein Gutteil des Frühlings herum – bis es wieder wärmer wurde und Ruwim Kagalewicz den erwähnten Sommerpavillon öffnete. Es ging das Gerücht, dass er, Kagalewicz, einigen von ihnen, vor allem den Anführern, »für lau« einschenken musste.

Dann hatten sie natürlich noch den Fußball. So trugen einige von ihnen Frisuren, die an damals berühmte Fußballspieler erinnerten, vor allem an italienische, nachdem diese zweimal hintereinander – 1934 und 1938 – die Weltmeisterschaft gewonnen hatten. Ich kenne heute keinen Namen mehr. Vielleicht habe ich sie auch nie gehört. Aber ich weiß genau, wenn es um Lokalmannschaften ging, hielten sie immer zu »Rewera«, manchmal auch zu »Prolom« oder »Hirka«. Der Name wird auf dem i betont. So hieß eines der gefährlichsten Stadtviertel, wo hauptsächlich Lumpenproletariat und Eisenbahner wohnten.

Ja, die Viertel. Die Stadt war in Viertel geteilt, zwischen denen Kriege ausgefochten wurden. Hirka griff Belweder an, und Zosyna Wola die Schwedische Kolonie oder umgekehrt. Es gab noch Maisli, die Firma, und sogar Baden-Baden. Dazu eine Reihe von Vororten und

Käffern, mit und ohne Namen. Die Kriege endeten in kurzen Waffenstillständen oder damit, dass eine Gruppierung die Herrschaft über die andere übernahm. Eigentlich aber endeten sie nie. Nicht einmal dem legitimen König der Stadt gelang es, diese Prozesse vollständig unter Kontrolle zu bringen.

Wenn sie nicht gerade Krieg führten, verdienten sie auf dem Markt Geld mit kleineren Diebstählen, Provokationen oder Raufereien. Einige wurden Zuhälter oder Wachleute, andere gingen freiwillig zur Feuerwehr. Keiner trat in die Polizei ein, aber es gab welche, die regelmäßig per Postüberweisung sowjetische Rubel erhielten für ihre Mitgliedschaft in der lokalen Kommunistischen Partei.

Die übrige Zeit verging beim Glücksspiel: Bridge, Poker oder Tausendundeins und andere Kartenspiele, das populärste war Skat. Billard spielten sie am liebsten im Park, einige entwickelten sich zu passablen Könnern, die sogar aus Lemberg ganze Reisetaschen mit Preisgeld herankarrten. Als auf der Krychowetzkyj-Rennbahn regelmäßig Pferderennen veranstaltet wurden, stellten sie vorausschauend den Totalisator unter ihren Schutz. Dasselbe galt für Motorradwetten. Letztere endeten traditionell in großen Prügeleien vor der Stadt, auf den Wowtschynez-Hügeln.

Aber zurück zu ihren Vorlieben.

Die Musik, die sie hörten, stammte vor allem aus ihrem eigenen Milieu. Straßenlieder, oft auch einzelne Couplets. Stadtbekannte Spielleute (das Wort »Straßenmusiker« war noch nicht üblich) verbreiteten diese Art von Folklore in allen möglichen Etablissements. Vielleicht unter Einfluss des weltweit ersten Tonfilms hieß damals alles *Jazz*, wo Schlagzeug mitspielte. Auf den Tanzböden dominierten Shimmy, Foxtrott und Tango, obwohl den niemand richtig tanzen konnte – mit Ausnahme einiger Personen, die Familie in Argentinien hatten. Was den Blues angeht, so ist nur einer in unsere Tage überliefert – der sogenannte »Batiar-Blues« (»Acht Fässer Arrestanten«):

Hundert Tage-Nächte nicht gespielt
Und auch mit niemandem geliebt,
Er stand noch da und schwankte,
weil ihm mein Messer in den Rippen prangte.
Er oder ich, was soll's, egal wer wen erschlägt?
Bleib gesund und munter, Liebste – yeah, yeah, yeah …

Und so weiter und so fort.

Auch ihre Begeisterung fürs Boxen soll hier erwähnt werden. Obwohl man um der Wahrheit willen sagen muss, dass keiner von ihnen ernsthaft trainierte. So dass es sich bei ihren berühmten Sicheln (dasselbe wie im Englischen ein *hook*) und Uppercuts eher um Angebereien von Dilettanten und Autodidakten handelte.

In der Sommerhitze versammelten sie sich oft an den Ufern der beiden Bystryzjas, wo sie Feuer anzündeten und Krebse brieten. Oder sie sprangen von dicken, krummen Ästen in die Mlyniwka. Die Mädchen aus den halbländlichen Vorstädten schockierten sie im Gebüsch am Flussufer, dem sogenannten Dschungel. Wegen ihnen, den Mädchen, die meist verkrümmt, hässlich und dumm waren, gerieten sie in Streit, der mit blutigen Nasen und blauen Augen endete.

Was noch? Messer. Im Messerwerfen konnten sie sich stundenlang üben und veranstalteten richtige Turniere der geübtesten Messerstecher.

Messer sind in dieser Geschichte (die ja überhaupt noch nicht begonnen hat) sehr wichtig.

Bücher im eigentlichen Sinne lasen sie nicht. Ihr Wissen über die Welt da draußen schöpften sie aus Boulevardzeitungen, illustrierten Wochenblättern, besonders gern mochten sie *Przekrój* und das pornographische Blatt *Schrei des Herzens*. Ab und zu ließen sie bei den Kioskbesitzern auch was mitgehen – Comics oder für die Jugend adaptierte Karl-May- und Jack-London-Hefte.

Dann gab es noch das Radio, obwohl sie es nur aus zwei Gründen hörten: mittwochs wurden die Gewinnzahlen der Staatslotterie verkündet; sonntags die von ihnen geliebte Sendung über sie selbst ausgestrahlt – »Fröhliche Straßenvagabunden«, geleitet von zwei überaus populären Moderatoren mit parallelen Namen, Janjo Franiw und Franjo Janiw.

Dennoch – das Kino stand vor und über allem. Nichts verzauberte und verzückte so sehr wie der Film. Die Älteren begannen ins Kino zu gehen, als die Filme noch stumm waren. Jetzt sprach das Kino, es sang, es spielte auf einzelnen Instrumenten und mit dem ganzen Orchester. Es konnte rauschen wie ein Wald, zwitschern wie die Vögel, rattern wie ein Zug oder eine Artillerie-Kanonade, brüllen wie der Ozean. Ein einziger Film von eineinhalb Stunden Dauer war imstande, ihnen mit seinen beweglichen Bildern mehr zu erzählen als tausend dicke Bücher. In wenigen Jahren hatten die Einwohner unserer Stadt Paris, New York, London, Berlin und Wien, die Rocky Mountains und die Alpengipfel gesehen und auch den Dschungel (nicht den an den Ufern der Bystryzja, sondern den echten, den Filmstudio-Urwald). Mehr noch – sie hatten schon fremde Planeten besucht, zwanzigtausend Meilen unter dem Meer überwunden und waren zum Mittelpunkt der Erde gereist.

Das Kino vermochte alles. Es verdrehte die Köpfe und ließ die Herzen aus der Brust springen.

2

Die Geschichte, die jetzt endlich beginnen muss, hat mir mein Vater erzählt. Als sie sich zutrug, war er neun Jahre alt.

Wie die meisten Gleichaltrigen staunte mein Vater die Straßenbruderschaft mit weit aufgerissenen Augen an und schmiedete Pläne, wie er ihr, die er sich zum Vorbild nahm, in nicht allzu ferner Zukunft beitreten könnte. Strahlender und unangreifbarer König der Stadt war zu jener Zeit ein gewisser Felius, Bewohner des Proletarierviertels Hirka. Er hatte einen deutschen Nachnamen – Hoppe –, aber so kannten ihn nicht viele. Hoppe? Was denn für ein Hoppe? Viel wichtiger waren seine Rufnamen, darunter »Fairbanks«, »Pirat« und »Zorro«.

Trotz seiner Jugend war es Felius »Fairbanks« schon gelungen, im Kittchen zu sitzen, den Swing trommeln zu lernen und für »Hirka« zu spielen. Genau dafür saß er übrigens auch: Mit einem Schuss aus fünfundzwanzig Metern hatte er den »Rewera«-Torwart umgebracht. Ich mache keine Witze und denke mir auch nichts aus. Der Torwart fing den Ball, ging bäuchlings zu Boden und rollte sich ideal in der Mitte des Torraums zusammen. Erst dachten alle, das sei zur Sicherheit, damit ihm der Ball nicht versehentlich wegrollt, einem »Hirka«-Angreifer vor die Füße. Gleich wird er aufstehen und ihn weit über das Spielfeld schießen. Aber der Torwart lag da und rührte sich nicht. Und als der Schiedsrichter das Spiel unterbrach, sich über ihn beugte und ihn mit seinen Schiedsrichtergehilfen auf den Rücken drehte, verstanden alle, dass etwas Schlimmes passiert war.

Der Torwart starb noch an Ort und Stelle, der Ball hatte den Solarplexus oder, wie man damals sagte, *in die*

Grube getroffen. Nachdem er einige Wochen in der städtischen Arrestzelle gesessen hatte, kam Felius frei. Aus Mangel an verbrecherischer Absicht konnte man kein Strafverfahren gegen ihn eröffnen. Doch wurden seine Rechte als Fußballspieler eingeschränkt: Er durfte nicht mehr mit dem rechten Bein schießen und musste während der Spiele eine breite, hellrote Binde tragen. Unter solchen Umständen lag ihm das Spiel nicht mehr, und so verabschiedete er sich bald vom Fußball, jedenfalls vom großen.

Wie alle seine Vorgänger, die Stadtkönige, lebte Felius vor allem von den Marktabgaben. Die ganze lokale Mafia stand hinter ihm, ihm wurden ein paar Untergrundkasinos, Vogelschlachtereien und ähnlicher Kleinkram zugeschrieben, abgesehen von den Bettlerbanden und zwei oder drei Friseurläden. Zu seinen engsten Kumpanen gehörten die nicht nur stadt-, sondern auch landkreisbekannten Halsabschneider Schaibus, Okleja der Kleinere, Muljartschyk und Maljartschuk, Svensson, Drongal, die Brüder Schufler, ŚleDziunio, die beiden Firlejas und Jarko (Jaiko) Parchutz.

Hingebungsvoll, wie nur Kinder es können, versuchte mein Vater, Felius zu imitieren. Mit neun Jahren ist das nicht so einfach. Aber Dutzende, Hunderte Gleichaltrige und Ältere versuchten es ebenfalls – in der ganzen Stadt, in jedem Viertel. Alle waren sie eifrige Kinogeher, in ihren Ohren klangen die Namen der Kinos wie die Musik des verheißenen Paradieses – »Urania«, »Olympia«, »Warszawa«, »Ton«. Sie alle verspürten das brennende Bedürfnis, ihre Helden nachzuahmen.

Felius selbst imitierte mit großer Ausdruckskraft den Schauspieler Douglas Fairbanks, weniger den aktuellen, den Zeitgenossen Fairbanks, als den um Jahrzehnte jüngeren, der in den Stummfilmen der zwanziger Jahre spielte. Obwohl Felius sich den Ohrring im linken Ohr erst ansteckte, nachdem *Das Privatleben des Don Juan* in die Kinos gekommen war, er trug ihn also ungefähr seit Mitte der dreißiger Jahre.

Das war die Zeit, als er endgültig und offenbar für lange Jahre als König bestätigt wurde. Indem er der Bruderschaft geschickt seinen Willen aufzwang und jede Form von lokalem Widerstand sofort unterdrückte, unterwarf sich Felius immer neue Gebiete. Deren Recken kapitulierten meist ohne größeren Zwang und ohne das Gefühl der Niederlage: Felius verstand sie zu überzeugen und auf seine Seite zu ziehen. Trotzdem gab es Probleme.

Ungefähr im dritten Jahr seiner Herrschaft organisierten die Belwederer einen Aufstand. Hier sei angemerkt, dass Belweder von jeher ein erbitterter Gegner von Hirka gewesen war, eine Zeitlang wurde sogar über die Abtrennung dieses unbotmäßigen Viertels vom Rest der Stadt gesprochen, die Rede war vom »belwederischen Separatismus«. Schließlich kam es so weit, dass Belweder sich weigerte, Felius noch als König anzuerkennen und die Abgaben in Form von Selbstgebranntem und Huren zu leisten, Zahlungsmittel, wie sie Belweder ebenso zur Verfügung standen.

Felius und seine engste Gefolgschaft sahen sich gezwungen, Gegenmaßnahmen zu ergreifen, um zu verhindern, dass die »Belweder-Seuche« auf die angrenzenden Viertel übersprang.

Jeden Herbst, Ende September, Anfang Oktober, gastierte in der Stadt der Wanderzirkus »Vagabundo«; er schlug sein Lager auf dem gegenüberliegenden Ufer der Bystryzja in Passitschna auf. Mitte der Dreißiger war das schon ein recht dubioses und von seiner mehrhundertjährigen Geschichte ziemlich aufgeriebenes Unternehmen, dessen Wurzeln fast bis in den Herbst des Mittelalters reichten. Ich greife vor, wenn ich mitteile: Vor dem endgültigen Untergang in Schmach und Schande rettete den Zirkus »Vagabundo« paradoxerweise der Zweite Weltkrieg, in dessen Folge sich die Reste dieser äußerst obskuren Truppe auf der anderen Seite des Atlantiks wiederfanden.

Doch behielt der Zirkus Vagabundo auch in seinen ruhmlosesten Zeiten eine oder zwei Handvoll treuer Fans. Allen voran die Führung der Belwederer mit ihrem Chef, genannt Frisura, einem einfältigen und tumben Riesen, der ohne Zirkus einfach nicht leben konnte. Und so wurde beschlossen, diese Schwäche auszunutzen.

Frisura und zwei seiner Kumpane, an deren Namen sich mein Vater beim besten Willen nicht erinnern konnte, erhielten gefälschte persönliche Einladungen (angeblich vom Zirkusdirektor Monsignore Ananda persönlich), mit der Bitte, »die zehntausendste Jubiläumsvorstellung mit Ihrer Anwesenheit zu beehren«. Sie vergaßen alles auf der Welt, die elementarsten Vorsichtsmaßnahmen eingeschlossen, und brausten im Cabrio Richtung Passitschna davon, angeregt über alle möglichen Details der phantastischen Vorstellung plaudernd und die Nummer mit der Bärtigen Frau lustvoll vorwegnehmend. Doch es war ihnen nicht bestimmt, das ersehnte Zirkuszelt zu erreichen. Felius und seine Kämpfer, den Belwederern an Zahl fünffach überlegen, lauerten ihnen schon auf der Brache vor der Zirkusstadt auf. Dann begann, was die Stadtchronisten noch heute »das große Massaker von Passitschna« nennen. Was kam dabei nicht alles zum Einsatz! Ketten, Knüppel, Totschläger, Messer – alles fand geübte, zuweilen auch meisterhafte Anwendung. Frisuras zwei Kum-

74

pane ergaben sich schnell und unterwarfen sich kniend der Macht und Herrschaft von Felius, anders wären sie nicht lebend davongekommen. Frisura sah keinen anderen Ausweg, als sich ins gurgelnde Flusswasser zu stürzen. Es schlug über ihm zusammen. Der von den Steinen erbarmungslos zerschundene Körper des Belwederischen Usurpators wurde flussabwärts mit Haken aus dem Wasser gezogen – weit hinter den Wowtschynez-Hügeln, wo sich die beiden Bystryzjas schließlich vereinigen. Die Stadtverwaltung gestattete, ihn an der Zentralallee des Neuen Friedhofs zu beerdigen, Seite an Seite mit Gymnasialprofessoren und Stadtpoeten.

So war sie, jene Zeit, die Epoche von Felius, und wer weiß, wie lange sie noch angedauert hätte, wäre nicht ein neuer September angebrochen – der des Jahres 1939.

3

Eine Folge des geheimen Zusatzprotokolls zum Pakt der Herren Ribbentrop und Molotow und ihrer Staaten war, dass im September des genannten Jahres die Sowjets in unsere Stadt einmarschierten. Diese Tatsache ist allgemein bekannt und ich würde sie nicht betonen, bestünde nicht die Notwendigkeit, einige zu völligen Banalitäten verkommene Klischees zu widerlegen.

Die Vorstellung von den Sowjets als wilde asiatische Horde, verkommen, halb kriminell und ewig betrunken, die in den vergangenen Jahrzehnten unsere Gedanken beherrschte, ist in Wirklichkeit entsetzlich weit von der Wahrheit entfernt. Ja, sie brachten große Veränderungen in unsere Gegend und unsere Stadt und rissen selbst die Kellerfundamente aus ihrem gewohnten Trott. Aber wie lange soll man sich denn bloß das Maul zerfetzen über Nachthemden und Damenunterröcke, in denen die Offiziersgattinnen angeblich ins Theater gingen! Wie oft werden wir uns noch über die berühmten Nachttöpfe freuen, mit denen sie angeblich Sahne geholt haben auf dem Markt! Unpassende Phantasien zweifelhafter Witzbolde – mehr nicht.

In Wirklichkeit handelte es sich um ein ganz anderes, in sich vielfältiges und widersprüchliches Amalgam. Erzogen mit den Gedichten Majakowskis und Sabolozkis, hörten sie gerne die Werke Schostakowitschs für Saxophonquartett, konnten die OBERIUten und Achmatowa auswendig hersagen, begeisterten sich für das *Schwarze Quadrat* und die beiden Kandinskys. Nachdem sie die attraktivsten herrschaftlichen Wohnungen der früheren Großbürger im Zentrum und auf der Lypowa bezogen hatten, füllten sie, die vor kurzem noch einfache Arbeiter und Matrosen und jetzt Führungskader und Diener der Partei waren, unsere verschlafene Provinz rasch mit neuem Inhalt. Abends erklangen von den Veranden, wo sie sich um den Samowar versammelten, Mandolinenkonzerte und die klassische Hymne der Polithäftlinge »Zentralgefängnis Wladimir«. Manchmal spielten sie hingebungsvoll Bouts-rimés, wobei sie nur zwei Reime verwendeten – den pasternakischen und den kirsanowschen. Im Stadttheater wurden nun anstelle von spießigen Vaudevilles optimistische Tragödien inszeniert.

Wobei auch für sie wie für die Eingeborenen das Kino die wichtigste der Künste blieb. Und ihres hielten sie für das beste auf der Welt. Weshalb sie auch kein anderes zuließen.

Das war dann auch die auffälligste Veränderung, die mit ihrem Einmarsch in Verbindung zu bringen ist – das Repertoire der Kinos. Alles Westliche wurde auf einen Schlag verbannt und verboten. Anstelle von Mary Pickford, Marlene Dietrich oder der polnischen Ordonówna die ewige Ljubow Orlowa. Anstelle der geliebten Western *Tschapajew* und *Der Mann mit dem Gewehr*. Anstelle der sympathischen und anziehenden Gangster und Diebe von Bagdad Revolutionskomitee-Sekretäre. Anstelle von Doktor Mabuse und Doktor Caligari Wladimir Iljitsch Uljanow-Lenin.

In jenem ersten Okkupationsjahr zeigte man die sowjetischen Filme noch mit polnischen Untertiteln, eigens für die sprachlich zurückgebliebene Bevölkerung. Es liefen *Der baltische Deputierte*, *Die reiche Braut* und *Wolga, Wolga*. Die beiden Letzteren galten als Komödien, auch wenn sich das Publikum vor allem beim ersten Film vor Lachen kugelte.

Verständlich, dass weder Felius noch seine Kumpane den neuen Machthabern diese Veränderungen je verzeihen konnten.

4

Zu Anfang des Winters sprach sich die Volksversammlung in Lemberg einstimmig für den Anschluss unserer Provinzen an die Lande der Sowjets aus. Diese Prozedur war, wie alle Prozeduren der Welt, eher formaler Natur. Niemand (auch nicht die Presse!) hätte etwas anderes als den Anschluss auch nur in Betracht gezogen.

In jenen Tagen kamen gerade die *Traktoristen* von Iwan Pyrjew in die Kinos – eine lebensfrohe und ganz und gar nicht lustige Komödie darüber, wie die Bauern der südlichen ukrainischen Steppen offensichtlich gut leben und frei atmen konnten, nachdem sie ein paar Millionen weniger geworden waren. Diesen letzten Umstand verschwieg der Film natürlich, aber das hiesige Publikum wusste längst über den großen Hunger in der großen Ukraine Bescheid.

Der Titel des Films regte nicht zum massenhaften Kinobesuch an, und die Säle blieben anfangs fast leer. Daraufhin ließ sich die Obrigkeit etwas einfallen, um sie zu füllen: Es begannen die verordneten Besuche von Kulturveranstaltungen durch Werktätigenkollektive. Mein Vater, nun schon Schüler der allgemeinbildenden Mittelschule der Werktätigen Nr. 5, besuchte mit einem Teil seiner Klasse die Vorstellung, im Rahmen der Nachmittagsbetreuung.

Warum Felius mit praktisch all seinen Kumpanen in genau dieser Vorstellung und diesem Saal saß, wird für immer ein Geheimnis bleiben. Ein weiteres – warum auch der Hauptmann der Staatssicherheit Altajew (Altman)[1] anwesend war. Doch nicht etwa nur, weil er als Fan der Ladynina verrückt war nach jedem Film, in dem sie mitspielte? Die *Traktoristen* schaute er sich damals übrigens schon zum vierten Mal an, und der Film begeisterte ihn immer mehr. Der Hauptmann der Staatssicherheit Altajew (Altman) schloss nicht aus, dass er ein so inhaltsreiches Kinoprodukt auch ein fünftes oder sechstes Mal besuchen würde.

Ein weiteres wesentliches Detail: Der Hauptmann der Staatssicherheit Altajew (Altman) war nicht allein zur Vorstellung gekommen, sondern in Begleitung von zwei, wie er sie nannte, Schlampen – Suska und Nelka. Die Fa-

---

1 Es handelt sich um eine so bedeutende Persönlichkeit, dass ihr wahrer Name bis heute nicht bekanntgegeben wird.

milie des Hauptmanns war irgendwo tief in Russland zurückgeblieben, also verscheuchte er seine vorübergehende dienstliche Einsamkeit mit neuen Liaisons. Sowohl Suska als auch Nelka (darüber war der Hauptmann schon unterrichtet) waren einmal Felius' Geliebte gewesen.

Der Philosoph würde sagen, die Welt sei zu klein. Vor allem in den Grenzen unserer Stadt.

5

Mein Vater berichtete, dass es während der ersten Filmszene – drei soeben demobilisierte Panzersoldaten fahren im Zug, besprechen ihre Zukunftspläne und trinken Bier auf die Heimat und alles Gute – verhältnismäßig ruhig blieb. Abgesehen von zwei, drei scharfen Pfiffen aus jener Ecke des Saals, wo Felius' Burschen saßen. Doch als sich die südliche Steppe in ihrer ganzen Schönheit über der Leinwand ausbreitete, auch noch mit Traktoren am Horizont, da wurde das Gemurre und Gepfeife zu einer Schallmauer. Die wohl bis zum Ende der Vorstellung nicht weichen würde.

Der erboste Hauptmann der Staatssicherheit verwandelte sich augenblicks in einen ungeschliffenen, grobianischen Feldkommandeur und brüllte etwas wie »Schluss!« und »Aufhören!«. Worauf der König nicht weniger laut und ebenfalls von seinem Platz, aber doch in den gesamten Raum hinein reagierte: »Nieder mit den Kolchosen!«

Die Kumpane unterstützten diesen Aufruf mit noch lauterem Pfeifen und Trampeln, und dann flogen die Messer auf die Leinwand. Sie trafen den Himmel, die Steppenkrume, die Kabinen der Traktoren, die Brust von Marina Ladynina in der Rolle der sexuell anziehenden

Heldin der Arbeit Marjana Bashan. Die Messer zerschnitten die Leinwand und fielen klappernd auf irgendwelche Holzbohlen dahinter.

Wäre es im Saal nicht dunkel gewesen, hätten Suska und Nelka das äußerst ungute Erbleichen Altajews (Altmans) bemerken müssen. Jedenfalls zogen sie vorausschauend ihre Hände aus dem aufgeknöpften Schritt seiner Pluderhosen. Allerdings nicht sofort, sondern erst, als die Bande mit Felius an der Spitze unter scharfem Quietschen der Sitze aufstand und alle zusammen dem Ausgang zustrebten.

Aber man ließ sie nicht hinaus. Jemand hatte die Miliz gerufen, zwei Einheiten mit den Sergeanten Burlak und Kowtun an der Spitze. Echte Mörder mit zentnerschweren Fäusten und Bulldoggen-Schädeln, erprobt in Kämpfen mit Kulaken, Basmatschen und Finnen. Sie blockierten beide Ausgänge.

Zähneknirschend kehrten der König und sein Hofstaat zu ihren Plätzen zurück. So saßen sie die Zeit ab, bis der Film zu Ende war, ohne Protest zu äußern, nur manchmal ließen sie ihre Sessel quietschen oder furzten.

Als dann in der Schlussszene – die glückliche Heirat von Marjana und Klim, umringt von gut hundert ideal schönen Menschen – der »Marsch der sowjetischen Panzerfahrer« mit seinem kriegerischen Refrain erklang:

Mit donnerndem Feuer, glitzernd glänzendem Stahl,
ziehen die Maschinen auf zornige Fahrt,
wenn er uns in den Kampf schickt, Genosse Stalin,
und der erste Marschall in den Kampf uns führt, –

erhob sich der Hauptmann der Staatssicherheit Altajew (Altman) eindrucksvoll inmitten des Saales, übertönte für einen Moment Hintergrundchor und Orchester und brüllte aus seinen verrauchten Lungen: »Jetzt alle aufstehen! Aaaaa-chtung!«

Es gab wirklich gute Gründe, den Hauptmann der Staatssicherheit zu fürchten. Vertreter der niederen Ränge, die den Hauptmann ab und zu in die Banja begleiteten, setzten das Gerücht in die Welt, statt des Geschlechtsteils habe er dort eine Bärentatze mit drei schwarzen Krallen.

So einer also brüllte aus voller Kehle »Aaaaa-chtung!« Und wirklich standen alle auf, mein Vater und alle anderen, und sie blieben stehen bis zum Abspann: »Ende«.

Nur der Sektor von Felius und seinen Kumpanen blieb sitzen – sie mahlten angespannt mit den Kiefern, aber sie standen nicht auf.

Die Würde des Königs ließ das nicht zu.

6

In den darauffolgenden Nächten, zwischen drei und fünf Uhr, kam es in unserer Stadt zu Verhaftungen. In den Dienstberichten hieß das »Säuberung von antisowjetischen, rowdyhaften Elementen«. Der Hauptmann der Staatssicherheit Altajew (Altman) war nicht nur ein Mann von Pflicht und Ehre, sondern auch eine große, kompromisslose Koryphäe seiner Zunft. Niemand hatte erwartet, dass es so schnell gehen würde. Die Adressen der Personen waren leicht herauszufinden. Wie aber hatte man sie identifiziert? Und zwar fehlerfrei, jeden Einzelnen: Schaibus, Okleja der Kleinere (zusammen mit dem Größeren), Muljartschyk und Maljartschuk, Svensson, Drongal, die Brüder Schufler, ŚleDziunio, beide Firlejas, Jarko (Jaiko)

Parchutz und alle anderen – insgesamt an die zwanzig oder dreißig Mann.

Wer konnte sie verraten haben? Suska und Nelka? Die Erste bestimmt nicht, denn sie hatte nicht aufgehört, Felius heimlich zu lieben. Und ihn griffen sie sich natürlich gleich, ganz zu Beginn. Der Zweiten war es durchaus zuzutrauen, aber sie kannte die Jungs nicht, mit Ausnahme von einem oder zweien nicht einmal ihre Namen.

Es gab keine einheitliche Sichtweise unter den Stadtbewohnern. Alle zuckten nur die Achseln und schwiegen erschrocken. Es waren Zeiten angebrochen, in denen Schweigen nicht nur Gold, sondern das Überleben schlechthin bedeutete.

Eines Nachts Anfang Dezember trieb man sie (sogar die ehemaligen Mitglieder der Kommunistischen Partei) unter scharfer Bewachung und in Handschellen zum Bahnhof. Mit ausgeschlagenen Zähnen und ausgerenkten Gliedern, grün und blau, zerschunden und barfuß erinnerten sie kaum noch an die Herren der Stadt, die sie eben noch gewesen waren. Aber als man sie unter Anwendung der Karabiner mehr schlecht als recht in den Zellenwaggon gepresst hatte und der Gefängniszug sich schwerfällig gen Osten in Bewegung setzte, da blieben sie sich bis zuletzt selbst treu und stimmten eigens für ihre Heimatstadt den »Batiar-Blues« an mit der Abschiedsstrophe:

Ich flüchte nicht in die Pampa,
sosehr ich dorthin will,
nicht reingefallen bin ich nur.
Verschissen hab ich, still.
Denn hinter Sibirien geht die Sonne unter, trinkt Wasser aus
    dem Meer,
Bleib gesund und sei nicht traurig, Liebste – yeah, yeah, yeah

Man deportierte sie für immer, und keiner hätte in dem Moment gesagt, dass es so auch besser für sie sei. Doch zwei Jahre später würde ein anderes, ein echtes Gemetzel beginnen. Manche von ihnen wären zum Henker geworden, manche zum Opfer, andere unvermeidlich zu Marodeuren und Aufrührern, wieder andere hätten sich als Juden erwiesen; dieser wäre Untergrundkämpfer, jener Polizist geworden; manche auch Untergrundkämpfer und Polizist; die einen hätten Juden ermordet, die anderen hätten Juden versteckt, für Geld; einige wegen ihres Gewissens.

Gut, dass keiner von ihnen diese Möglichkeiten hatte. Sie hatten eine andere: vor Hunger und Erschöpfung die geschwollenen Hufe hochklappen in der fernen Rodung.

7

Und Felius? Wurde er mit den anderen deportiert? Hat er sich in den undurchdringlichen Eingeweiden der Taiga verloren? Fror er sich inmitten der riesigen asiatischen Steppe zu Tode? Verendete er an Hunger und Durchfall in einer Norilsker Baracke?

Interessanterweise nicht. Aus irgendeinem Grunde nicht. Aus irgendeinem Grund blieb er weiter in unserer Stadt unter Arrest. Ja, mehr noch – nach ein oder zwei Wochen wurde er freigelassen. Aus irgendeinem Grund.

Nelka hatte Felius verraten. Felius alle anderen. Nur so war das zu verstehen. Wobei es niemals und nirgends von irgendwem bewiesen wurde. Warum einen Schatten werfen auf eine möglicherweise ganz unschuldige Person?

Halten wir uns also nicht an Gerüchte und Erfindungen, sondern an Fakten.

Am 12. Dezember 1939 spätnachmittags wurde Felius aus dem Arrest entlassen, er begab sich aber nicht nach Hause, sondern ging leicht gebeugt und vor Kälte zitternd in die geliebte einstige »Volksschlägerei« – damals schon Arbeiter- und Handwerker-Fabrikkantine »Karl Marx«. Dort passierte ihm Folgendes.

Als sie ihn sahen, traten die vielen Besucher verblüfft auseinander. An der Theke bestellte er nacheinander drei Gläser Schnaps, die er in absoluter Stille hinunterkippte. Dann befahl er, man solle ihm einen großen Krug Fassbier zapfen. Und während er und der Wirt aus verschiedenen Perspektiven schweigend und angespannt beobachteten, wie sich der Schaum setzte, kam von irgendwoher dieser Schuft.

Er warf sich Felius an den Hals und umarmte ihn mit ganzer Kraft, drückte und herzte ihn, wobei er etwas Unklares murmelte. Als er ihn schließlich losließ, sahen alle, wie Felius, Teufel auch, an der Theke hinunter zu Boden rutschte, seine Lippen sich zu einem sehr seltsamen, schmerzlichen Lächeln verzogen und unter seinem Herzen dunkles, venöses Blut hervorsprudelte. Die Mutigeren unter den Anwesenden wollten Erste Hilfe leisten, konnten aber nichts mehr für ihn tun als die Mützen abnehmen. Felius lebte nicht mehr.

Niemand hatte bemerkt, wie sich der mörderische Schuft aus der Kantine stahl. Einige versicherten, sie hätten gesehen, wie er unter seinem Fellmantel einen blutigen Schlachterdolch verbarg. Die anderen widersprachen nicht.

Ob es stimmte, konnte mir mein Vater nicht sagen.

Verbürgt ist nur, dass am selben Tag in der Ortschaft

Santa Monica, im Staat Kalifornien, der berühmte Schauspieler Douglas Fairbanks d. Ä. an einem Herzschlag starb. Seine letzten Worte waren: »Noch nie habe ich mich so gut gefühlt.«

Der für die Reinheit des Kinos gestorbene Felius, entthronter König unserer Stadt, hätte ihm vermutlich beigepflichtet.

Fünfter Teil
Myroslaw oder Telegramme an den Kaiser

1

Ostern 1908 fiel bei den Römisch-Katholischen und den Griechisch-Katholischen auf zwei verschiedene Tage – auf den 19. und den 26. April. Wenn wir also sagen, der Student Myroslaw Sitschynskyj habe den Grafen Andrzej Potocki am Weidensonntag erschossen, dann gilt es zu beachten: Nicht für alle Christen war es Weidensonntag – und ohnehin nicht Weiden-, sondern Palmsonntag – niedziela palmowa.

Am 12. April, um halb zwei Uhr mittags, wurde Sitschynskyj Myroslaw, Sohn des Mykola, geboren 1887, Philosophiestudent des dritten Studienjahrs an der Lemberger Universität, aus dem Warteraum zur Audienz ins Empfangszimmer des Statthalters des österreichischen Kronlandes Galizien Graf Andrzej Potocki gerufen, Träger des Ordens vom Goldenen Vlies, des Großkreuzes des Leopold-Ordens und des Kaiserlichen Sonnen- und Löwenordens. Die Unterhaltung des Jünglings mit dem Funktionär dauerte nicht lange und hatte wohl gar nicht erst begonnen. Sitschynskyj trug einen Revolver bei sich, mit dem er vier Mal auf Potocki schoss. Wobei schon die ersten beiden Schüsse – sie gingen in den Kopf – tödlich waren, der dritte und der vierte drangen dem Statthalter in Arm und Schulter. Danach gewährte ihm der gnädige Gott, vielleicht weil Feiertag war, noch eine ganze Stunde zum Sterben. Im Verlauf dieser Stunde verstand Graf Andrzej, was ihm zugestoßen war. Das ist im Falle eines unerwarteten Todes äußerst wichtig, denn es erspart einem das durchdringend schmerzhafte Umherirren im Übergang von dieser in die andere Welt. Außerdem ermöglichte es dem Grafen, von einem unverzüglich herbeigerufenen Geistlichen die letzte Ölung zu empfangen und sich, nach unbestätigten Quellen, auch von Frau und Kindern zu verabschieden. Und schließlich konnte Graf Andrzej in ebendieser Stunde den finalen Satz seines Lebens sagen, von dem der postmortale Potocki-Kult seinen Ausgang nahm: »Telegrafieren Sie Seiner Majestät, dass ich Ihr treuer Diener war.«

In einer Stunde kann, wie wir sehen, unglaublich viel bewerkstelligt werden.

Der jugendliche Mörder unternahm inzwischen keinerlei Versuch zu verschwinden. Ohne den geringsten Widerstand zu leisten oder ein weiteres Mal seinen Revolver zu benutzen, ergab er sich den Polizisten, als sei das sein eigentliches Ziel gewesen. Als man ihn mit sicherheitshalber auf den Rücken gedrehten Armen aus dem Gebäude auf den Gouverneurs-Wällen zur eben erst eingetroffenen Gefängniskutsche führte, sagte auch er einen Satz, der in die Geschichte einging: »Das war für Eure Untaten, für die Wahlen, für Kahanez!«

Dieser Satz war nicht in die Luft gesprochen, sondern richtete sich an eine konkrete Gruppe von Bauerndelegierten, die an jenem Tag ebenfalls zur Audienz zum Grafen gekommen waren und in den Fluren geduldig auf ihren Termin warteten. Selbstverständlich hatten die vier Schüsse und die darauf folgende Aufregung sie zutiefst erschüttert. Seine Worte hatte Sitschynskyj direkt an sie gerichtet, ihnen erklärte er, was dieser Mord bedeutete.

Der Name von Marko Kahanez, eines Bauernaktivisten, der erst zwei Monate zuvor während des extrem brutalen Wahlkampfes dem Bajonett zum Opfer gefallen war, fühlte sich an wie eine offene blutige Wunde.

Sitschynskyj nannte Kahanez' Namen an jenem Tag schon zum zweiten Mal. Bereits im Audienzzimmer des Grafen, als er den Revolver aus der Tasche zog, hatte er gerufen: »Für Kahanez – Potocki!« Wie aus seinem späteren Geständnis hervorgeht, war er bis zum letzten Moment nicht sicher, ob er schießen würde. Hätte der Graf ihn milder angesehen, aus unbekannten Gründen gelächelt, vielleicht sogar irgendwie dämlich oder verwirrt und schutzlos, wäre seine Physiognomie nicht von Natur aus so aufgeblasen herablassend gewesen – wer weiß, wie es ausgegangen wäre.

Aber Potocki schaute seinen Besucher so an, wie er es eben konnte. Natürlich hatte er keine Vorstellung von diesem Jüngling und auch keinerlei Gefühle für ihn. In seinem unfreundlichen Blick lag nichts Persönliches. Ihm stand einfach kein anderer Blick zur Verfügung: Dafür hatte die jahrhundertealte aristokratische Genetik gesorgt. Sie war es, die über Dutzende Generationen das kalte Stechen der kleinen Augen, die prallen Wangen und die aufgeblasen überhebliche Haltung hervorgebracht hatte. Daher konnte er sich in jenen Sekundenbruchteilen, in denen die Kugeln Myroslaw Sitschynskyjs flogen und in ihn eindrangen, nur wundern: Was ist los, wie ist das bloß möglich?

Der Graf war der Abkömmling eines allzu mächtigen Geschlechts, mit all den Folgen, die eine solche Herkunft mit sich bringt. Man kann ohne Übertreibung behaupten, dass die Geschichte seine Ermordung am 12. April 1908 fast fünfhundert Jahre lang vorbereitet hat.

Aber zurück zu einer einfachen kalendarischen Tatsache: Potocki wurde an einem festlichen Sonntag ermordet, dem letzten vor dem »polnischen« Ostersonntag. Lassen wir einmal beiseite, dass der Wiener Statthalter in Galizien es sich sogar an einem solchen Feiertag nicht erlaubte, das Regieren Regieren sein zu lassen und sich im Kreise seiner großen Familie (neun Kinder) ein bisschen zu entspannen, sondern im Gegenteil fortfuhr, den Pflug zu ziehen und die anstrengenden Pflichten eines Staatsmannes zu erfüllen. Ein anderes Kuriosum: Um eine persönliche Audienz bei ihm zu bekommen, brauchte man einfach nur zu warten, bis man an der Reihe war. Der Zugang zu dem Körper, dem am Morgen noch lebendigen, war für den erstbesten Proletarier oder Landmann aus dem entferntesten Winkel des Königreichs möglich.

Aber betrachten wir noch etwas anderes. Besser gesagt – jemand anderen. War nicht vielleicht gewöhnliche Gotteslästerung eines der Motive? Hatten die Schüsse am helllichten Palmsonntag nicht vielleicht eine Art vorösterliche Überraschung seitens des jungen Sozialisten zum Ziel? Lag in diesem Akt nicht eine kraftvoll vernichtende Herausforderung der damaligen Moral? Eine freche Imitation Bakunins, Kropotkins und all der anderen Anarcho-Bombenleger? Und was war mit der Liebe zu Nietzsche?

Der Eindruck einer großen und absichtsvollen Gotteslästerung wird auch dadurch verstärkt, dass Myroslaw Sitschynskyj sein Opfer zu einem plötzlichen (unvorbereiteten) Tod verurteilte. Für einen Christenmenschen gibt es (abgesehen vom Selbstmord natürlich) keine schlimmere Möglichkeit, aus dem Diesseits zu scheiden. Hätte der Mörder in seinem bisherigen Leben nicht nur an der Schießbude geschossen, dann hätte er dieses Ziel auch erreicht, und Graf Andrzej wäre so wie er war in die Ewigkeit eingegangen, ohne Beichte, ohne letztes Abendmahl, auf dem Gipfel (um es mit Shakespeare zu sagen) seiner »Sünden Blüte«.

Diesen Aspekt erspürte, feinfühlig wie immer, ein anderer Graf, ebenfalls Andrej, der griechisch-katholische Metropolit Galiziens Scheptyzkyj. Am Karfreitag, dem 24. April, bei seiner Predigt in der Kathedrale des heiligen Georg, verurteilte er den Mord an Potocki und rief die Zivilgesellschaft – für die damalige Epoche klingt das erstaunlich aktuell – dazu auf, sich jeglichem politischen oder anderen Terror entgegenzustellen: »Ein öffentliches Verbrechen muss öffentlich verurteilt werden. Es muss den entschiedenen, energischen Protest aller Christen hervorrufen.« Der Metropolit forderte seine Herde zwar nicht dazu auf, unter der Losung »JE SUIS POTOCKI« zu Tausenden auf die Straße zu gehen, doch versuchte er mit Verstand und Seele, Einfluss auf ihre recht ambivalente Haltung zur Tragödie zu nehmen.

Die Realität sollte jedoch zeigen, dass der Einfluss des Metropoliten begrenzt blieb. Mehr noch, die ukrainische Presse feuerte – gelinde gesagt nicht sehr respektvoll – eine ganze Kaskade rhetorischer Fragen auf ihn ab, die eher ätzenden Anschuldigungen glichen: »Und wo war der Lemberger Metropolit, als das Blut unschuldiger Recken vergossen wurde, als deren Witwen und Waisen weinten? Oder ist das Blut des Grafen vor Gott teurer als das unserer Recken, und das Weinen der Witwen und Waisen unserer Recken weniger wert als das Weinen der Witwe und der Waisen des Grafen Potocki, der ihnen Hunderte Millionen an Vermögen hinterließ?«

Die Zeitungen hatten Blut gerochen und verloren alle Hemmungen. Für die Sozialisten hätte es keine bessere Gelegenheit geben können, die Kirche und ihre Würdenträger fertigzumachen. Bei seinem Geifern von der Tribüne des Wiener Parlaments herab vergaß der radikale Politiker Trylowskyj nicht zu erwähnen, dass Scheptyzkyj ebenfalls Graf und ebenfalls aus polonisiertem Geschlecht war. Die Verächtlichmachung des kirchlichen Würdenträgers erreichte ein nie gekanntes Ausmaß.

Solche Zeiten waren angebrochen, Zeiten der losgelassenen Dämonen.

3

Ein paar Worte über die Witwe, die Gräfin Krystyna Potocka von Tyszkiewicz. Sehr aussagekräftig, was ihre Person angeht, ist ihr Brief an Kaiser Franz Joseph. Der Brief wurde geschrieben, nachdem mehrere gerichtliche Instanzen das Todesurteil gegen Sitschynskyj und dessen Vollstreckung am Galgen bestätigt hatten. In dem Brief entsagt die Gräfin im eigenen Namen und im Namen ihrer neun verwaisten Kinder jeglicher Rache und bittet den allergnädigsten Monarchen, den jungen Mörder zu begnadigen und ihm das Leben und damit die Chance auf Besserung zu schenken.

Zwei Jahrzehnte später kommentiert das Sitschynskyj so: Es habe sich keineswegs um die Barmherzigkeit einer guten Katholikin gehandelt, sondern um ein banales politisches Spiel. Wien habe ein vitales Interesse daran gehabt, dass sich die Gemüter beruhigten, die Lage sich stabilisierte und ungehindert »Getreide und Rekruten« aus Galizien geliefert werden konnten. Seine Hinrichtung hätte eine neue Welle von Unruhen hervorrufen können. Als er die Ermordung des Grafen plante, war Sitschynskyj sich darüber im Klaren gewesen, dass er mit fast hundertprozentiger Wahrscheinlichkeit sein eigenes Todesurteil unterschrieb. Aber ihm war wohl auch bewusst, dass unvermeidlich überaus mächtige Faktoren ins Spiel kommen würden, die Wien wohl nicht ganz würde ignorieren können.

In seinem verstockten Heroismus wandte sich der Verurteilte sogar mit einem Gegengesuch an den Kaiser, in dem er darum bat, den Sorgen der Witwe keine Beachtung zu schenken und das Gerichtsurteil unverzüglich zu vollstrecken. In Wien geruhte man, dies als Beleg dafür zu nehmen, dass der Verurteilte schon den Pfad der Reue und Besserung betreten hatte.

Ende Juli 1909 wurde der kaiserliche Befehl zur Umwandlung der Todesstrafe Sitschynskyjs in eine 20jährige Haftstrafe veröffentlicht. Das Risikospiel des Philosophiestudenten trug erste Früchte.

4

Woher war dieser Myroslaw plötzlich aufgetaucht? Welche Umstände hatten diese tödliche Mischung hervorgebracht?

In Erwartung der allergnädigsten Entscheidung über Hinrichtung oder Begnadigung las Sitschynskyj die Gedichte Byrons. Dabei ist wichtig, dass er sie in der Originalsprache las und diese dabei lernte. Als ob sie ihm am Galgen nützlich sein könnte. Als ob man ihn im Jenseits, in der Hölle der Erhängten, unbedingt fragen würde: How do you do, Sir? Die Gefängnisverwaltung hatte kei-

95

ne Einwände gegen die Selbstvervollkommnung der Insassen und stellte ihm alles zur Verfügung, was er brauchte, um ein solch positives Ziel zu erreichen: Schreib-
federn, Papier, Hefte, Wörterbücher. Mit Byron lernte
er nicht nur und gar nicht so sehr Englisch, sondern
den romantischen Kampf und revolutionären Nihilismus. Sitschynskyj war auch selbst Dichter – einer von
der Sorte, die keine einzige Zeile hinterlassen, aber versu-
chen, dies mit dem Leben selbst zu kompensieren, mit jeder ihrer Taten. Byron, Poe, Coleridge, Tennyson, Oscar
Wilde – das ist die Liste seiner Bestellungen in den Ge-
fängnisbibliotheken, erst in Lemberg, dann in Stanislau.

Dostojewski las er auch, und zwar reichlich und eben-
falls im Original. Viele Jahre später nannte Sitschynskyj
auf die Frage, wie viele Sprachen er spreche, Polnisch,
Deutsch, Norwegisch, Schwedisch, Englisch und Russisch,
Letzteres »mit Fehlern, da mir die Praxis fehlt«. Am Vorabend des Anschlags auf Potocki hatte er wieder einmal
»Verbrechen und Strafe« gelesen und mit Bleistift den
Satz »Bin ich eine zitternde Kreatur oder habe ich ein
Recht …« markiert. Das Wort »tvar«, Kreatur, las er
als (polnisch) »twarz«, Gesicht; in Erwartung der Audienz
beschäftigte er sich vor dem Empfangszimmer des Grafen also vor allem damit, dass in seinem Gesicht auch ja
nicht der kleinste Muskel verräterisch zuckte, und schaute die ganze Zeit in den Spiegel.

Dostojewski und Nietzsche waren seine Lehrer. Die
Literatur war seine Philosophie.

Seit Herbst 1907 frequentierte Sitschynskyj regelmäßig das Café »Monopol«, das in dem Ruf stand, es treffe
sich dort die junge Décadence. Ihn faszinierten die radi-
kalsten Dinge, auch das Thema Selbstmord, auf das Kar-
manskyj und Jazkiw regelmäßig zurückkamen. Da es

ihm nicht immer gelang, in der Nähe zu sitzen, lernte Sitschynskyj, ihre Streitgespräche aus der Ferne zu verfolgen, indem er sie ihnen von den Lippen und Händen ablas. Er passte den Zeitpunkt ab, wenn Franko im »Monopol« erschien, und richtete es so ein, dass er besonders gut hören konnte, wie der wieder einmal einen Jüngeren mit seinem kategorischen »Sie schwätzen Quatsch« abkanzelte. Sitschynskyjs größte Freude aber war der Moment, wenn die Angehörigen der Décadence im Chor ihr Kultlied »Wenigstens ein Fetzen Himmel« anstimmten. Dann umfasste er den Kopf mit den Händen, wiegte sich im Takt und sang heimlich mit.

Mehr als einmal sah er dort auch den genialen Wassyl Stefanyk, den Autor expressionistischer Kurznovellen, wagte es aber nie, um ein Autogramm zu bitten. Am 26. Mai 1908, also eineinhalb Monate nach dem Attentat Sitschynskyjs, hielt Stefanyk im Wiener Parlament eine Rede zur Verteidigung des »heldenhaften Studenten«. Als Sitschynskyj im Gefängnis davon erfuhr, malte er sich aus, wie er – sollte das Wunder geschehen, und es gelänge ihm, die Freiheit wiederzuerlangen –, wie er ganz sicher nicht mehr zögern und passen würde, sondern einfach hingehen, dem Verehrten sein Exemplar des »Blauen Buchs« hinhalten und um ein Autogramm bitten. Er wusste sogar schon, was dastehen sollte: »Für Myroslaw, Freund und Sozialist«. Mehr wagte er sich nicht zu erträumen, wusste er doch um Stefanyks knappen Stil.

Der Sozialismus Sitschynskyjs ergab sich zu einem gewissen Maß aus seiner Herkunft. Der Vater unseres Helden, Priester und seinerseits Sohn eines Priesters, war Mitglied des galizischen Landtags für die Nationalkonservativen und schloss sich gegen Ende seines 44jährigen Lebens der opportunistischen »Neuen Ära« an. Als er starb, war Myroslaw sieben. Zwischen Vater und Sohn werden sich also wohl kaum weltanschauliche oder politische Diskussionen entsponnen haben. In seinem Erwachsenenleben aber verglich Myroslaw jeden seiner Schritte mit der Lebenslinie seines Vaters und versuchte kategorisch, so zu handeln, wie sein Vater keinesfalls gehandelt hätte. Sein Popen-Stammbaum störte ihn zutiefst, weshalb er immer und überall seinen Nihilismus betonte und gerne die These des italienischen Anarchisten Andrea Costa wiederholte: »Gewalt ist unvermeidlich, um das Problem einzudämmen und das alte Ideal durch ein neues zu ersetzen.« Nach dem alten Ideal lebte der Vater, nach dem neuen der Sohn.

Der erschossene Potocki war 47 Jahre, sein Mörder 21. Marko Kahanez, für dessen Auslöschung Potocki angeblich mit dem Leben bezahlte – 27.

Myroslaw Sitschynskyj fügte seine Tat in Gedanken dem Katalog von Terrorakten zu, die er »weltweite Revolution der Jugend« nannte.

5

»Gewalt ist unvermeidlich« – ein volltönender und starker Satz. Begeisternd und zwingend. Umso mehr, wenn neben dem Wort »Gewalt« das Wort »Ideal« steht, noch dazu in Verbindung mit »neu«.

Myroslaw Sitschynskyj wurde praktisch für alle galizischen Ukrainer zu so einem neuen Ideal, zum ersten Nationalhelden, blitzschnell und fürs ganze Leben. Im April 1908 sind die ersten Zeichen eines Heldenkultes auszumachen. In den ukrainischen Familien werden neugeborene Knaben scharenweise Myroslaw getauft. Die wohlhabenderen Bürger der Städte und Städtchen geben bei Künstlern sein Porträt in Auftrag. An Orten, wo viele Menschen zusammenkommen (Vieh- und Wochenmärkte, Wallfahrtsorte, Kirchen, Konditoreien, Börsen, Zirkusarenen und Stadien), werden kleine Öldrucke, nur kinderhandgroße »Ikonen« mit »unserem Myroslaw« vertrieben. Unbekannte Künstler dichten heroische Lieder und Balladen, darunter eine 28-strophige mit dem Titel »Du mein süßer Revolver«. Ein anderer Sitschynskyj, Komponist aus Stanislau und entfernter Verwandter des Helden, widmet ihm einen Zyklus von Romanzen und kurz vor seinem eigenen Tod im Mai 1909 die Kantate »Ich zähle die unfreien Tage und Nächte«. Am meisten verwundert aber das allgegenwärtige Mitgefühl, ja sogar die Unterstützung von Seiten der Polizisten und aller anderen Ordnungshüter. Vom Moment seiner Festnahme an spürt Sitschynskyj ihre ständige und manchmal täppische Sorge. Schon in der Polizeikutsche, auf dem Weg vom Tatort zum Revier, rät einer der zur Bewachung Abgestellten Sitschynskyj nachdrücklich, den Verrückten zu geben: »Damit Sie, mein Herr, nicht ohne Not verurteilt werden.« Ein anderer versucht inzwischen, den Studenten mit Schokolade zu laben, denn das »hilft bei Stress«.

Die Gefängniswärter – in Lemberg wie später in Stanislau – salutieren, kaum dass sie ihn sehen, eilfertig, als sei er ein hoher Inspektor des Strafvollzugs. Kaum drei Tage nachdem Sitschynskyj ins zweite Gefängnis gebracht wurde, sagt einer der dortigen Wärter, ohne die Stimme zu dämpfen: »Von hier ist noch niemand geflohen, aber Ihnen werden wir helfen. Haben Sie nur Geduld. Vielleicht müssen Sie ein Jahr warten, vielleicht auch fünf.« Es wurde mehr als ein Jahr, aber weniger als fünf.

Der Grund für die Überstellung des besonders gefährlichen Staatsverbrechers von Lemberg nach Stanislau war die Umwandlung des Todesurteils in eine 20jährige Haftstrafe. Das Stanislauer Gefängnis »Dibrowa«, das erst ein Vierteljahrhundert vorher in Betrieb genommen worden war, galt als das vollkommenste der gesamten Monarchie, und seine Wärter wiederholten gerne, dass »die Sonne eher im Westen aufgeht, als dass von hier jemand flieht«. Andererseits müssen wir berücksichtigen, dass Sitschynskyjs Verteidiger und Familie sich während des ganzen Prozesses aktiv um die Überführung des Gefangenen eben nach Stanislau bemühten. Es gibt also Grund zur Annahme, dass man schon damals begann, seine Flucht zu planen.

Daher ist es auch nicht verwunderlich, dass der Gefängniszeichner, der die Neuzugänge für die Kartei porträtieren muss, ein Kirchendiakon, der aussah wie der heilige Nikolaus, dem Neuankömmling bewusst eine andere Augenfarbe gab und noch »einige goldverplombte Eckzähne« dazu erfand. Gleichzeitig flüsterte ihm der Gefängnisfriseur, selbst ein Häftling, beim Haareschneiden zu, dass er Sitschynskyjs Verbindungsmann sei und ihm Neuigkeiten von draußen bringen werde, weshalb er möglichst oft zum Rasieren und Haareschneiden kommen solle. Der Friseur war es auch, der Sitschynskyj eines Tages von der Revolution in China erzählte und hinzufügte: »In China haben sie die Kaiserin gestürzt. Die Welt bricht auseinander. Zeit aufzubrechen, Herr Sitschynskyj.«

Als die Gefängniswärter zwei Jahre später, im Herbst 1911, einfach so auseinandertreten und Sitschynskyj in die Freiheit entlassen, überschlägt sich die polnische Presse vor Empörung: »Die Direktion der Strafanstalt hat alle möglichen Maßnahmen mit maximaler Sorgfalt getroffen, konnte aber nicht das gesamte Gefängnispersonal ersetzen, das dem Verbrecher zugeneigt war.« Und präzisierte: »Sechzig Prozent der Stanislauer Gefängniswärter sind Ukrainer.«

6

Dass die Gefängniswärter die Flucht Myroslaw Sitschynskyjs befördert haben, dass sie direkt an ihr beteiligt waren, ist vielleicht der stärkste Ausdruck jener Begeisterung und allumfassenden Liebe, die dem jugendlichen Mörder von allen Seiten entgegenschlug. Die Sonne ging tatsächlich im Westen auf.

Trotz der acht Meter hohen Mauer, trotz der Eisengitter und Panzertüren, trotz der blinden Schlösser, die den Zugang zum Hauptkorridor von den Seitenfluren aus blockierten, verließ Sitschynskyj, gekleidet in die Uniform eines Aufsehers und mit angeklebtem Schnurrbart, geführt von einigen Aufsehern, die mit ihm im Bunde waren, in der Nacht auf den 11. November glücklich das Gefängnisgelände. Der elfte Tag des elften Monats des elften Jahres – ein Datum, das, wie es sich für solche Gelegenheiten gehört, nicht ohne Humor gewählt war.

Das Datum hatten die Führer des Geheimkomitees für die Befreiung des Helden festgesetzt – Myroslaws enger Freund, der um vier Jahre ältere Mykola Zehlynskyj, und der junge Offizier Dmytro Witowskyj. Sie waren es auch, die den soeben aus dem Gefängnis geleiteten Flüchtigen auf der nächtlichen Allee im Kaiserin-Elisabeth-Park in Empfang nahmen. Sie waren es, die ihn zur geheimen Wohnung auf der Kasymyriwska brachten. Von dem Ersteren werden wir noch sprechen, der andere – in nicht allzu ferner Zukunft Oberst, Heerführer und Kriegsminister der Republik – verlangt keine allzu langen Exkurse. Aber schon jetzt wollen wir den Kopf senken in Erinnerung an den Absturz des Flugzeugs, in dem er im Sommer 1919 von den offiziellen Unterhandlungen in Paris zurückkehrt. Sein gnadenlos verstümmelter Körper wird nicht weit vom Absturzort auf den südwestlichen Hügeln Oberschlesiens gefunden. Der Bordrekorder wird als seine letzten Worte aufzeichnen: »Keine Zeit, keine Zeit, keine Zeit« – wobei unklar bleiben wird, ob es sich dabei um ein Zitat handelt.

7

Sitschynskyj hat immer wieder erzählt, dass er – neben dem Tischlerhandwerk – im Stanislauer Gefängnis zwei Dinge gelernt habe: fest und selbstvergessen bei elektrischem Licht zu schlafen (es wurde in den Zellen niemals ausgeschaltet) und aus beliebiger Entfernung die Schritte des Wärters zu hören. Letzteres erforderte außergewöhnliche Sensibilität, denn die Aufseher in der »Dibrowa« mussten spezielle Filzpantoffeln tragen, damit die Gefangenen nicht erlauschen konnten, dass sie sich näherten.

Als er in der Nacht seiner Flucht die Zelle verließ, blieb ein Doppelgänger zurück, eine sogenannte Puppe, die aus Gefängniskleidung, alten Zeitungen, Sägespänen und Leim modelliert worden war. Eine Expertenkommission sollte die Sitschynskyj-Puppe wenig später zu einem wertvollen Exponat erklären, das verdiene, im kaiserlich-königlichen Museum der Gefängnis- und Strafkoloniegeschichte aufbewahrt zu werden. Gleich nach dem Niedergang der Monarchie wurde das Museum aufgelöst, und die erwähnte Puppe tauchte jahrzehntelang auf allen möglichen internationalen Auktionen für angewandte und dekorative Kunst auf, wo man astronomische Preise für sie verlangte, bis sie am Vorabend des Zweiten Weltkriegs endgültig und spurlos irgendwo in den Labyrinthen der Geheimmissionen des Dritten Reichs verschwand.

8

Das Komitee zur Befreiung Sitschynskyjs zählte nicht weniger als fünfzig Untergrundagenten. Es handelte sich um eine gut ausgebaute elitäre Struktur, deren Vertreter vereinzelt sogar Zugang zu ausländischen Regierungen hatten. Nachdem Punkt eins (Flucht aus dem Gefängnis) tadellos ausgeführt worden war, machte sich das Komitee an eine neue Aufgabe – die Evakuierung des Flüchtigen über die Grenzen des Habsburgerstaates. Zuerst prüfte man die geographisch nächstliegenden Varianten, Russland und Rumänien. Ersteres aber kam nicht ernsthaft in Frage: Nur ein Idiot kommt auf die Idee, in Russland politisches Asyl zu suchen. Das war im Jahr 1911, nur wenig attraktiver als heute.

Was Rumänien angeht, so betrachtete man es ab einem gewissen Zeitpunkt nur noch als Übergangszone. Als Endpunkt der Reise bestimmte man die Vereinigten Staaten von Amerika – das transatlantische Territorium, das die demokratischen Veränderungen in den Ländern der Alten Welt auf jede erdenkliche Weise unterstützte und schon Dutzenden berühmten mitteleuropäischen Terroristen Zuflucht geboten hatte.

Eine geheime Reise über den Ozean erschien dem Komitee völlig zu Recht als ziemlich kompliziert. Umso mehr in einer Situation, wo alle Polizeieinheiten Habsburgiens die Wachsamkeit verdreifacht hatten und sich ganz auf die Fahndung nach Sitschynskyj konzentrierten. Im Hinblick darauf wurde schlau beschlossen, entgegen den Erwartungen zu handeln und den Flüchtigen eine Zeitlang an einem sicheren Ort versteckt zu halten, weit weg von jeder Grenze. Eines Nachts wurde der entsprechend verkleidete und geschminkte Myroslaw aus der konspirativen Wohnung in Stanislau mit einem Bauernkarren in ein Dorf am Dnister gebracht, wo sich eine zuverlässige patriotische Familie um ihn kümmerte.

Derweil führte das Komitee die brillante Operation »Vagabundo« durch, indem es ein gutes Dutzend falscher Sitschynskyjs in unterschiedliche Grenzgebiete des Reiches schickte – ausgewählte Freiwillige im Alter des Helden, mit genau der Augenfarbe und genau solchen plombierten Eckzähnen, wie sie die offiziellen Akten des Stanislauer Gefängnisses für Sitschynskyj auswiesen. Die meisten trugen, um einen noch stärkeren Effekt zu erzielen, schwarz-rot bestickte Hemden, die sie wie unabsichtlich unter Mantel oder Pelz hervorblitzen ließen. Manche zogen dadurch Aufmerksamkeit auf sich, dass sie sich lautstark weigerten, Polnisch zu sprechen, oder versuchten, an den Sozialkassen riesige Geldsummen zu leihen. Es versteht sich, dass unverzüglich Depeschen an die Polizeistationen gesandt wurden, Rapporte und Denunziationen über den »eben hier oder da gesichteten Terroristen Sitschynskyj«. Während ein und desselben Tages trafen solche Nachrichten nicht nur aus Pidwolotschysk, Czernowitz und dem transsylvanischen Hermannstadt ein, sondern auch aus dem böhmischen Karwin ebenso wie aus Teplitz, Bregenz, Laibach und sogar aus dem kroatischen Ragusa, von wo es nur ein Steinwurf bis zur heutigen Grenze zu Montenegro ist.

Ziel der falschen Sitschynskyjs war es nicht nur, Aufmerksamkeit auf sich zu ziehen, sondern auch, rechtzeitig zu verschwinden und den Eindruck zu hinterlassen, als bewegten sie sich Richtung Grenze und hätten sie auch schon überquert. Schließlich riskierten aber auch diejenigen, die gefasst wurden, nichts: Jeder hatte seine ausreichend glaubwürdige Legende, und nachdem die Personalien festgestellt worden waren, wurden sie alle wieder aus der Haft entlassen.

9

Der echte Sitschynskyj begann seine lange, mehr als drei Jahre dauernde Reise nach Amerika erst einige Wochen später, als sich die Wogen rundherum etwas geglättet hatten. Seine ziemlich chimärische Route führte über Snjatyn nach Czernowitz, wo er, seinen eigenen Worten nach, dreimal die Wohnung wechselte und wo ihn heimlich seine Schwester besuchte, die Frau des Parlamentsgesandten Lewyzkyj, extra aus Wien angereist. Nach Bukarest und von dort ins deutsche Breslau gelangte Sitschynskyj in Begleitung und unter dem Schutz eines geheimnisvollen jüdischen Sozialisten aus Butschatsch. Keine Quelle nennt seinen Namen, so dass man auch nicht ausschließen kann, dass er nur erfunden ist. Sitschynskyj berichtete, dass sein jüdischer Kompagnon auf erneuter Maskierung bestand: Mit Bart, mit Hut und schwarzem Lapserdak und Brille unterschied er sich nur wenig von seinem Reisegefährten. Die Eisenbahnstrecke von der rumänischen Hauptstadt nach Deutschland konnte nicht anders verlaufen als durch ebenjenes Österreich-Ungarn. Auch wenn es sich bloß um einen Transit handelte – wozu sollte der Verbrecher in jenes Land zurückkehren, wo man nach ihm fahndete und aus dem er doch glücklich entkommen war? Wäre es nicht sicherer gewesen, im rumänischen Constanța ein Schiff zu besteigen und über Konstantinopel ins Mittelmeer zu gelangen und von dort (sagen wir, aus Genua) direkt nach Amerika aufzubrechen? Ich weiß keine Antworten auf diese Fragen, und diejenigen, denen man sie hätte stellen können, weilen schon längst nicht mehr unter uns.

Es fällt schwer zu glauben, aber welche Möglichkeiten haben wir sonst noch? Es bleibt uns nur, an Sitschynskyjs Version von der mehrjährigen Wanderung festzuhalten: Breslau, Berlin, Stettin, mit dem Schiff nach Norwegen, Bergen, Transfer nach Schweden. 1914 beginnt der Große Krieg – und was ist mit Sitschynskyj? Verkleidet als schwedischer Journalist reist er nach Wien! Glaubt er denn, dass man ihn in der von Kriegssorgen überwältigten Monarchie einfach so vergessen hat? In Wien unterhält sich der »schwedische Journalist« angeblich lange mit dem künftigen Gründer der Österreichischen Republik Viktor Adler und enthüllt ihm sogar sein Geheimnis: »Ich bin es, Sitschynskyj.« Adler will es zuerst nicht glauben, lässt sich dann aber überzeugen. Er hat aber in jenem Moment andere Prioritäten: mit aller Kraft versucht er, einen Russen aus dem Wiener Arrest freizubekommen, jemanden namens Lenin, so scheint es.

Mit seinem wundertätig neutralen schwedischen Pass treibt sich Sitschynskyj noch einige Zeit lang in Berlin, Prag, Paris und immer wieder in Wien herum. Er trifft und bezaubert eine Reihe zukünftiger Premiers und Minister und gründet zwei oder drei internationale Netzwerke. Sie alle sind offensichtlich bis auf den heutigen Tag aktiv.

Erst im Frühjahr 1915 erreicht Sitschynskyj mit dem Schiff aus Schweden die Immigrantensammelstelle auf Ellis Island vor New York. Nachdem er die notwendigen Dokumente ausgefüllt hat, legt er in einer gesonderten Anlage detailliert seine Geschichte dar – mit für den Durchschnittsamerikaner seltsam anmutenden romantisch erhabenen sprachlichen Mitteln des frühviktorianischen England. Auch die Schlüsselepisode vom Mord an Andrzej Potocki verschweigt er nicht, wobei er den hundertprozentig politischen und ideologischen Charakter unterstreicht. Der Beamte des Immigrationsdienstes liest die Anlage und beschließt, die Einreise zu verweigern: »Alles, was Sie schreiben, könnte der Wahrheit entsprechen. Aber solche Leute brauchen wir nicht – bei uns gibt es schon genug Mörder.« In dem Moment taucht unversehens sein Boss am Schreibtisch des Beamten auf. Nach Sitschynskyjs Version – und eine andere gibt es nicht – ist dieser Boss Sohn eines deutschen Revolutionärs von 1848. Das revolutionäre Blut zeigt sich in der blitzartigen und ebenso revolutionären Entscheidung – »Admit«.

Das 28. Jahr von Myroslaw Sitschynskyj war angebrochen, und zu leben blieben ihm noch fast 64. Aber in diesem langen Leben passierte nichts Berichtenswertes mehr.

10

Eines der unvollendeten Kapitel seines Lebens ist die Verlobte. Und wirklich hat sich in Sitschynskyjs Geschichte bis jetzt noch kein mehr oder weniger würdiger Platz für wenigstens eine Dame gefunden. Jetzt aber kommt sie an die Reihe.

Das Kapitel ist unvollendet, denn die letzten Erinnerungen an Hanka Polikiwna, Manipulantin bei der ukrainischen Kreditanstalt in Kalusch, beziehen sich auf Myroslaws Flucht. Es ist, als habe das Mädchen danach aufgehört zu existieren und sich in den Schichten des 20. Jahrhunderts aufgelöst. Auch der Held selbst erwähnt sie nie und nirgends mehr. Woher diese plötzliche Gleichgültigkeit? Pläne für eine vielleicht endgültige Flucht ins Ausland schmieden und kein einziges Wort über das Schicksal der Geliebten verlieren? Sie einfach so zu verlassen – ohne Bedauern, ohne sich umzuschauen?

Das ist umso verwunderlicher, als Hanka (deren Mädchenname Polik in jenen Zeiten als Polikiwna wiedergegeben wurde) zweifellos eine ungewöhnliche Person war. 19 oder 20 Jahre alt, machte sie einigen Quellen zufolge »den Eindruck einer russischen Studentin«. Wie ist denn das zu verstehen, verdammt? Was war so Besonderes an russischen Studentinnen, wie konnten sie sich so unterscheiden von polnischen, deutschen, englischen oder italienischen?

Dieselben Quellen präzisieren: »Sie war ein sehr originelles Mädchen, benahm sich ziemlich aufreizend. Trug einen ›Männerhut‹.« Andere Quellen fügen hinzu, dass man Hanka meist auf einem umgespritzten Militärfahrrad der Marke »Condor« sah. Dass nicht nur ihr Hut ein Männerhut war. Dass sie ihre Zigaretten in einem aus Pistolenhülsen gefertigten Mundstück rauchte. Und dass dies dem Gedanken Auftrieb verlieh, dass sie auch über die dazugehörige Pistole verfügen könnte.

Diese Details deuten weniger auf eine »russische Studentin« als auf einen »Soldaten der Revolution«. Und dann noch ihre mehr als doppeldeutige ukrainische Amtsbezeichnung, »Manipulantin«!

Die Polizei verhaftete Hanka kurz nach Sitschynskyjs Flucht aus dem Gefängnis. Anlass ihrer Festnahme war eine unbestätigte Zeugenaussage, dass eine Frau auf einem laut quietschenden Militärfahrrad am Vorabend der Flucht die Lypowa-Straße auf und ab gefahren sei. (Die Lypowa-Straße ging über in die Parkallee, von der man nur wenige Minuten zum Gefängnis brauchte.) Während des Verhörs bestätigte die Polikiwna die Meinung über ihr »aufreizendes« Verhalten und weigerte sich nicht nur, auf Polnisch zu antworten, sondern auch, diese Sprache überhaupt zu verstehen. Das Verhör wurde dann auf Deutsch und Ukrainisch geführt. Ohne etwas Neues erfahren oder ihr irgendetwas nachgewiesen zu haben, mussten die Kriminalbeamten sie im Laufe des folgenden Tages freilassen.

Im Leben Sitschynskyjs tauchte die Polikiwna erst nach seiner Verurteilung zum Tode auf. Ihre Verlobung fand im Gefängnis statt. Die Verlobte eines Todeskandidaten zu werden, ist ein sehr exotischer Entschluss. Den Geliebten auf seinem letzten Weg zum Galgen zu begleiten – eine ganz besondere Mission. Der offizielle Status der Verlobten stellte das Mädchen den nächsten Verwandten des Gefangenen gleich. Er erlaubte ihr, Myroslaw nicht weniger als sechsmal im Jahr zu sehen.

Alles das legt nahe, dass es in Wahrheit nicht um Liebe

ging, nicht darum, dass sich die junge Idealistin etwa in den Nationalhelden verliebt hätte. Nein, es handelte sich um etwas anderes: den geheimen Auftrag der Organisation, um eine als Verlobte maskierte Revolutionärsfreundin und Mitverschwörerin. Der Auftrag wurde erfolgreich ausgeführt, Sitschynskyj befreit, weiter gab es keine Notwendigkeit, die Verliebten zu spielen. Und daher – keinerlei Verzweiflung beim Abschied. Beziehungsweise überhaupt kein Abschied.

11

War Myroslaw Sitschynskyj überhaupt zur Liebe fähig? Stützte sich dieser Drang, sich selbst und den Feind zu opfern, nur auf großen Hass oder auch auf das ebenso große Gegenteil?

Ein aufschlussreiches und völlig unerwartetes Zeugnis seiner seelischen Zuckungen findet sich im fünften Brief an Mychajlo Hruschewskyj, er schrieb ihn aus dem Gefängnis. Mit Hruschewskyj hatte ihn wahrscheinlich sein Cousin Wolodymyr Temnyzkyj bekannt gemacht, der damalige Parteiführer der Sozialdemokraten. Dass Sitschynskyj alle möglichen wichtigen Leute jener Zeit persönlich getroffen hat, ist außergewöhnlich und sehr bezeichnend. Seine Briefe an den künftigen Vorsitzenden des Parlaments schrieb Sitschynskyj in einem Zeitraum von sieben oder acht Jahren aus ganz unterschiedlichem Anlass, meist aber enthielten sie eine Bitte. Die Forscher kennen sieben solcher Briefe. Und eben der fünfte enthält mehr als ein Anliegen.

Wenn man die chaotische, nicht immer präzis formulierte und für heutige Zeiten ziemlich altertümliche Sprache Sitschynskyjs in eine für uns verständlichere übersetzt, dann ist im Brief Folgendes zu lesen: »Sie haben sicher schon bemerkt, hochverehrter Herr Professor, dass sich bei unserer Jugend die Selbstmorde häufen, allein im vergangenen Herbst und Winter gab es fünf solcher Fälle, und der Frühling wird eine ganze weitere Serie bringen. Einer der letzten Selbstmorde war mein Bruder Mstyslaw Sitschynskyj. Ein halbes Jahr nach seinem Tod wollte sich mein Freund Mykola Zehlynskyj erschießen, **den ich mehr liebe als mich selbst** (*Hervorhebungen hier und weiter von mir – J. A.*). Sie, Herr Professor, wissen, was es heißt, einen teuren Freund zu haben, daher wird es Sie nicht verwundern, wenn ich sage, dass ich sofort geschworen habe, mir am selben Tag wie Mykola das Leben zu nehmen. Obwohl mein Leben kein schlechtes war und ich bisher keinerlei Kummer erfahren hatte, und selbst der Tod meines Bruders mich nicht so mitnahm, dass ich mich von meiner angeborenen optimistischen Weltsicht verabschiedet hätte. **Ohne Mykola aber könnte ich nicht leben,** und wäre er also tatsächlich ins Jenseits enteilt, dann wäre ich der Nächste gewesen, und nach mir vielleicht noch einige Freunde **unseres Kreises.** Was mich angeht, so war ich sicher, was W., N. und T. betrifft, konnte ich es ahnen und **hatte große Angst um sie.** Von keinem hätte man sagen können, er sei an politischer Verfolgung gestorben. Über Mykola und mich schon (denken Sie an unseren Kampf für eine Wahlrechtsreform). Und da ich so schon mit einem Bein in die andere, verdunkelte Seite der Welt getreten war, wobei ich vorhersah, dass ich in unserer Generation Nachahmer finden würde, erfüllte mich die alte Idee, den Grafen Potocki zu ermorden, mit neuer Kraft. Zwei Jahre ging ich mit ihr schwanger – wie ich ja auch während des Prozesses berichtet habe. Was ich damals nicht sagte, ist, dass letzter Auslöser für mich **nicht der Tod von Kahanez war, sondern die Aussicht auf den Selbstmord meines lieben Freundes.** Das habe ich weder meinen Anwälten noch den Richtern gesagt, denn ich wollte und will die objektiven Gründe für den Anschlag nicht durch subjektive entwerten. «

Weiter geht aus dem Brief hervor, dass der Autor die persönlichen Motive für das Verbrechen unbedingt geheim halten will: »Was geht es andere an, dass ich mit dem Tod des großen Feindes versuchte, das Leben meines Freundes zu retten? Der Gegner würde dies als Waffe verwenden und so tun, als habe es keinerlei historische (*sic – J. A.*) noch politische Gründe gegeben. **Daher flehe ich Sie an, diesen Brief zu verbrennen.**«

Aber beachten wir auch Folgendes: trotz strikter Geheimhaltung geht Sitschynskyj das hohe Risiko ein und wagt es, den Brief, obwohl er abgefangen und öffentlich gemacht werden könnte, über seine Helfer im Gefängnis an Hruschewskyj zu schicken. Daraus folgt, dass er den Verlust des Freundes weit mehr fürchtete, als entdeckt zu werden.

Weiter unten erläutert Sitschynskyj sein Ziel – durch den Mord am Statthalter ins Gefängnis zu kommen, den Freund so von seinen Suizidplänen abzuhalten und ihn stattdessen für die Untergrundarbeit und seine, Sitschynskyjs, Befreiung zu mobilisieren. Wobei er um jeden Preis die Todesstrafe vermeiden musste. Was nicht dadurch geschehen konnte, dass er den psychisch Kranken mimte, denn das hätte Zehlynskyj demotiviert und die »historischen und politischen Gründe« vollends zunichtegemacht.

Im Brief heißt es dazu: »Helfen Sie mir, den Freund zu

retten. Ihm droht erneut der Selbstmord. Zwar bin ich mir dessen nicht sicher und kann sogar hoffen, dass er um meinetwillen nicht mehr danach strebt. Und doch fürchte ich, dass die Neurasthenie über unsere Nähe siegt. Sollte das passieren, würde ich ihm nicht mehr ins Jenseits folgen. Eine solche Tat könnte man mir als Reue auslegen, und ich werde diesen Mord nie bereuen. Ohne ihn aber wird mir die Gefangenschaft bitter und die Freiheit leer und farblos. Und schließlich ist er auch selbst ein wertvoller Mensch, und es wäre schade, wenn so einer umkäme. Seien Sie ihm nicht böse, dass er vom Anschlag des 12. April nicht geheilt wurde und, anstatt mich aus dem Gefängnis zu retten, zu seinen Absichten aus dem Frühjahr zurückgekehrt ist. Er ist sehr arm und krank, aber selbst jetzt hat er vor, mich zu befreien.«

Sinn des Briefes, den Hruschewskyj eben doch nicht verbrannt hat (als Historiker verbrannte er vielleicht aus Prinzip keine Dokumente), war es, wie wir sehen, für den geliebten Freund Hilfe zu erflehen: »Könnten Sie, Herr Professor, für ihn vielleicht irgendeine literarische Beschäftigung finden, damit er überlebt? Er hat sich mit seinen Eltern zerstritten und hat keinen Pfennig in der Tasche. Lassen Sie ihn nicht sterben.«

Ob Hruschewskyj wirklich die Hand ausgestreckt hat, um den armen Kranken aus der Schulden- und Existenzkrise zu retten, ist unbekannt. Es gibt Anlass zu glauben, dass dem so war. Jedenfalls starb der Freund, für den Myroslaw Sitschynskyj sich so nachdrücklich einsetzte, weder in diesem noch in einem der nächsten Jahre. Mehr noch, er arbeitete sich langsam aus Depression und Armut heraus, kam wieder auf die Beine, begann zu leben, zu arbeiten, reiste während des Krieges ganz pragmatisch nach Genf und von dort nach Amerika. Dort fand dann endlich das Wiedersehen statt, von dem beide während langer acht Jahre nur hatten träumen können.

Amerika, das ist dort, wo nächtliche Träume wahr werden.

12

Zehlynskyj also, Mykola Zehlynskyj, Sohn des Literaten, des »Sorja«-Redakteurs Hryhorij Zehlynskyj, selbst Literat, Sozialist und absoluter Hypochonder. Mykola Zehlynskyj – so heißt der wirkliche Grund, aus dem am 12. April 1908 ein bisher unbekannter Draufgänger ganze vier Mal in den Kopf des Regenten von Galizien schoss. Ganze vier Mal, obwohl die ersten beiden genügt hätten. Danach dauerte das Sterben des Grafen Potocki ungefähr eine Stunde.

Am 16. März 1979 dauert das Sterben seines Mörders Myroslaw Sitschynskyj, 92jähriger Bewohner eines Altenheims in Westland bei Detroit, ein wenig länger. Das medizinische Personal kämpft nicht mehr um das Leben des Alten, der jetzt einsam ist wie nie in seinem Leben und der immer wieder in einer unverständlichen Sprache einen unverständlichen Satz sagt: »Mykola, Mykola, mein geliebter Engel.« Nein, natürlich machen sie bis zur letzten Minute alles, wie es sich gehört. Aber es geschieht kein Wunder – das wissen sie. Darum geht es.

Schließlich reicht es auch Sitschynskyj, und, schon losgelöst, erhebt er sich vom Bett. Wieder trägt er die Wärterkleidung, den angeklebten Schnurrbart – genau wie in jener Nacht. Vielleicht ist es immer so, wenn es ihm gelingt, wegzugehen. Ihm gefällt das sogar, dieser schwankende Ausweg aus dem Gefängnis, wie auf einem Seil,

114

wenn es scheint, als bestehe die Luft ganz aus unsichtbaren, schaukelnden Leitern, die irgendwo über dem großen Lake Michigan enden. Eine Leiter geht in die andere über, Sprosse um Sprosse: »Gleich, Mykola, gleich. Hab noch ein wenig Geduld.«

Dieser Aufstieg, so endlos er auch sein mag, findet einmal sein Ende. Wie sich da der neu eingetroffene Genosse und Bruder aller Menschen Myroslaw wundern wird, wenn er an der Schwelle – wohin? – jenes riesige, lichtdurchflutete Audienzzimmer sieht und es ihm nicht gelingt, die blendenden Gesichter oder Gestalten zu erkennen. Nur eine Stimme, sonor, gleichmütig, als hätte er sie erst gestern gehört, als wäre sie eben erst von vier Kugeln durchbohrt worden, gibt laut Anweisungen an die nächste Instanz: »Telegrafieren Sie dem Kaiser – er ist da.«

Nur, dass es diesmal ein ganz anderer Kaiser ist als beim letzten Mal.

Sechster Teil
Julius oder Dunkles Indigo

1

In den *Physiognomischen Fragmenten* des großen Lavater (1775) lesen wir über Julius Grodt: »Den entsetzlichsten Unmensch! Ja! Sey's der einzige in seiner Art! Ein lebendiger Satan! Ein unaufhörlicher Mörder! Stiller in sich grabender Bosheit voll!« Und weiter: »Ein Hurer ohne Maße; ein Dieb ohn' alle Notdurft; ein Mädgenmörder; Frauenmörder; Muttermörder; ein Geizhals, wie kein Moralist sich einen dachte, kein Schauspieler vorstellte, kein Poet dichtete, – der in den letzten Lebenstagen nur Wasser und keinen Wein trank – aus Geiz.«

Dieses letzte Detail bleibt unklar. Vielleicht meint Lavater den Umstand, dass die Gefängnisleitung einige Tage vor der öffentlichen Hinrichtung anordnete, Grodt Wein zu reichen, er diesen aber ablehnte? Doch was hat das mit Geiz zu tun?

Wie alle großen Schriftsteller und Gelehrten seiner Zeit war Lavater, als er über Grodt schrieb, nicht vor lächerlichen Übertreibungen und billigen Schnörkeln gefeit: »Er weidete sich am Schatten der Nacht; schuf sich durchs Verschließen seiner Fensterladen den Mittag in Mitternacht um; verriegelte sein Haus; sein Haus, ein Abgrund von Diebstahl und Mord, allein in sich selbst vermauert, grub er in die Erde, in tiefe Kellermauren, in Dielen und Felder seine erstohlenen und erworbenen Schätze; beschaute und zählte sie in einsamen Mitternächten, wo ihn der Schlaf floh, das Gewissen die letzten Warnungen vergeblich noch versuchte. Mit dem Blute der Unschuld bespritzt, tanzte er lachend am Hochzeitstage der Frau, die er nachher am Grabe, das sie sich selbst, auf sein Geheiß, in seiner Gegenwart unwissend bereitete, totschlug. Er blieb gelassen bey den schrecklichsten Erwartungen und lächelte über die Bosheiten, um deren willen er sein verruchtes Leben auf dem Rade endigen mußte.«

Julius Grodts Bedeutung für die physiognomische Theorie Lavaters ist so groß, dass der Forscher – nur um das damals schon eingekerkerte und zum Tode verurteilte Monster zu sehen – die unaussprechliche Entfernung zwischen Zürich und Lemberg zu überwinden bereit ist. Dabei argumentiert Lavater in einem seiner weniger bekannten Briefe an Goethe, er müsse den Anlass unbedingt nutzen, den ihm die europäische Geschichte so liebenswürdig geschenkt habe, und sich aufmachen in die »entfernten Lande, wo vor kurzem noch die wilden Sarmaten herrschten und itzo die Zeit der aufgeklärten und der Wissenschaft zugewandten Monarchen angebrochen«. Unter Monarchen versteht er natürlich die Habsburger, und dank dieses Details, dem die Biographen seltsamerweise kaum Beachtung schenken, kann man guten Gewissens davon ausgehen, dass Lavater seine Reise zum Rendezvous mit dem *Vampir* nicht vor dem Jahr 1772 antrat, als Galizien an Österreich angegliedert wurde, eher gegen Wunsch und Willen des Letztgenannten.

In Lemberg erwartete den Schweizer Reisenden eine Überraschung, vielmehr eine Enttäuschung: Bei der Berichterstattung über den Fall Grodt waren den europäischen Gazetten, von denen Lavater sich leiten ließ, viele Ungenauigkeiten unterlaufen. Im Westen stand es eben schon immer schlecht um die Kenntnisse der osteuropäischen Realitäten. Also schrieben die Zeitungen auch diesmal fälschlicherweise, der gefangene Mörder sitze im Keller des Lemberger Frauenklosters der heiligen Brygida. Tatsächlich aber wird das Brygida-Kloster erst Jahrzehnte später, unter Kaiser Joseph II., zum Gefängnis werden.

Ohne auch nur eine Spur von Grodt gefunden zu haben, weder im erwähnten Kloster noch in dessen Umgebung, und nachdem er zweimal vergeblich den leichtfertigen Hinweisen irgendwelcher Wohlmeinenden zur Burg von Swirsh und zum Turm von Pjatnytschany gefolgt war, sah sich Lavater gezwungen, die Protektion der lokalen Administration zu suchen, die sich in der auch für sie neuen Gegend selbst noch nicht richtig auskannte, und arbeitete sich schließlich bis zum zuständigen Gouverneur, von Pergen höchstselbst, vor. Dieser erteilte ihm nach einigem eher rituellen Zögern »im Namen von Wissenschaft und Kunst« die Erlaubnis, den Verurteilten Grodt dort zu besuchen, wo er seit langem einsaß, nämlich in der legendären Straf- und Besserungsanstalt Nr. 40 (die sogenannte »Vierzigerin«) der Stadt Druhobitsch.

Am dritten Tag seiner Reise in einer unerträglich schaukelnden Kutsche über Straßen voller Schlaglöcher erreicht Lavater – der nebenbei notiert, dass »der Weg jener verfallenen Landschaften nach Europa noch lange dauern mag, vielleicht eine ganze Generation; aber die Habsburger schaffen das schon!« –, von Lemberg kommend, endlich die erwähnte Stadt, gerät aber, nach eigenen Worten, als er sich der Gefangenenanstalt nähert, in einen solchen Nebel, dass »weder zu laufen noch zu gehen war«. Diese Information wirkt überflüssig und hat keinerlei Bezug zum dann beschriebenen Gespräch des

Forschers mit dem Verbrecher im Spezialkerker der »Vierzigerin«. Der aufmerksame Leser aber kann sich des Eindrucks nicht erwehren, dass der Nebel in Lavaters Erzählung zunimmt und ein verantwortungsloser Phantast immer frecher den erkenntnisgetriebenen und gestrengen Wissenschaftler mimt.

Lavater benötigt für seine physiognomische Theorie zwingende Beispiele, so dass der »Mörder und Vampir« Julius Grodt für ihn zu einem Musterexemplar wird und die Züge, die Lavater dessen Gesicht zuschreibt, phantasmagorische Karikaturhaftigkeit annehmen.

Als dann zu Ostern 1775 der erste Band der »Physiognomischen Fragmente« erscheint (eine ungewöhnlich luxuriöse und teure, für die damaligen drucktechnischen Möglichkeiten einfach beispiellose Ausgabe in quarto mit unzähligen Kupferstichen), notiert einer der ersten Rezensenten nicht ohne Ironie: »Das ist 'n Buch, wie mir in meiner Praxis noch keins vorgekommen ist. Was da für Gesichter darin stehen! groß und klein! ehrenfest und ehrenlos! sauer und süß! schief und krumm usw.! und so viele Schnabels, und Nasen und Münde, die an gar kein Gesicht sitzen, sondern so in freier Luft schweben! [...] Soviel ich verstanden habe, sieht Herr Lavater den Kopf eines Menschen und sonderlich das Gesicht als eine Tafel an, darauf die Natur in ihrer Sprache geschrieben hat: ›allhier logieret in dubio ein hochtrabender Geselle! ein Pinsel! ein unruhiger Gast! ein Poet! 'n Wilddieb! 'n Rezensent! ein großer mutiger Mann! eine kleine freundliche Seele!‹ Und hier – Blaubart persönlich!«

2

Dieser Satz beweist, dass es dem ironischen Rezensenten um Julius Grodt geht. Nennt man ihn doch schon damals in ganz Europa Blaubart den Zweiten oder Blaubart aus Druhobitsch (*La Barbe Bleue de Druhobitch*).

Seiner Geburt und bisherigen Biographie nach war Julius Grodt jedoch kein Druhobitscher. Es ist unmöglich mit Sicherheit festzustellen, woher er in den 1760er Jahren in die Stadt zog. Nachweislich ist nur, dass er aus dem Krieg kam, der den Historikern vor allem als der Siebenjährige bekannt ist, obwohl er ganz folgerichtig auch Erster Weltkrieg hätte heißen können. Denn seine Schauplätze lagen nicht nur in Europa, sondern auch in Südamerika, in der Karibik und im gesamten Atlantica. Niemand weiß, wo genau Julius Grodt in jenen sieben Jahren kämpfte. Vereinzelte Quellen bezeichnen ihn, ohne das zu belegen, als »Teilnehmer an den Schlachten in Sachsen und Böhmen«.

Der Name Grodt ist eigentlich die unvollständige Form seines wirklichen Namens Gerodt. In Polen hörte man da Herodes heraus: Später, während der Gerichtsverhandlung, wird die Anklage mit diesem phonetischen Trick spielen. Es heißt jedoch, dass Gerodt auch nur eine unvollständige Form war und dass sein Name eigentlich Ruttgerodt oder Ruethgerodt lautete. Außerdem sei Julius nicht sein erster, sondern sein zweiter Vorname gewesen. Der erste lautete Heinrich oder Heinz, aber in Druhobitsch redete ihn niemand so an. Dort wurde er am Anfang Schwab gerufen. Das konnte aber nicht lange so gehen, denn ein solcher Name passte auf zu viele, und in jener Gegend hieß man praktisch alle Eingedeutschten so.

Vom Schwaben Grodt hielt man sich in Druhobitsch fern. Ganz abgesehen davon, dass man seiner weder in der orthodoxen noch in der katholischen, noch in der protestantischen Kirche und nicht einmal in der Synagoge jemals ansichtig wurde, grenzte man ihn aus, immer und überall. Und zwar nicht nur als Fremden (oder Hergelaufenen, wie man hier sagte), sondern auch wegen seiner außergewöhnlichen Erscheinung. Um hier keine überflüssigen Beschreibungen abgeben zu müssen, merke ich nur an, dass Lavater nicht von ungefähr sogar aus Zürich zu ihm gereist ist auf der Suche nach dem zwingenden Beweis für seine physiognomische Theorie. Julius Grodts Gesicht wirkte wie aus Dutzend anderen Gesichtern zusammengeflickt. Niemand hätte einem solchen Unmenschen Zugang zu den eigenen Kreisen gewährt.

Aber auch Julius Grodt selbst gefiel es, ganz für sich zu bleiben. Der Krieg mit seinen zerfetzten Eingeweiden und abgerissenen Gliedmaßen, diese ganzen sieben zerfetzten und abgerissenen Jahre hatten ihn in einen Psychopathen verwandelt, der – so mochte es manchmal scheinen – mit letzter Kraft seine an Mord und Zerstörung gewöhnten Hände still hielt. Aber derselbe Krieg machte ihn auch zu einem mittleren Gutsbesitzer. Julius Grodt lehnte nicht ohne Stolz das Angebot des Wanderzirkus Vagabundo ab, sich der Truppe in der Rolle des Monstrum immanis anzuschließen. Er wollte sich an niemanden binden. Das Geld, das er aus dem Kriege mitgebracht hatte, aus dessen zerfetzten Leibern und zersprengten Schädeldecken, reichte für den Kauf eines Stücks Land außerhalb von Druhobitsch, mit einem alten verlassenen Gutshaus, dem er nach und nach Leben einhauchte, indem er es mit allen möglichen Anbauten versah und seinen Bedürfnissen anpasste. Was das für Bedürfnisse waren, das wiederum wusste niemand zu sagen. Denn vor allem verdoppelte Julius Grodt die Höhe der Steinmauer um seinen Besitz und hängte an jedes der vier Tore ein riesiges Schloss. Es war eine versperrte Welt. Niemand wagte auch nur davon zu träumen, hier Einblick zu gewinnen.

Den Gerüchten zufolge, die sich in den offiziellen, an den König Stanisław Antoni Poniatowski, damals Starosta von Przemyśl, gerichteten Denunziationen spiegelten, verließ der Gutsbesitzer ohne Stand Julius Grodt »sein Vorwerk absolut selten, höchstens um Saatgut zu erwerben«. Um welches Saatgut es ging und was daraus erwuchs, lässt sich heute nicht mehr feststellen. Keinesfalls sollten wir vereinzelten Gerüchten Glauben schenken, wonach aus der geheimnisvollen Saat mitten auf Grodts Besitz ein hoher Turm mit Aussichtsplattform gesprossen sei. Einen Turm aber hat er tatsächlich gebaut.

Eine andere Art von Gerüchten kreiste um die Mineralquellen, die Julius Grodt angeblich auf dem Gelände seines Besitzes in Betrieb genommen hatte; es hieß, er beliefere die Lemberger Apotheken und Schenken mit Trinkwasser, dem ein besonderer Schwefelgeruch eigen war. Das führte zu einer wahren Welle bösartigen Geflüsters über seine Verbindungen zu den Teufeln, unter anderem zum für Thermalprozeduren und Höllenbäder verantwortlich zeichnenden Asmodeus. (Auch dies wird vor Gericht gegen ihn verwendet werden.)

Die Krönung aller Gerüchte aber war wenig später die Idee, Julius Grodt sei in Wahrheit im siebten Jahr des Siebenjährigen Krieges umgekommen. Wonach ein populärer Magnetiseur, vielleicht Mesmer selbst, die Herrschaft über seinen Körper erlangt und ihn wieder auf die Beine gestellt habe. Manchmal aber hieß es dazu auch, es habe sich nicht um Mesmer gehandelt, Julius Grodt sei vielmehr eines der ersten halb erfolgreichen Experimente des jungen Cagliostro gewesen. Nun sei er ein wandelnder Leichnam, der den Willen des Zauberers auszuführen habe und die ganze hiesige Gegend mit seinen unerhört schrecklichen und widerlichen Verbrechen heimsuchen müsse. Denn wo sollte sich ein hergelaufener Toter auch anders ansiedeln als in einer Stadt, die einst entschied, ihr wahrer Name sei Druhobitsch – die andere Seite, das Jenseits?

3

Kaum ein halbes Jahr nachdem er sich am neuen Ort niedergelassen hatte, spürte Julius Grodt, dass die Wirtschaft nicht mehr allein zu schaffen war. Über physische Kräfte verfügte er in ausreichendem Maße, und den Bau des Turmes brachte er sehr geschickt voran, aber das Versorgen des Viehs, des Geflügels und des Gemüsegartens sowie das Zubereiten der Mahlzeiten und das Aufräumen des Geländes war mehr, als in seinen Arbeitstag passte. Damals legte er sich die erste Magd zu. Von ihr weiß man nur, dass sie einen kleinen Buckel hatte und sowohl einen Wolfsrachen als auch eine Hasenscharte. Das Mädchen arbeitete wahrscheinlich ehrlich und war nicht faul, so dass Julius Grodt mit ihr hätte zufrieden sein können. Nach einiger Zeit aber hängte er an den Wegkreuzungen erneut Annoncen auf, dass er eine Magd suche.

Wie viele Mädchen insgesamt – mit mehr oder weniger sichtbaren Geburtsfehlern – er im Laufe von ein, zwei Jahren als Mägde engagierte, wird kontrovers diskutiert. Die gemäßigtste Version spricht von drei, die radikalste von Dutzenden. Tatsächlich war die Aufmerksamkeit der Gemeinde ja nicht immer auf das Leben des menschenscheuen Schwaben gerichtet. Ab einem gewissen Moment aber weckte jede neue Annonce bei den Druhobitschern diffuse Sorgen und böse Vorahnungen.

Alles lief immer nach demselben Muster ab. Das erste Mädchen mordete Julius Grodt, nachdem es sich geweigert hatte, die Frucht der spontanen Liebelei abzutreiben. Damals wurden Abtreibungen mit dem Tode bestraft, und zwar mit einem schrecklichen. Die Magd versicherte Grodt, dass sie so etwas nie wagen würde. Er hörte sich ihre Weigerung mit versteinerter Miene an, wenngleich es den Anschein hatte, sein Gesicht würde gleich auseinanderbrechen und die Bestandteile in alle Richtungen wegspritzen. Einen oder zwei Tage später befahl er ihr dann, einen Spaten zu nehmen, sich in einen der entfernten Anbauten zu begeben (in die sogenannte Kammer) und dort eine Grube von der Länge ihres Körpers und mindestens zwei Ellen Tiefe zu graben.

Am dritten Tag, den Untersuchungsprotokollen nach, »erschlug er sie in jener Kammer mit einer Wagen-Runge und begrub sie in dem Loch, welches sie selbst einige Tage zuvor gemacht hatte, bedeckte sie mit Erde und kehrte ins Zimmer zurück, um zu Mittag zu essen, was sie ihm gekocht hatte. Diese Tat gelang es ihm zu vertuschen.«

Die anderen Morde, die in den folgenden Monaten auf Grodts Besitz verübt wurden, unterschieden sich in ihrem Ablauf nicht wesentlich vom ersten.

4

Jetzt ist wohl der Zeitpunkt gekommen, die Erinnerungen des anonymen Wärters der Druhobitscher Vierzigerin zu erwähnen, der bei seiner nächtlichen Wache im Gefängniskorridor die Gelegenheit nutzte, sich mit dem damals schon verurteilten Julius Grodt zu unterhalten. Aus unterschiedlichen Gründen verstanden sich der Wärter und sein Schützling gut und freundeten sich sogar fast an. So bieten die Erinnerungen des Anonymus einige alternative Versionen der ganzen Geschichte.

Ins Auge sticht, dass die Motivation, die Grodt zu den Verbrechen trieb, alles andere als banal ist. Um sie zu verstehen, lohnt es sich, wenigstens kurz und oberflächlich durch seine Lebensgeschichte zu galoppieren.

Von Kindesbeinen an hatte er nur Not und Leid gekannt. Als elfter Sohn in einer ellenlangen Reihe von hungrigen Brüdern und Schwestern wurde er vom Vater und der Stiefmutter ohne viel Zögern an den erstbesten Ausheber als Rekrut verkauft. Kanonenfutter war zu jener Zeit der Exportschlager vieler europäischer Provinzen, vor allem dort, wo die Bauernsöhne dank natürlicher genetischer Besonderheiten zu starken, groben Burschen heranwuchsen.

Das Schicksal des Julius Grodt war also nicht außergewöhnlich. Außergewöhnlich war nur Julius Grodt selbst. Dass es den Jungen in Wirklichkeit zu Büchern und Gelehrsamkeit zog und er in der Sonntagsschule mit Freude in drei Sprachen zu lesen lernte, und zwar dreimal schneller als der Priester, bewog seinen Vater dazu, ihn so schnell wie möglich loszuwerden. Julius Grodt selbst hätte nicht sagen können, ob er damals schon volljährig war. Jedenfalls erlaubte ihm seine hervorragende Statur, die

Breite der Schultern, die Grenadiersgröße und alle möglichen anderen Umstände, die Kreise der Rekrutenhölle ehrenvoll zu durchlaufen und ein guter Soldat zu werden. Dieser Ausdruck entspricht jedoch nur im oberflächlichen Sinne der Wahrheit. Ja, er war ein guter Soldat, und seine Hände wurden nie müde, mit dem Bajonett zu stechen oder Granaten in die feindlichen Positionen zu schleudern. Aber alle Feldzüge, an denen er teilnahm, lösten in ihm unerträgliche Seelenqualen aus, die sich immer wieder in psychischen Störungen inklusive Hysterie und Halluzinationen entluden. Gegen Ende des Siebenjährigen Krieges fiel er in eine so tiefe Prostration (von der ihn selbst die fortschrittlichsten medizinischen Prozeduren à la Aderlass oder Eiswannen nicht befreien konnten), dass seine Kommandeure gesunden Menschenverstand und erstaunliches Mitleid an den Tag legten und seine Entlassungspapiere unterzeichneten, bei gleichzeitiger Auszahlung seines mehrjährigen Soldes.

Entgegen der offensichtlichen Tatsache, dass er in so vielen Feldzügen und Kämpfen überlebt hatte, glaubte sich Julius Grodt lange Zeit nicht wirklich am Leben. Selbst die Buchtrophäen, aus denen sein in den Schlachten erbeuteter Besitz zu drei Vierteln bestand und die den Grundstock seiner späteren umfangreichen Bibliothek bildeten, inspirierten ihn weniger, als dass sie ihn zerstreuten. Er entschied sich für Druhobitsch – das »Jenseits« –, weil er der Ortsbezeichnung vertraute und offenbar der Meinung war, dass sich hier doch nur ihm ähnliche, nicht mehr ganz lebendige Wesen niederlassen könnten. Mit großem Bedauern, um nicht zu sagen mit tiefer Enttäuschung und Verärgerung, sah er bald, dass die Menschen hier ebenfalls liebten und neue Menschen gebaren. Wobei Letzteres viel schlimmer war als das Erste. Den

Sexdämon, so verstand er es jedenfalls, konnte man nicht aus der Existenz verbannen. Aber neue Geburten, neue Vervielfältigung des Lebens? Wozu – um es, das Leben, später wieder zu vernichten? Das durfte er nicht zulassen.

Seine Mägde ermordete er, wie er es selbst wohl eher metaphorisch ausdrückte, »beim Versuch der Flucht«. Diese Versuche waren Befruchtung und Schwangerschaft, und Flucht wäre die Geburt selbst gewesen. Grodt gab ihnen die Chance, sich durch Abtreibung zu befreien, aber keine einzige akzeptierte seinen Vorschlag. Die Serie immer neuer Einladungen an immer neue Mägde und des immer neuen Grabens immer neuer Gruben würde, so schien es, nie ein Ende nehmen. Am besten wäre es, das Zusammenliegen und Befruchten ganz zu vermeiden, also wählte Julius Grodt für den Dienst nur die hässlichsten Mädchen aus, die keine wie auch immer geartete sexuelle Anziehungskraft entfalten würden. Aber der Sexdämon obsiegte, und keine einzige wies den Herrn und seine Annäherungsversuche ab.

In einer seiner schlaflosen Nächte beschloss er, dass nur die Ehe diesem Schrecken ein Ende setzen konnte. Er war jetzt bereit, das Leben zu mehren. Eine Kapitulation.

5

Seine künftige Frau beschaffte Julius Grodt ein lokaler Heiratsvermittler mit Namen Basileus: Er steht am Beginn der gleichnamigen Hochzeits-Firma, deren Dienste in den folgenden zwei Jahrhunderten mehrere Generationen von Galiziern in Anspruch nahmen. Das Mädchen stammte aus dem Druhobitscher Kleinbürgermilieu und galt mit seinen siebzehneinhalb Jahren schon fast als alte Jungfer. Sie hieß Blanka-Melania, und das, was Julius Grodt am meisten an ihr reizte, war der Posten ihres Vaters. Der war Oberaufseher des Städtischen Friedhofs oder, wie er sich selbst feierlich titulierte, »Wächter der Tore zur Nekropolis«. Grodt sah darin ein höchstpersönliches Zeichen und machte Blanka-Melania unverzüglich einen Heiratsantrag. Für sie war es quasi die letzte Chance. Noch ein bisschen, und das lächerliche Etikett einer alten Jungfer hätte für immer an ihr geklebt. Ihre Zeitgenossen charakterisierten sie als ein dermaßen unbedeutendes, fügsames und mit allem zufriedenes Wesen, dass von einer eigenen Wahl überhaupt nicht die Rede sein konnte. Sie erlaubte sich keine eigene Meinung, schon gar nicht in Anwesenheit ihres Vaters. Grodts Antrag nahm sie schweigend und mit einem kaum merklichen, wenn auch gewagten Zucken der Augenbraue entgegen – ich glaube, es war die linke.

Die Zeremonie fand fast im Geheimen statt. Einerseits rein für die Öffentlichkeit bestimmt, zugleich sehr darauf bedacht, dass es nicht zu viel davon gab. Dieser mehr als zurückhaltende Stil entsprach dem Charakter der beiden Vertragssubjekte, ihrer Verschlossenheit, Bescheidenheit und – die Wahrheit lässt sich nicht verbergen – ihrem Geiz. Auf der Hochzeit spielt zwar das dem Herrn Oberaufseher unterstehende Friedhofsorchester, aber irgendwie wurde davon niemandem fröhlicher ums Herz.

So begann das Eheleben von Julius Grodt. Das jung vermählte Paar verschwand hinter dem Tor der von hohen Mauern abgeschirmten Besitzung – und damit könnte man diese Vorgeschichte beenden und den verwesenden Überresten der ermordeten Dienerinnen erlauben, sich langsam in Vergessen und Nichtsein aufzulösen. Aber Er, an den zu glauben Julius Grodt im Krieg verlernt hatte, entschied anders.

6

Die Protokolle der Gerichtsverhandlung in Sachen Julius Grodt sind nicht nur von Grammatikfehlern, sondern auch von auffällig unterschiedlichen Lesarten übersät. Man spürt, wie mächtig die Gerichtsmaschinerie ächzt und stöhnt, unfähig, mit dem Buchstaben des Gesetzes zu Rande zu kommen – vom Geist ganz zu schweigen. Die Missverständnisse zwischen den lateinischen, polnischen, ruthenisch-litauischen und deutschen Formulierungen, die immer wieder ins Auge stechen und in unschuldigeren Situationen als geistreiche Volten irgendeines Proto-Dadaisten hätten durchgehen können, legen sprechend Zeugnis ab von der damaligen Übergangssituation. Die Rzeczpospolita, sarmatisch und archaisch, wurde abgelöst vom glanzvollen Wiener Imperium, neuzeitlich, freimaurerisch und aufgeklärt. In der Strafgerichtsbarkeit bedeutete das die Hinwendung zur Theresiana, also der Constitutio Criminalis Theresiana – eine überaus progressive Gesetzessammlung, die sich endlich auf Wissenschaft, humanistische Ideale und praktische Vernunft gründete. Zum Glück für die Juristen hatte die Theresiana in formali sowie quod materiale[1] nicht völlig mit den falschen Praktiken des Mittelalters gebrochen und behielt, nicht ganz in Übereinstimmung mit den fortschrittlichen Ansichten der Reformkaiserin, das unbedingte inquisitorische Prin-

---

[1] formell und materiell

132

zip bei. Mit anderen Worten, die entscheidende Rolle bei der Wahrheitsfindung spielte, wie früher, die Folter, wobei man Daumen- und Fußschrauben, Kerzenflammen und nicht zuletzt der Streckbank die größte Wirkung zuschrieb.

Bei Julius Grodt kam die Streckbank zweimal zum Einsatz.

Erstmals, nachdem er vor Gericht alle Anschuldigungen von sich gewiesen hatte, er habe auf seinem privaten Besitz grausame und vorsätzliche Morde begangen. Die Anschuldigungen gegen Grodt wurden – Obacht! – »auf Grundtlage öffentlicher Vorstellungen und Zeukniße« erhoben (in Wahrheit also Gerüchte und Geschwätz). Außerdem begründete man Julius Grodts Anklage mit seiner »physiognomischen Besonderheit eines monstrum rarissimum« und dem »Besitz sältener Bücher in französischer Sprach«.

Unangenehm berührt von der kategorischen Weigerung des Angeklagten zu gestehen, beschloss das hohe Gericht nach kurzer Beratung, ihn der Probe der Folter zu unterziehen – »auf dass Unser Herr in Seiner Gnade es der Warhet nicht erlaupe sich zu verbergen«.

Die Streckbank, die sich noch gut an die jüngsten Folterungen karpatischer Räuber, ungarischer Falschmünzer und eines syrischen Flüchtlings erinnerte, tat ihren Dienst – in der achtundzwanzigsten Minute verlor Julius Grodt von der methodischen Zerrung seiner Gelenke das Bewusstsein. Den Worten des Henkers nach keine schlechte Leistung: kaum einer der widerstandsfähigsten Delinquenten hatte bisher auch nur bis zur zwanzigsten Minute durchgehalten.

Nach erneuter Beratung beschlossen die Richter, den zweiten Teil der Folterung aus Mitleid mit dem Angeklagten auf den Nachmittag zu verlegen, und sollte dieser plötzlich gestehen, dann würden sie ihre Entscheidung, die Streckbank drei Mal anzuwenden, möglicherweise überdenken. Ein paar Stunden später zog man Grodt erneut auf der Streckbank auseinander. Diesmal änderte der Henker mehrmals deren Neigung, so dass der Druck auf die Gelenke mal zu-, mal abnahm. In der dreiundzwanzigsten Minute, bevor er zum zweiten Mal das Bewusstsein verlor, knirschte Julius Grodt sein Geständnis. Die Richter seufzten erleichtert auf, rieben sich die von Schweiß überzogenen Stirnen mit in Kölnisch Wasser oder Pariser Parfum getränkten Tüchern und bestimmten mildtätig, dass es kein drittes Mal geben werde.

Am folgenden Tag wiederholte Julius Grodt sein Geständnis noch einmal ordnungsgemäß – im Gerichtssaal, »frey«, »ohne Androhung mit Volter oder Volter daselbst«, »mit Thränen im Aug und großer Reue«. (Offenbar begannen genau in diesem Moment die Spekulationen einiger im Saal anwesender Reporter über die unnatürlich blaue Farbe seines Bartes. Einer beschreibt sie sogar als »dunkles Indigo«.) Darauf wurde das Urteil verhängt – Tod auf dem Rad. Unter den verbreitetsten Hinrichtungsarten stand diese an dritter Stelle, nach Hängen und Köpfen, und wurde ausgesprochen gegen »freche und leichtsinnige Mörder«, besonders im Falle von Verbrechen »unter Ehegatten«. Julius Grodt entsprach dem zweiten Räder-Kriterium voll und ganz. So jedenfalls entschied das Gericht.

Den Prozess konnte man als an sein gerechtes Ende gekommen betrachten. Die einzige Sache, die nicht abschließend festgelegt wurde, war das Datum der Hinrichtung. Aber wir wollen nicht weiter darauf eingehen, warum die Terminfindung weit länger dauerte als die Gerichtsverhandlung selbst.

7

Den erwähnten Zeitungsreportern nach sah die Rekonstruktion der fatalen Ereignisse, die auf Grodts Besitz stattfanden, ungefähr folgendermaßen aus.

Sobald er sein Haus für geschäftliche Besorgungen verließ, übergab Julius Grodt seiner Frau den schweren Bund mit Schlüsseln zu allen Räumlichkeiten. Am Bund gab es aber einen Schlüssel, den er, wenn er sich auf die Abreise vorbereitete, immer abnahm und einsteckte. Es war der Schlüssel zur sogenannten Kammer.

Eines Tages aber passierte das Unausweichliche: Julius Grodt vergaß, als er sich auf den Weg machte, jenen Schlüssel abzunehmen. Ob das zufällig geschah oder ob er diesmal die Loyalität seiner Frau testen wollte und ihr den Kammerschlüssel absichtlich ließ, darüber gehen die Meinungen der Reporter auseinander. Tatsache ist, dass Blanka-Melania die besondere Bedeutung, die dieser Schlüssel für ihren Mann hatte, nicht entgangen sein konnte. Einmal hatte Julius Grodt auf ihre Frage, warum er ihn denn immer vom Bund nehme, wenn er auf Reisen ging, gewohnt knapp gemurmelt: »Lebt und fragt nicht.« In anderen Publikationen und Darstellungen ist dieser Satz dagegen wiedergegeben als »Fragt nicht und geht nicht hinein«.

Das genügte, um Blanka-Melania künftig mit dem beständigen Gedanken an die geheime Kammer leben zu lassen. Als sie dann bemerkte, dass der Kammerschlüssel diesmal im Bund verblieben war, begann gleich der schwere und erschöpfende Kampf mit der Versuchung. Unerträglich stark wurde ihr Wunsch, für einen Moment in den verbotenen Raum zu blicken. Aber der Gehorsam obsiegte. Es war eine wahnsinnige Überanstrengung ihres normalerweise gelähmten Willens.

Am Tag, als Julius Grodt zurückkehren sollte, saß sie unter einem verwachsenen Birnbaum in ihrem Garten im frischen Gras und stickte ein Hemd für den jüngsten Sohn, der ebenda, neben ihr, mit dem älteren Bruder mit Zinnsoldaten spielte. Es muss angemerkt werden, dass der ältere Grodt-Sohn schon fünf Jahre alt war, der jüngere fast zwei.

Irgendwoher kam jene unglückselige Ratte (anderen Versionen nach eine Katze oder ein Kaninchen), die einen der Soldaten – wie es scheint, sogar den Oberkommandierenden – raubte und mit ihm den Pfad zwischen den Gebäuden entlangrannte. Der Kleine fing an zu brüllen, und der Große war ebenfalls kurz davor, über die gemeine Frechheit in Tränen auszubrechen. Blanka-Melania machte sich an die Verfolgung des Diebes, umso mehr, als diese Ratte (Iltis? Ulkas? Käfer? Schröter? Mistkäfer? Skarabäus? Hermelin?), aber vielleicht auch Natter, Wurm oder Schlange, mit dem geklauten Zeug ziemlich schwerfällig dahinkroch und es durchaus möglich schien, sie einzuholen. In dem Moment aber, als Blanka-Melania schon ihr gestärktes Kopftuch über die verdammte Ratte (Spinne? Wiesel? Ziesel? Murmeltier?) werfen wollte, glitt diese durch eine Ritze unter der Tür geschickt in die Kammer.

»Du …«, dachte Blanka-Melania, »dir werd ich's …«
Sie sah die Schlüssel durch und fand im Bund rasch jenen einen, den sie noch nie benutzt hatte. Mit Gewalt gelang es ihr, den sperrigen Schlüssel ins Schloss zu zwängen – nicht aber, ihn wieder herauszuziehen. So ließ sie den ganzen Bund mit dem im Schloss festgeklemmten Schlüssel außen stecken und betrat selbst die Kammer.

Natürlich fand sie dort keinen bleiernen Heerführer (ob er überhaupt je existiert hatte?), sie fand stattdessen ... verweste, meist schon skelettierte Überreste: zuerst von einer Magd, dann von einer zweiten, dann von allen anderen. Die Erde, stellenweise chaotisch aufgescharrt, glitt ihr unter den Füßen weg, und sie verlor vor Entsetzen und Gestank das Bewusstsein.

8

Wie lange sie wohl dort neben den aufgerissenen Gruben gelegen hat? Schließlich rief sie das immer lautere Schluchzen ihrer Kinder ins Leben zurück, das von draußen hereindrang. Blanka-Melania unterdrückte den Schrei der Verzweiflung in ihrer Brust, trat aus der Kammer und versuchte wieder, sie abzuschließen. Wie beim ersten Mal drehte sich der Schlüssel im Schloss, ließ sich aber nicht herausziehen. Eine gute Stunde lang mühte sie sich mit ihm ab. Die Kinder standen daneben und hörten nicht auf zu brüllen. Die Sonne neigte sich gen Westen. Jeden Moment konnte der Mann angefahren kommen: Er kehrte immer rechtzeitig vor der Dämmerung heim.

Blanka-Melania löste gerade den Bund vom Kammerschlüssel, als das Eingangstor sich mit dem bekannten Quietschen öffnete und der Hausherr in seiner Kalesche hereingefahren kam. Die Frau entfernte sich eilig von der Kammer und wankte ihm auf unsicheren Beinen entgegen.

Nachdem er sich im Zimmer zum Abendessen niedergelassen hatte, begann Julius Grodt gemächlich, sie nach Neuigkeiten auszufragen. »Warum, meine Frau, seid Ihr so blass?«, fragte er plötzlich. »Ich fühle mich nicht wohl, ich habe meine Tage«, stotterte sie eine ziemlich sinnlose Erklärung. »Die hattet Ihr doch schon letzte Woche«, erinnerte sie ihr Mann. Nach einer schweren Pause fragte er, ob sie nicht etwa in die Kammer gegangen sei. »Wie hätte ich das können, mein Herr«, war die Antwort, »den Schlüssel habt doch Ihr.« Bei diesen Worten fiel sie zum zweiten Mal in Ohnmacht.

Als sie erneut die Augen öffnete, stand ihr Mann in seiner ganzen Grenadiersgröße über ihr und untersuchte fieberhaft den unglückseligen Schlüsselbund. »Wo ist *jener* Schlüssel?«, fragte er schon zum zehnten Mal. »Hatten Sie ihn denn nicht bei sich?«, fragte Blanka-Melania zurück. Schwer seufzend und ohne ein weiteres Wort verließ Julius Grodt das Zimmer.

Als er eine Viertelstunde später in wildem Zorn von der Kammer zurück zum Haus stapfte, war der älteste Sohn schon aus dem Tor verschwunden. Sein Mütterchen hatte ihm befohlen, aus aller Kraft zu rennen und jeden, den er träfe, zu Hilfe zu rufen, vor allem aber ihren Bruder und Cousin. Sie selbst nahm ihren Jüngsten auf den Arm und lief in den im Bau befindlichen Turm, wo sie sich im fünften Stock in einem engen Zimmerchen, etwa von der Größe eines Papageienkäfigs, verbarrikadierte. Aus dem Fenster konnte man ein Stück Landschaft und die Straße sehen, und Blanka-Melania fragte ihren Sohn immer häufiger, ob sich denn noch kein Staub erhöbe, ob ihre reitenden Brüder denn noch nicht zu sehen seien.

Julius Grodt kam nicht sofort darauf, seine Frau im Turm zu suchen. Zuerst lief er den Garten und den Weiher ab, durchkämmte Holunder und Weißdornbüsche. Als er gerade innehielt, um zu überlegen, wo er weiter suchen und ob er die Jagd nicht außerhalb der Mauern seines Besitzes fortsetzen sollte (»mit den Kleinen kommt sie nicht weit«), hörte er plötzlich Kinderschluchzen aus dem Turm und grinste mit allen Stücken seines zerfetzten Gesichts.

Als Blanka-Melanias Bruder und Cousin an der Spitze

eines Dutzends ebenso gut bewaffneter berittener Polizisten durch das weit aufgerissene Tor in Grodts Besitz drangen, war das Erste, was sie sahen, Grodt selbst. »Fasst das Monster lebendig!«, brüllte, den Degen ziehend, der junge Sturmbannführer, heiß wie Schießpulver. Aber der Hausherr leistete nicht den geringsten Widerstand. Er saß reglos auf der Schwelle seines unvollendeten Traums vom Turm, den Kopf in den Händen, in einem seiner Anfälle völliger Erschöpfung. Die Dunkelheit wurde immer tiefer. Mit brennenden Pechfackeln betraten die Polizisten den Turm. Das ermordete Kind fanden sie zwei Dutzend Stufen unterhalb der ermordeten Mutter.

Den detaillierteren Bericht über die tödlichen Verletzungen und Wunden, die die beiden Opfer erlitten hatten, möchte ich hier um keinen Preis wiedergeben, um Ihnen die Beschreibung auch nur der geringsten Grausamkeiten zu ersparen. Es genügt ein einziges Zitat. In den *Annalen des Druhobitscher Landes* lesen wir, dass »er (Julius Grodt) das Kind von achtzehn Monaten an den Beinen packte und mit dem Kopfe an die Mauer schleuderte, wonach der Kleine fast todt ging«. In denselben »Annalen« fügt der Verfasser und Herausgeber hinzu: »Übrigens habe ich in den Akten nichts darüber gefunden, das Zeugnis davon ablegte, J. G. habe seine eigene Mutter ermordet, wovon der gelehrte Herr Lavater schreibt. Es sei denn es ginge dem Gelehrten nicht um die Mutter des Untiers, sondern um die Mutter seiner Kinder.«

9

Den Tag der Vollstreckung des Todesurteils legte das hohe Gericht nach langen Beratungen und Konsultationen von Theologen und Astronomen auf den 7. Juli 1777 fest. Die Häufung von fünf Siebenen deutete auf die glückliche Befreiung Urbis et Orbis, des gesamten Menschengeschlechts und des Erdkreises, von dem widerlichen blutrünstigen Monster hin. Dass man das Monster selbst dabei auf ziemlich widerliche und blutrünstige Art töten musste, rief keinerlei Schuldgefühle im damaligen, schon leicht aufgeklärten Gewissen wach, sondern wurde als unvermeidliche Handlung angesehen, die neben der offensichtlichen weltlichen Bedeutung (Verängstigung der Bürger zur Abschreckung weiterer Verbrechen) auch einen moralisch-religiösen Doppelsinn hatte.

Der erste Aspekt dieses Doppelsinns zielte darauf, Gott milde zu stimmen und zu versöhnen, also auf den Schutz von Land und Volk vor Gottes Zorn wegen der von einem verirrten Schaf begangenen Untaten. Der andere bedeutete eine vorzeitige Verurteilung des Verbrechers (in religiösen Kategorien – des armen Sünders) zu Höllenqualen schon in diesem Leben, dank deren er schon etwas reiner und teilweise bestraft in die wirkliche Hölle kam, was seine Chancen auf den Übergang ins Fegefeuer verbesserte.

Daher wurde von den zwei Formen des Räderns für Julius Grodt die schwerere gewählt – von unten auf. Das bedeutete, dass ihm mit Eisenknüppeln zuerst die Füße und Beine, dann der Brustkorb und die Schultern und schließlich das Rückgrat gebrochen wurden. Ziel dieser ersten Etappe der Hinrichtung war noch nicht der Tod des Verurteilten. In der zweiten Etappe wurde sein Körper, als

Folge der unzähligen Knochenbrüche unerhört flexibel, zwischen die Speichen eines großen Rades geflochten, das dann auf einen hohen Pfahl gehoben und dort als lehrreiches Exponat, zum Staunen der Leute und zur öffentlichen Verdammung zur Schau gestellt wurde. »Auf dem Rad«, schrieb der damalige Gefängnisarzt, »kann der Delinquent noch lange Zeit fortleben, manchmal nicht nur einen halben, sondern einen ganzen Tag oder auch zwei. Das Rad mit dem zwischen die Speichen geflochtenen Delinquenten bleibt auch noch eine Zeit lang nach dessen Tod stehen – bis die letzten seiner Überreste von selbst auf den Boden fallen.«

Der Verfasser und Herausgeber der *Annalen* hält fest, dass der 7. Juli 1777 ein für die Jahreszeit düsterer und kalter Tag war, mit endlosem, einförmigem Regen. Trotz dieses unangenehmen Wetters beehrte der Gouverneur Heinrich Auersperg (alias »Slowene«) die Zeremonie des Räderns mit seiner Anwesenheit, ganz zu schweigen von den Schwärmen anderer Würdenträger geringeren oder ganz geringen Rangs. Und etwas weiter: »(Julius Grodt) wollte sich mit dem Gesicht zur Erde hinlegen, aber da waren fünf starke Kerle, die ihn auf den Rücken drehten, auf dass er noch zum Herrn im Himmel bete. Er wollte das nicht, also verbanden sie ihm die Augen und begannen ihn von unten auf mit Eisenknüppeln zu zerbrechen. Er geriet vor wildem Schmerz ganz außer sich, aber weder Güter noch Reichtum noch sein übler Charakter halfen ihm oder verschafften Erleichterung.«

Es ist ein historischer Zufall, dass Kaiser Joseph II. an ebendiesem Tag in Frankreich mit dem damals schon modischen Literaten Voltaire zusammentraf, der dem Monarchen zur Erinnerung sein *Dictionnaire philosophique*

141

portatif überreichte. Bis zum Verbot der Folter durch den Kaiser blieben drei Jahre. Bis zum Verbot der Todesstrafe[2] – zehn.

Fast hätte Julius Grodt es noch geschafft.

10

Je mehr Zeit seitdem vergangen ist, desto mehr Grund gibt es, die Causa Grodti einer kritischen Überprüfung zu unterziehen. Es entsteht der Eindruck, dass der erstbeste Verteidiger, sei er auch noch so unerfahren, heute wenigstens posthum mit Leichtigkeit die Rehabilitierung des Verurteilten erreichen könnte.

Archäologische Ausgrabungen in den 1930er Jahren, die unter anderem auf dem Gelände des ehemaligen Anwesens von Julius Grodt, später Blaugrodka genannt, durchgeführt wurden, fanden keinerlei geheime Grabstätten an der Stelle, die auf einem entsprechenden Plan als Kammer bezeichnet ist. Gleichzeitig gibt es in den Archivquellen, insbesondere den Friedhofsbüchern, auch keine Hinweise auf Umbettungen von möglichen Mägden – weder von zweien noch von neunen, noch einer einzigen. Das Verschwinden all der Mägde (das verbürgt ist) lässt sich genau so erklären, wie Julius Grodt es im Anfangsstadium der Untersuchung tat, also vor der Anwendung der Folter: sie, die Mägde, hätten sein Haus selbst heimlich verlassen, um ihrer gerechten Strafe für alle möglichen kleinen Diebstähle und anderen Schaden zu entgehen. Aus denselben Gründen sei auch keine von ihnen zu ihrer

2 außer in Kriegszeiten

Familie zurückgekehrt. Daher hätten auch alle bis dahin als vermisst gegolten.

Die Heirat Grodts mit Blanka-Melania (Mädchenname Strączewska), die Geburt der Kinder (zweier Söhne) wie auch der gewaltsame Tod von Blanka-Melania und ihrem Jüngsten sind in allen Dokumenten vermerkt und verbürgt. Jedoch ist es sehr wahrscheinlich, dass Frau und Kind bei einem räuberischen Angriff umkamen, während Julius Grodt außer Haus war oder vielmehr auf dem Weg nach Hause. Er fand also seine Frau und seinen jüngeren Sohn zu Hause schon tot vor. Heute ist es unmöglich festzustellen, wer das Grodt'sche Anwesen tatsächlich geplündert hat – die unbekannten Angreifer (vor der Heimkehr Grodts) oder die Polizeieinheit (nach seiner Festnahme). Jedenfalls wäre es seltsam anzunehmen, dass Julius Grodt den Besitz selbst geplündert hat. Wobei das Gericht die Tatsache der Plünderung überhaupt nicht berücksichtigte.

Der ältere Sohn des Verurteilten, der seine beiden Onkel und in ihrem Gefolge die Polizei an den Ort des Verbrechens führte, hat in keiner Aussage erklärt, dass er seines Vaters wegen Hilfe holen sollte. Nach den entsetzlichen Vorfällen verlor er praktisch völlig die Gabe der Rede, und das einzig Negative über den Vater, das die Richter aus ihm herausholen konnten, war, dass Julius Grodt gerne »böse französische Märchen« vorlas. Das animierte den Untersuchungsrichter übrigens dazu, die umfangreiche Grodt'sche Bibliothek daraufhin zu untersuchen, ob es dort Anzeichen für Hexerei gebe. Das weitere Schicksal des Knaben bleibt ungeklärt, und seine Spuren verlieren sich, als er, nach ein paar bitteren Jahren im Heim, ausbüxt und an die Truppe des schon damals ziemlich dubiosen Wanderzirkus »Vagabundo« gerät.

Auch die nicht sehr greifbaren Figuren der sogenannten Retter darf man nicht außer Acht lassen – den Bruder und den Cousin von Blanka-Melania. Diesen Kerlen war Julius Grodt schon lange aus voller Seele verhasst. Vielleicht aus Gründen, die wir nicht mehr erfahren werden. Ab einem bestimmten Moment hatten Grodts böse Verwandte begonnen, aktiv gegen ihn zu intrigieren, hatten sich das Vertrauen des Kommandanten der neuen Polizei erschlichen (der »Guten Policey«, wie sie von Kaiserin Maria-Theresia genannt wurde) und ihm alle möglichen Bestechungen angedeihen lassen. Die Dokumente beweisen, dass Grodts Besitz direkt nach der Urteilsverkündung durch das Gericht vom Bruder und vom Cousin der Ermordeten übernommen wurde. Allerdings kamen sie nicht dazu, dort zu wirtschaften. Ersterer wurde bald von den Lemberger Apothekern vergiftet, der Zweite verlor beim Kartenspiel und musste in die Türkei entweichen.

Solche Zeiten waren das.

Die Autorität des gelehrten Physiognomikers Lavater muss ebenfalls eine entscheidende – und für Julius Grodt fatale – Rolle gespielt haben. Als er Grodt einen zentralen Abschnitt seiner wichtigsten Arbeit widmete, kam Lavater zu dem kategorischen Schluss, dass »wir einen widerlichen Unthäter vor uns sehen, wie die Erde noch keinen gethragen«. In ihrer Entscheidung konnten die Richter, die in den letzten Jahren immer mehr der harten wissenschaftlichen Wahrheit zuneigten, gar nicht anders als sich dem massiven Einfluss des aus Europa angereisten Stars zu beugen. Waren doch beide Bände von Lavaters *Physiognomischen Fragmenten* in den damaligen juristischen Kreisen zu echten intellektuellen Bestsellern geworden, die entsprechende Urteile inspirierten.

Noch ein bibliographisches Detail. Als sie die halb verbrannte Buchtrophäensammlung von Julius Grodt durchsahen, fanden die Untersuchungsrichter einen wie durch ein Wunder unversehrt gebliebenen Band *Histoire ou Contes du temps passé. Avec des Moralitez* eines gewissen Pierre Armancour, tatsächlich Charles Perrault, Erscheinungsjahr 1697. Wichtigster materieller Beweis der Anklage wurden die mit dunkelblauer Tinte unterstrichenen Zeilen: »Trotz meines Verbotes hat es Sie in jene Kammer getrieben? Na gut, dann gebe ich Ihnen die Möglichkeit, noch einmal hineinzugehen, und zwar für immer. Auch für Sie wird sich ein Platz finden neben jenen Frauen, die Sie dort sahen.«

Wessen Hand es war, die die Unterstreichungen vornahm, und warum, danach fragten die Untersuchungsrichter nicht.

P. S. Seit kurzem, vielmehr in den letzten eineinhalb bis zwei Jahren, bemerken die wenigen Heimatkundler und Wanderer, die zufällig den schon sehr verfallenen Blaugrodka-Turm besuchen (das einzige Objekt, das vom ganzen Grodt'schen Besitz irgendwie überdauert hat), an den inneren Wänden Verse eines unbekannten Autors. Die Inschriften sind meist mit einem spitzen harten Gegenstand eingeritzt, einem Metallgriffel etwa oder einem besonderen Nagel. In der Druhobitscher lokalen Kulturverwaltung hält man dieses Geschreibsel für Alltagsvandalismus eines der örtlichen Adepten und schickt je nach Menge der Wandparolen und Verfügbarkeit von Haushaltmitteln eine Brigade Maler an Ort und Stelle. Den Gerüchten über einen sogenannten »Nachtgrenadier« empfiehlt man, keinen Glauben zu schenken.

Doch kann festgehalten werden: Die Inschriften verschwinden und tauchen wieder auf. Wobei einige der Strophen ganz, andere nur teilweise die früheren wiederholen.

Der im Druhobitscher Netz bekannte Blogger julius_777, dessen wahre Identität unbekannt bleibt, hat eben erst eine Serie von Bildern veröffentlicht, die die neuste Version der blaugrodtschen Wandinschriften zeigen. Wenn man im Turm die Treppen bis zur geplanten Aussichtsplattform emporsteigt, lesen sich die Verse in dieser Reihenfolge:

Ich –

Ich trete zu euch in der Nacht
Ich Schmerz und ich Phantom
Ich Schrei den Schlüssel siffig gemacht
Ich strebe auf ein Gnom

Steil winden Stufen in die Himmel
Sie könnten könnten könnten wenn
ich sie schlachten und auferstehen
Ließ der ich Scham nicht kenn

Ins Wartezimmer trät ich ein
zum Richter der gerecht
er nähte Nähte Naht ganz fein
den Körper er mir recht

mit einer, seiner zarten Hand
er glätten tät und nähme mich
zu sich an sein himmlisch Band
ich aber bin hier und gehe siech

Noch enden nicht die Stufen
die steil sich in die Höhe winden
Phantom zur Reue nicht berufen
und find nicht Ruh noch Sinn

Siebenter Teil
Ein Marienleben oder Mario

1

In seinem ganzen Leben hat Mario Pongraz nur einen einzigen Mord verübt. Dafür musste er sich ausschließlich vor dem himmlischen Gericht verantworten, und die Details dieses *geschlossenen* Verfahrens bleiben aus verständlichen Gründen unbekannt. Was sein weltliches Gericht angeht, so war dieses sogar sehr öffentlich und verurteilte Mario Pongraz für ein völlig anderes Delikt. Allerdings handelt es sich hierbei nicht um den Anfang, sondern eher um ein mögliches Ende dieser Geschichte, und das dräut irgendwo weit voraus, in den 1890er Jahren.

Alles beginnt mehr als vierzig Jahre früher, als der junge Pongraz Mario, Sohn des Alois und der Veronika-Viktoria, von kleinbürgerlichem Stande, geboren in Dalmatien oder Illyrien, angehender Fernhandelskaufmann, auf der Suche nach Glück und finanzieller Unabhängigkeit mit dem Elternhaus bricht und auf Wanderschaft geht. Die Stadt Kolomea, im fernöstlichen Hinterland des Imperiums gelegen, erreicht er im vierundzwanzigsten Lebensjahr. Trotz seiner Jugend hat Mario Pongraz da schon Länder und Provinzen durchstreift und unterschiedlichste Erfahrungen gesammelt. Er führt eine recht ausladende Truhe mit Mustern von Kolonialwaren mit sich. Mario Pongraz ist nämlich seit kurzem Distributor einer großen

Handelsfirma mit Zentrale in Wien und Filialen in Budapest, Bremen und Amsterdam. Wir schreiben das Jahr 1855, und der junge Kaiser Franz Joseph I. hat gerade eine Inspektionsreise durch das Königreich Galizien und Lodomerien unternommen.

Mario Pongraz hat nicht vor, lange in Kolomea zu bleiben. Er ist in dem kleinen Hotel »Oase« in der Kuty-Vorstadt abgestiegen, das erheblich sauberer ist als die anderen. Er verfügt über das einzige Zimmer der ganzen Stadt mit Badewanne, in der man liegen, Zigarre schmauchen und durch das Südfenster die bläulichen Silhouetten der Berge betrachten kann. Am zweiten Tag bestellt er sich im Speisesaal sein Abendessen. Wein und Speisen werden ihm vom Hausmädchen Genowefa (meist allerdings Maria genannt) Witrakiwna an den Tisch gebracht, eine Vollwaise aus verarmtem Geschlecht, aufgewachsen im Kinderheim der Basilianerinnen. Einige Jahre früher, als sie volljährig wurde, hat sie sich wie ein Komet aus der Obhut der Schwestern erhoben und ein eigenes Leben begonnen, indem sie die Tagesarbeit als Zimmermädchen mit einer ganz anderen, nächtlichen Arbeit verband.

Während des Abendessens erlaubt sich Mario Pongraz einige freizügige Blicke in ihre Richtung. Er bestellt sogar noch einen zusätzlichen halben Krug Wein, um länger bei Tisch zu verweilen und noch zwei oder drei Mal – erst verstohlen, dann immer beherzter – dorthin zu blicken, wo ihre Taille in die Hüften übergeht. Zurück in seinem Zimmer, kann er lange nicht einschlafen und liegt wie verhext mit offenen Augen da. Er erinnert sich, dass er schon seit anderthalb Monaten keine Befriedigung mehr gefunden hat, zuletzt, ganz zufällig, mit der Tochter des Rabbis in Przemyśl. Ihm wird klar, dass die Erregung, die ihn so brutal überkommt, sich nicht einfach wieder legen wird.

Schon ist er drauf und dran, sich auf eine Weise zu behelfen, zu der er, wenn auch selten, schon so manches Mal Zuflucht genommen hat. Genau in diesem Moment (oder bildet er sich das nur ein?!) ist ein vorsichtiges, besser gesagt zögerndes Klopfen an der Tür zu vernehmen, und eine vor Aufregung brüchige Mädchenstimme flüstert irgendetwas von frischen Handtüchern für den Morgen (»zum Frühstück« sagt sie fälschlicherweise zuerst und verbessert sich dann). »Herein«, bittet Mario Pongraz ebenso tonlos. Abgeschlossen hat er aus irgendeinem Grunde nicht.

Irgendwann zwischen fünf und sechs Uhr morgens, wieder allein in seinem Bett, das so zerwühlt und verknittert ist, als hätten sich dort nicht nur zwei, sondern ein Dutzend verflochtener Körper gewälzt, lächelt er und denkt mehrere Dinge gleichzeitig.

Dass dieses Mädchen alles kann – und zwar viel besser als die meisten anderen.

Dass sie die ihr zugedachte Bezahlung nicht etwa vergessen, sondern gar nicht gewollt hat.

Dass er sein ganzes Leben lang (und er ist schon fünfundzwanzig!) eine wie sie gesucht hat.

Dass ihre Möse kaum wahrnehmbar nach Bärlauch schmeckt, was ein unleugbarer Vorteil ist.

Dass es Frühling wird.

Dass er wohl so schnell nicht mehr wegkommt aus diesem Loch.

Unter Loch versteht er auch Kolomea.

2

Noch drei oder vier leidenschaftliche Rendezvous – und Mario Pongraz entschied endgültig, dass er aus diesem Loch nicht nur nicht mehr wegkommen, sondern sich darin niederlassen wollte, und er bot »dessen Schmuck und Blüte, Fräulein Maria« seine männliche (im Sinne Ehemann) Hand. Das lag umso näher, als dass man niemanden um Erlaubnis oder Zustimmung bitten musste: Das Mädchen lebte ohne Vormund und befand selbst über sein Schicksal. Das war ungewöhnlich und betörend.

Modern zu sein – das gefiel Mario Pongraz ganz außerordentlich. Das Wort, modernité, hatte er zuerst vor ungefähr einem Jahr in Paris gehört: Der Dichter Baudelaire hatte es in seiner Rede über die allgemeinen Tendenzen der zeitgenössischen Zivilisation mehrmals gebraucht. Tatsächlich beschrieb der große Dichter sie als besondere Abart des äußersten Niedergangs (décadence) und süßlichen Verfalls (déchéance). Seine Kritik an den neuen Zeiten war so überwältigend, und die Bombastik so überzeugend, dass Mario Pongraz, wie übrigens die meisten Zuhörer dieser Rede, für immer ihrem Zauber verfiel.

»Was haben wir für ein Glück«, notierte Mario Pongraz dankbar und begeistert Ende der 1850er Jahre in sein Tagebuch, »was haben wir für ein Glück, dass wir in Zeiten auf die Welt gekommen sind, da Aberglauben und Vorurteile aller früheren Epochen im Aussterben begriffen sind! All die unendlich langen Jahrtausende bisherigen menschlichen Reifens waren tatsächlich der Prolog, die Vorgeschichte der soeben angebrochenen modernité!«

Seine Beziehung zu Maria war modern und irgendwie herausfordernd. Sie reagierte mit derselben Zügellosigkeit – auch das war modern. Am fünften Tag ihrer Bekanntschaft übersiedelte er in ihre Kammer im dicht mit wildem Wein bewachsenen Hinterhof des Hotels.

Natürlich konnten auch sie ihre Umgebung nicht ganz ignorieren, umso weniger, als diese so provinziell war. Also hieß es Zugeständnisse machen – zumindest, was das Zivilrecht anging. Von Mitgift konnte keine Rede sein – was für eine Mitgift denn, sie war ja eine arme Waise! Marias ganzer Besitz passte in eine vorsintflutliche Truhe, nicht mal halb so groß wie die, mit der ihr Verlobter reiste. Mario Pongraz war sehr gerührt, dass seine Geliebte dort neben anderem, ihr teurem Kram an die zehn Puppen unterschiedlicher Art aufbewahrte, mit denen sie als Kind gespielt hatte.

Das Ehegelübde legten sie in der nahe gelegenen Sankt-Michaels-Kirche ab, bei dem einflussreichen griechisch-katholischen Pfarrer Iwan Lewyzkyj. Er musste dauernd husten und konnte wegen seiner Erkältung keinen einzigen Vers zu Ende singen. Als Trauzeugen trat das Besitzerpaar der »Oase« auf – ein böhmischer Zuwanderer und seine polnische Frau, gutherzige ältliche und fast blinde Leutchen mit gewissen progressiven Ansichten. Man war übereingekommen, keine Feier zu veranstalten, aber Mario bezahlte ein festliches Abendessen im Speisesaal des Hotels.

So verlor Fräulein Maria von Witraky ihre Unabhängigkeit, indem sie sie an ihren gesetzlichen Ehemann als den neuen Vormund und Beschützer delegierte.

Ihr Familienleben nahmen sie im September auf, und schon im November, wenige Wochen vor Weihnachten, als es von den Bergen her plötzlich zu schneien begann, zogen sie in eine neue Wohnung im ersten Stock in ein ebenso neues Zinshaus des Juden Funkenstein mitten im Zentrum, beim Markt. Die Handelsangelegenheiten von Mario Pongraz liefen immer besser und manchmal so gut, dass er sich nicht nur eine weiträumige Wohnung mit den phantastischen Kachelöfen von Oleksa Bachmiński gönnte, sondern auch ein gesondertes Kontor an einer anderen Adresse. Außerdem verfügte er, die junge Frau Pongraz von der ihr nun nicht mehr angemessenen Hotelarbeit »rund um die Uhr« zu entlasten. In jener Zeit begann er, sie Wefa zu nennen. Manchmal Efa. Aber meistens Maria.

Alternative Quellen sprechen übrigens vom Jahr 1858 oder sogar 59, nicht 56.

3

»Modernité« also. Aber, so fragen Sie, wenn Mario Pongraz ihr überzeugter Anhänger war, wie lässt sich dann dieses Kolomea erklären? Hätte denn ein ambitionierter, willensstarker Kerl wie er sein Auskommen nicht auch in einer der damaligen Metropolen gefunden? Geschicktes Geschäftsgebaren, intellektuelle Brillanz, sieben Sprachen, ein angenehmes Äußeres und die entsprechenden Manieren – wäre das etwa nicht genug gewesen, um in Wien, Triest, Prag, Lemberg oder wenigstens Krakau Karriere zu machen und zu Wohlstand zu gelangen? Bot denn eine Kreisstadt mit nicht einmal zwanzigtausend Einwohnern, mit (nur) neun Hotels, zwanzig Fiakern, einem (!) Fotografen und einem (!) Friseur das geeignete Wirkungsfeld, um große Projekte der modernité in Angriff zu nehmen?

Offensichtlich schon.

Denn Mario Pongraz ahnte etwas. Klar und deutlich

ahnte er, dass in den nächsten Jahren und Jahrzehnten etwas viel Größeres hierherkommen würde. Zum Beispiel die Eisenbahn, die man jetzt schon zwischen Lemberg und Czernowitz baute. Und die Ölquellen in Sloboda-Rungurska und Petchenizhyn? Das Öl versprach gewaltigen Fortschritt, raschen Wohlstand und exponentielles Bevölkerungswachstum.

So erstaunlich es sein mag: Mario Pongraz ahnte schon in den Sechzigern voraus, was ein lokaler Beobachter der noch fernen 1890er Jahre in den Spalten einer populären Warschauer Wochenzeitung beschreiben würde: »Kolomea ist Teil der zivilisierten Welt, vielleicht sogar im Übermaß. Wie in einem levantinischen Hafen hört man hier überall die unterschiedlichsten Sprachen, exotisch und nicht polnisch; nichtslawische Gesichter umgeben dich; in den Restaurants und Cafés erkennt dein Ohr englische Akzente – a business! business! – klingt es auf Schritt und Tritt; ja, das ist es, was die menschlichen Handlungen unaufhörlich antreibt und hier herrscht wie Gottvater.«

Die Kolonialwaren, mit denen Mario Pongraz sein Leben verbunden hatte, kamen immer mehr in Mode. Die systematische Nachfrage nach Kardamom, Ambra, Paprika und Papaya wurde zum Charakteristikum eines neuen städtischen Bewusstseins der globalisierten Welt. Seit dem Jahr 1866 garantierte Mario Pongraz vor allem dank der Eisenbahn ihre ununterbrochene Lieferung und verwies damit einige weniger mutige Konkurrenten für immer auf die hinteren Plätze. Ganz Kolomea und der Landkreis erkannten, dass sein Cayenne-Pfeffer das feinste Aroma hatte, sein indischer Sesam das reinste Öl ergab, sein feurig gelber Ceylon-Tee eine unerhörte und unvergleichliche denkerische Produktivität hervorrief. Zu Pongraz gingen die Hausfrauen, die Köche und Köchinnen des Landkreises, die etwas auf sich hielten, um Zitrusfrüchte, Granatäpfel, Safran, Kakao, Zichorie und Kaffee zu erstehen.

Aber was heißt hier Kolomea und der Landkreis, wenn seine Verkaufszahlen selbst in Czernowitz und Ternopol immer weiter in die Höhe gingen!

Im Jahr 1867 verdoppelte er die Zahl seiner Läden, indem er einen weiteren eröffnete – im vom Zentrum abgelegenen Mariahilf. 1870 verdoppelte er erneut, und 1872 verdreifachte er. Damals begann man sie entweder Zimt- oder Absinth-Läden zu nennen.

Einen Laden eröffnete er speziell für seine Frau. »Marias Spielzeug« taufte er ihn.

Sein vierzigstes Jahr brach an. Auf die Frage flüchtiger Freunde und Bekannter aus aller Welt antwortete er munter einen deutschen Satz: »Es geht uns gut.« Diesen Satz schrieb er mit kalligraphischer Feder in smaragdgrüner oder hellkorallenfarbiger Tinte auf zahllose Postkarten der damaligen Zeit.

4

Er blieb rührig – auch das ist ein wichtiger Faktor für seine Erfolge. Die Geschäftsinteressen erforderten unentwegt Mobilität und häufige Reisen zu den potentesten Großhändlern, die mit ihren unzähligen Speichern und Lagerhäusern in den großen See- und Binnenhäfen Europas saßen. So wurden nicht nur Wien und Pressburg oder sagen wir Danzig und Stettin zum Ziel seiner Fahrten – sondern auch Genua, Antwerpen und Odessa. Einige Stadtteile Hamburgs kannte er besser als manche Viertel Kolomeas.

Auf seinen langen Reisen zog ihn nichts so süß und leidenschaftlich zurück in die Heimat wie der warme Körper seiner Frau. Nachdem sie sich der häuslichen Gemütlichkeit und der Selbstvervollkommnung geweiht hatte (unter anderem durch orientalische Körperübungen), blühte Frau Maria auf. Nach und nach gewöhnte sie sich an Wohlstand, Zerstreuungen und Freidenkertum. Kuriositäten und Monstrositäten übten große Anziehungskraft auf sie aus. Wenn ihr Mann von einer Geschäftsreise zurückkehrte, kamen sie 16 bis 20 Stunden nicht aus dem Bett und taten dabei kein Auge zu. Das war modern. Ebenso wie der Umstand, dass Maria nicht nur ausführte, sich hingab und schenkte: Mit für jene Zeiten seltener nachdrücklicher Entschiedenheit nahm und empfing sie dabei auch. Vielleicht war sie die erste emanzipierte Frau jener Breiten.

Kinder bekam sie keine. Zuerst, weil Mario Pongraz geschickt verhütete und fast nie im, wie man damals allgemein glaubte, von der Natur dafür vorgesehenen Ort kam. Mit der Zeit verstanden die beiden: Es gab keine Notwendigkeit zu verhüten, kein Essig, kein Zitronensaft, keine Pipetten oder Tabletten – denn wegen unüberwindlicher physiologischer Hindernisse würde es sowieso nicht zur Befruchtung kommen. Zum Beispiel, stellte ein ihnen gut bekannter Arzt, ein sympathischer Kerl und Zyniker, laut seine Überlegungen an, könnte es sein, dass einer von ihnen – er oder sie, oder alle beide – irgendwann vor langer Zeit in früher Jugend ... Sie verstehen schon. Er verwendete den Ausdruck »etwas Galantes«. Aber nein, alles gut, alles wunderbar, alles tschiki-piki und tip-top mit ihren Organen und *Systemen*. Nur mit der Befruchtung wird es niemals klappen.

Sie nahmen diesen medizinischen Befund eher mit Er

leichterung auf. Keine Kinder zu haben war modern. Das Patriarchische verschwand – jedenfalls aus den Zentren der Zivilisation, es zog sich zurück in die armen Dörfer, in Dumpfheit, Finsternis, Schmutz, in die letzten Käffer. Dort, wo sich all die Verrückten zu Tausenden in Kälte und Ungeziefer zusammendrängten, und auf jedes Tausend von Armen kam, wie eine aktuelle Statistik zeigte, ein Reicher. Nur noch tausend zu eins – ein offensichtlicher Fortschritt.

Es war modern, nur für sich selbst zu leben. Egoismus war modern – jedenfalls ein gesunder, wie man damals sagte. Auch ihr Leben führten sie egoistisch: Sie aßen und tranken exquisit, gingen im Schoße der Natur spazieren, besuchten die Mineralquellen und Salinen der karpatischen Kurorte, lasen sich gegenseitig die neusten französischen Romane und ihre Lieblingsstellen aus Darwin vor, markierten an den Seitenrändern bei Sacher-Masoch seine ganzen Nichtigkeiten und Erfindungen, versäumten keine Theater- und keine Zirkuspremiere, trafen Ausländer und Juden im städtischen, Offiziere im Garnisonskasino, spielten Canasta, Bridge und Tausendundeins, süffelten Absinth und schmauchten Opium.

Sie begannen verregnete Sonntage zu lieben, wenn man nirgendwohin wollte und schweigend in die Fenster des Gebäudes gegenüber schauen konnte.

Nichts sagen.

Niemals aufstehen.

Die Zeit anhalten, wie es einem gefällt.

Mario Pongraz verfolgte die technische Entwicklung und alle aktuellen Erfindungen sehr aufmerksam. Ende der fünfziger Jahre organisierte er für sich und seine Frau eine Bildungs- und Vergnügungsfahrt mit dem Luftschiff. (Der Flug fand über den Pokucko-Bukowiner Beskiden in einer durchschnittlichen Höhe von tausend Metern statt, und natürlich wurde in den damaligen Zeitungen viel darüber geschrieben.) Im Jahr 1864 erwarb Mario Pongraz eines der frisch patentierten mechanischen Klaviere mit drei Dutzend populären Melodien; 1869 dann eine Sholes-Schreibmaschine, die so groß war wie ihr ganzer Schreibtisch.

Er überhäufte seine Frau mit Geschenken, und wenn er wieder einmal irgendwo auf einer langen Handelsreise die Nacht mit einer zufälligen Sünderin verbrachte, ertappte er sich bei dem Gedanken, dass er es daheim auf jeden Fall besser hatte.

Dass der Grund dafür in ihm selbst lag, genauer gesagt, in seiner Liebe, daran dachte er überhaupt nicht. Man nennt es Glück, doch hätte es kein Ende genommen, wir hätten keine Geschichte.

Eines Nachts bekannte eine von der Ewigkeit geprüfte Hamburger Kurtisane todmüde mit einem kleinen Seufzer: »Ihr werdet mit den Jahren nur geiler. Wir leider nicht.« Mario Pongraz hatte nicht den geringsten Zweifel, dass sie unter »ihr« das starke und unter »wir« das schöne Geschlecht verstand. Als er die Wahrheit ihrer Aussage erkannte, verspürte er ein dumpfes Ziehen in der Brust. Und zum ersten Mal erschrak er darüber, dass seine Frau und er ungefähr gleich alt waren.

Dieser Gedanke ließ ihn nicht mehr los. Nein, es war nicht so, dass er an nichts anderes mehr hätte denken können – das wäre übertrieben. Er wusste, wofür (und für wen) sich zu leben lohnte. Aber irgendetwas hatte sich tief in ihm eingenistet. Er verscheuchte es und begrub es noch tiefer. Doch er begriff, dass es im Lauf der Zeit immer häufiger und nachdrücklicher auftauchen würde.

Das entscheidende Kapitel unserer Geschichte beginnt zwei oder drei Jahre nach jenem nächtlichen Hamburger Moment der Wahrheit. Im Sommer brach Mario Pongraz, wie er scherzte, zu seiner ersten Gebirgsexpedition auf. Diese Episode bleibt im Dunkeln, die Motive für Pongraz' Unternehmung werden bis heute sehr unterschiedlich interpretiert. Er selbst hat offenbar am Ende seines Lebens alle entsprechenden Eintragungen in seinen Tagebüchern vernichtet.

Nach der einen Version soll sich Mario Pongraz zu den Huzulen begeben haben, um sie auf sogenannten »munteren Tee« zu setzen und über sie einen zollfreien Bezugskanal ins Banat und nach Transsylvanien zu etablieren.

Nach einer anderen hatte einfach die Stunde geschlagen. Mario Pongraz habe einem der örtlichen Hexer, einem Molfar (welchem, das wäre noch zu erforschen), einen geheimen Brief überbringen müssen, vor Jahrhunderten in Dalmatien verfasst, mit der Warnung vor einer tödlichen Gefahr, die demnächst über diesen Molfar kommen sollte.

Zu wenigstens einem Molfar hat er es tatsächlich geschafft. Bezeichnenderweise aber nicht aus freien Stücken. Mario Pongraz meisterte die verwirrenden und unglaublich langen huzulischen Meilen und besuchte Dorf um Dorf, als durchkämmte er die Gegend: Petschenizhyn, Jabluniw, Kossiw, Zhabje. Weiter begannen Landstriche, »wo du eher auf einen Bären triffst als auf Menschen«, wo man »den Geißen die Hörner langzieht«, wo sich »Fuchs und Hase gute Nacht sagen«, »der Hund verfroren ist«, »total ab vom Schuss«: Krasnyk, Dsembronja, Hrynjawa, Hromidne … In der Umgebung des zuletzt Genannten (aber was heißt dort schon Umgebung?!) geriet er in Blitz, Donner und eisigen Sturzregen, der kurz darauf in unbarmherzigen Hagel überging und dieser wiederum in dichten Schneefall (im Juli, Herrgott!), es wurde so dunkel, dass man die Hand vor Augen nicht sah (um drei Uhr nachmittags!), und Mario Pongraz schloss mit dem Leben ab und Fuchs und Hase sagten sich gute Nacht.

Nur gut, dass ihn seine Beine nicht mehr trugen …

Wie auch immer: Gut war, dass es ihn nicht irgendwo im Nirgendwo, am Arsch der Welt, sondern – halleluja! – gerade noch rechtzeitig am Zugang zu einem Gehöft erwischte, von dessen Existenz er nichts ahnen und das er in der verschneiten Dunkelheit nicht sehen konnte. Und dass der Bauer von der Scheune her die Hilferufe hörte. Oder anders: Der Bauer hörte das Gebell der Hunde in der Scheune. Oder noch anders: Er hörte sowohl das Rufen als auch das Bellen. Da rannte dieser Bauer hinaus, mit Pechfackel und Gesinde, entriss den immer festeren Umarmungen der Dunkelheit etwas völlig Entkräftetes, von Schnee Verklebtes und Erblindetes und zerrte es in seine Hütte.

Wie aber das verirrte Schaf retten – Schnäpse flößten sie ihm ein und rieben ihn damit ab, ebenso mit Himbeersud, Knoblauch und auf dem Jahrmarkt in Kolomea erstandenem scharfem Cayenne-Pfeffer. Nach ein oder zwei Stunden begann Mario Pongraz zu zittern und zu krampfen, er litt und quälte sich und stürzte in den Abgrund, versank in Fieber wie ein Stein im Wasser.

Einer anderen Version nach gab es weder Fluss noch Stein, noch Fieber. Nicht einmal Schnee mitten im Juli. Sondern einen Blitzschlag – einfach so in die Brust (der Teufel fuhr ihm in die Rippe), zwei Schritte von einem Gehöft entfernt, ganz oben auf dem Gupf. Mario Pongraz lag da wie ans Kreuz geschlagen (und wie gelähmt), Arme und Beine von sich gestreckt, und gab keinen Mucks. Der Bauer befahl, den Molfar zu holen.

Ob der Molfar allein erschien oder ob sich ein ganzes Molfar-Konsilium versammelte, bleibt im Dunkeln. Ebenso unklar ist, was und wo dieses »dort« eigentlich war. Aber eben *dort*, im Übergang, wo er sich mal in einer Zentrifuge zwischen den Welten drehte, mal unentschlossen von einem Bein aufs andere trat wie in einem hochgestellten Antichambre, im Rauschen der Ströme, unter Ohrenklingen, Engelsgebrüll und Beschwörungsformeln der Molfarn – eben dort verkaufte sich Mario Pongraz.

Dabei wählte er Option Nummer zwei. Das rief unter den anwesenden Mittelsmännern (denn die Molfarn waren Mittelsmänner) einige Verwunderung hervor. Option Nummer eins, die Mario Pongraz ablehnte, hätte den völligen Stopp aller physischen Alterungsprozesse bis zum Moment seines Todes bedeutet. »Nicht ich, sie!«, soll Mario Pongraz mit von Fieberbläschen bedeckten Lippen gemurmelt haben.

Er erhielt, was er begehrte, aber unter einer Bedingung: Sie durfte es nie erfahren.

7

(Und nun ein kurzer Exkurs. Eine andere Geschichte. Aber eine, die unsere berührt.

Es zeigte sich, dass Mario Pongraz gerade rechtzeitig zu seiner Expedition aufgebrochen war. Im selben Spätsommer und Herbst galoppierte Adzio der Fanatiker durch die Östlichen Karpaten, ein entsetzlicher Serienmörder. Im Prinzip folgte er der Reiseroute von Mario Pongraz durch Petschenizhyn und Jabluniw. Weiter nach Zhabje zog er jedoch nicht über Kossiw, sondern über Kosmatsch. Jede Station auf dieser Route war durch einen neuen blutigen Mord gezeichnet. Adzio der Fanatiker führte das Schlachtermesser meisterhaft. Als Opfer wählte er ausschließlich ältere und alte Männer, denen widersprüchliche Gerüchte und der legendäre Ruf von Heilern, Hellsehern und Halbdämonen anhingen. Dies bemerkte die Strafverfolgung jedoch erst mit großer Verspätung – erst nach dem vierten Opfer, es war schon Oktober, erkannte der aus Lemberg entsandte Sonderermittler, der Geheime Polizeirat Otakar Zidlicky: Um ein mehr oder weniger aussagekräftiges Bild des Mörders zu erhalten, musste man sich zuerst ein Gesamtbild von seinen Opfern machen. Der Absolvent der kriminalistischen Schule des großen Leopold von Sacher (Vater) dankte Gott für die Erleuchtung. Aber trotz dieser guten Nachricht verübte Adzio der Fanatiker noch zwei Untaten und schlachtete zwei weitere Opfer ab – aus Burkut und aus Probijniwka. Wonach der Sonderermittler Otakar Zidlicky alle Zweifel fahren ließ, den Weg des Schlächters bis zur rumänischen Grenze verfolgte und ihn im Gehöft des siebten Molfars unweit von Hromidne aufspürte. Dort wurde Adzio der Fanatiker gefasst. Der Molfar war gerettet. Die

Warnung, die einige Hundert Jahre früher in Dalmatien geschrieben worden war, stellte sich als richtig heraus und erfüllte ihren Zweck. Adzio der Fanatiker erwies sich als früherer Missionars-Mönch, der unter dem Eindruck einer, wie er selbst sagte, starken »Stimme des Himmels« die Karpaten »von teuflischem Übel und Schamanentum« befreien wollte. Das Lemberger Bezirksgericht brauchte lange, um ihn für verrückt zu erklären.)

8

Schon Mitte der 1870er Jahre sprechen Bekannte der Pongraz' immer häufiger von Maria als der »jungen Frau des Herrn Mario«. Dass die beiden schon zwei Jahrzehnte verheiratet sind, scheint aus dem Bewusstsein zu schwinden und wird immer seltener erinnert. Vielleicht, weil Frau Maria neben ihrem zwar noch nicht gealterten, aber sichtlich ramponierten Ehemann sehr jung aussieht. In der Laienspielgruppe von Kochanowski, die konsequent und methodisch Shakespeare spielt, bekommt sie auch weiterhin die Rolle wenn nicht Desdemonas, so doch Ophelias.

Ein weiterer Grund mag sein, dass die Pongraz' immer wieder einmal ihren Bekanntenkreis wechseln, aber mit niemandem je tiefere und dauerhafte Freundschaftsbeziehungen aufbauen. So gibt es schon lange niemanden mehr in ihrer Umgebung, der sich an die Zeiten erinnert, als sie ihren gemeinsamen Lebensweg begannen.

Nur für sich leben und praktisch immer nur zu zweit sein – als gäbe es auf der Welt wirklich niemanden, der ihrer Nähe wert wäre. Das war und blieb ihr grundlegendes Prinzip.

Das hatte nicht nur weltanschauliche, sondern auch praktisch-konkrete Gründe, es war, so könnte man sagen, Strategie und Taktik in einem. Tatsächlich grenzte ihr Zusammenleben in vielen Episoden an riskantes und verbotenes Gelände. Sie experimentierten immer noch gerne mit ihren Körpern, konsumierten Absinth, Haschisch und inszenierten zu allen möglichen Gelegenheiten riskante Rollenspiele. Da war es besser, niemanden einzuweihen. Darin waren sie sich mehr als einig.

Mario Pongraz, der soeben die absolute Blüte seines Satyrtums erreicht hatte, gefiel es wahnsinnig, sein »Mädchen« »wild zu machen«. Frau Maria zahlte ihm das auf eine Weise heim, wie nur sie es verstand (wovon Mario Pongraz sich jedes Mal wieder überzeugte, wenn er versuchte, entsprechende Methoden mit zufälligen, viel jüngeren Partnerinnen auszuprobieren).

Äußerlich wirkte alles auch weiterhin so anziehend wie zuvor. Oder nein – noch anziehender. Mit den Jahren wurden sie nur schöner, bekamen ein ganz besonderes Flair: er groß, von Falten zerfurcht, silbergrau und verwuschelt, mit einer Vorliebe für Zylinder und lange Schals, sie biegsam und aufreizend. An Markttagen gingen sie demonstrativ aus, um Brimsen, Wacholder und Kirschen zu kaufen. In den Cafés bestellte der eine einen doppelten Schwarzen, die andere eine Melange. In den Klubs diskutierten sie über Rimbauds *Illuminations* und sammelten Geld für die Eröffnung von Volkslesesälen. Sie besuchten den immer noch einzigen Fotografen der Stadt, wo sie sich ab und zu in Masken und sinnlichen Posen verewigen ließen.

Im Jahr 1878 las Mario Pongraz in der Zeitung, ein gewisser Eastman Goodwin habe den Diafilm erfunden und damit die Möglichkeiten des perfekten Zelluloids erweitert, das ein paar Jahre zuvor, 1872, ein gewisser John W. Hyatt hatte patentieren lassen. Mario Pongraz verstand jetzt, wozu er schon zwölf Monate früher per Vorkasse eine sogenannte Laterna magica bestellt hatte – den Projektor des Henry R. Hale. Der Apparat hatte lange auf seinen Einsatz gewartet, erst halb ausgepackt und auf einem der Regale vergessen. Aber dann verband sich alles zu einer neuen technologischen Kette: die Laterna magica, das perfekte Zelluloid und der Diafilm.

Seitdem schauten sich die Eheleute Pongraz kilometerweise filmische Bilder an, die sie bei jeder sich bietenden Gelegenheit erwarben. Sie projizierten sie mal auf eine Leinwand im Wohnzimmer, mal einfach an die Mauer, mal an die Vorhänge. Die Bilder zerfielen in Stücke, es entstanden interessante Collagen. Manchmal veranstalteten sie Vorführungen für einen Schwarm angenehmer und, wie immer, flüchtiger Freunde. Den größten Eindruck auf die Gäste machten die *Raubtiere Afrikas* und *Das Wässern der Weinberge im Schweizer Kanton Neuchatel*. Einmal konnte Mario Pongraz kaum der Versuchung widerstehen, der verehrten Gesellschaft den neusten, eben erst als Schmuggelware von den Britischen Inseln importierten viktorianischen Porno *Priestresses of Lechery 6* zu präsentieren. Es fehlte nur ein halber Schritt – und er hätte den Leuten diese ganzen unerwarteten Ansichten dargeboten.

Mit völlig unvorhersehbaren Folgen.

9

Im September 1880 unternimmt der gottgnädige Kaiser Franz Joseph seine dritte Inspektionsreise nach Galizien und in die Bukowina. Die vorherige hatte er, wie Sie sich erinnern, schon 25 Jahre zuvor absolviert. Jetzt ist der Kaiser fünfzig und auf dem Höhepunkt seines Lebens. Noch ein bisschen, und er nähert sich dem Zenit seiner katastrophal langen Regentschaft und legt sich endlich eine Geliebte aus dem Wiener Schauspielerinnenmilieu zu.

Auf dem Weg von Lemberg nach Czernowitz macht Franz Joseph nicht nur symbolisch, sondern tatsächlich Station in Kolomea, was den Neid der Stadt Stanislau erregt. Man hat sich hier schon lange auf seinen Besuch vorbereitet. Den Weg vom Bahnhof bis zu den Pavillons der Ersten Ethnographischen Ausstellung auf der Kurzweiliwka, die seinetwegen eben heute eröffnet wird, legt der Kaiser in einem majestätischen Phaeton zurück, begleitet von einer Eskorte aus dreihundert berittenen Huzulen in exotischer Feiertagstracht. Die Alphörner verkünden die frohe Botschaft urbi et orbi. Die Chronisten werden noch lange von den zwei Hochzeitsprozessionen berichten, aus Kossiw und aus Kryworiwnja, die den Gottgnädigen mit dem traditionellen Hochzeitsbrot Korovai begrüßen und seinen Segen für die Brautpaare erbitten. Der Kaiser überschüttet die Glücklichen mit goldenen Dukaten und äußert den Wunsch, sie möchten tanzen. Die Brautpaare tanzen eine Huzulka und dann eine Holubka.

Außerdem werden die Chronisten über den Kachelofen schreiben, eine Arbeit des schon erwähnten Bachmatjuk-Bachmiński, den Franz Joseph für den allerhöchsten Preis zu erwerben und nach Schönbrunn zu transportieren befiehlt. Erwähnen werden die Chronisten auch andere Produkte, vor allem natürlich Töpferware. Dem Kaiser wurde von den hohen Errungenschaften und dem universalen Ruhm der Töpferwerkstatt von Kolomea schon berichtet.

Aber die Chronisten vernachlässigen einen für diese Geschichte sehr wichtigen Aspekt.

Denn auf jener Ausstellung muss auch das Ehepaar Pongraz gewesen sein. Schon einen Monat vorher hatten sie eine spezielle Einladung von einem der Kuratoren erhalten – Wajgiel, glaube ich. Der gehörte für kurze Zeit zum Kreis ihrer engsten Bekannten.

Da stehen sie also vor dem Kaiser, diesem »mächtigen und melancholischen Demiurgen«, wie ihn viele Jahre später ein verkanntes Genie aus Drohobytsch nennen wird. Mario Pongraz zieht ehrfurchtsvoll seinen Hut, und Frau Maria sinkt in den Knicks. Die »engen und knopfstumpfen Augen in den dreieckigen Faltendeltas« fokussieren ihre Gesichter. Schwer zu ergründen, was in diesen Augen liegt. Die mit dem Schnurrbart zusammengewachsenen Koteletten, die noch aus der ersten Hälfte des Jahrhunderts stammen, wo sie wirklich in Mode waren, sind noch nicht »milchweiß«, erinnern noch nicht an »Flügel aus Schnee«. (Auch der zweite Vergleich stammt von einem Genie, diesmal aus Brody.)

»Euer Hoheit, Mario und Maria Pongraz, Kolomeaner Bürgertum«, stellt der Held dieser Geschichte sich und seine Frau vor. Der Kaiser schweigt, gibt aber durch ein kurzes Nicken zu verstehen, dass ihn die Information erreicht hat. »Euer Hoheit«, fährt Mario Pongraz fort, »auch wir erflehen Euren milden Segen.« Auf dem Gesicht des Kaisers erscheint ein Schatten von etwas, vielleicht einer Frage. »Heute ist unser fünfundzwanzigster

Hochzeitstag«, erklärt Mario Pongraz. Der Kaiser schaut genauer hin, und erst da hören sie seine feuchte Stimme. »Hochzeitstag?«, fragt er leicht verwundert. »Ja, mein Herr, Ihnen könnte ich das glauben. Aber die Dame ist noch ganz jung. Sie sieht gerade mal wie fünfundzwanzig aus.« – »Danke für das Kompliment, Euer Hoheit«, Maria verbeugt sich erneut. »Ich werde bald achtundvierzig.« Der Kaiser schwankt. Wenn das ein Witz ist (und es ist offensichtlich ein Witz), dann kein lustiger. Zeit, diese absurde Audienz zu beenden. »Sollten Sie wirklich etwas mit einem fünfundzwanzigjährigen Hochzeitstag zu tun haben, dann allenfalls als Tochter«, verkündet er sein Urteil und geht weiter.

Erst eine Stunde später, schon auf einer anderen Ausstellung, der landwirtschaftlich-industriellen, bei den Ruthenen, wo er nach der polnischen ethnographischen kurz vorbeischaut, erinnert sich der Kaiser plötzlich an das dubiose Ehepaar. Nachdem ihm sein Begleiter Vater Lewyzkyj, bis vor kurzem Abgeordneter im Sejm von Galizien, nachdrücklich versichert hat, dass die Bürgerin Genowefa-Maria Pongraz wirklich nicht die Tochter, sondern die Gattin des Mario Pongraz ist, befiehlt Franz Joseph I., dem Paar seine »verspäteten Glückwünsche« auszurichten und die Silberjubilare mit einem ebenso silbernen Gulden, der sein bekränztes kaiserliches Profil auf dem Revers trägt, auszuzeichnen.

Am selben Abend notiert Mario Pongraz in sein Tagebuch: »Konversation mit dem Gottgnädigen. Keinerlei Gnade. Dauer – acht Sekunden. Wert der Angelegenheit – ein Silbergulden. FJ-I reiste kurzfristig nach Czernowitz ab.«

10

Insgesamt wurden die achtziger Jahre zur Apotheose ihres absoluten Glücks. Die Gewinne wuchsen, die Waren wurden in immer größeren Chargen in immer weitere Gebiete verkauft, das Kapital häufte sich und floss in neue Projekte, wie zum Beispiel die Tabakfabrik in Sabolotiw, wo aus echtem kubanischem Rohstoff *ehrliche* Havannas gedreht wurden. In seinem Kerngeschäft hatte sich Mario Pongraz schon Entlastung verschafft und einen Großteil der Pflichten an angestellte Gehilfen übergeben. Das erlaubte es ihnen, erheblich mehr Zeit mit Reisen und Vergnügungen zu verbringen. Jetzt konnten sie nicht nur am Wochenende bis mittags schlafen. Und nicht nur samstags bis zum Morgengrauen in Klubs und auf Bällen feiern.

Die Freude ihrer Existenz wurde von kleinen Unannehmlichkeiten wie dem immer vernehmlicheren Tuscheln und Tratschen hinter ihrem Rücken nicht im Geringsten getrübt. Je häufiger sie in ihrer Umgebung Gezischel hörten von der Art: »Wie alt glaubt sie denn, dass sie ist, mit so einem Ausschnitt?!«, desto fröhlicher wurden sie. Mario Pongraz wollte nicht an Altern und Tod denken. Ihm genügte zu wissen, dass gemäß der gewählten Option nur er altern würde. Er würde auch zuerst sterben. Was dann weiter mit ihr geschehen würde, davon hatte er keine genaue Vorstellung, und ehrlich gesagt vertrieb er diese Sorge auch aktiv, wenn nicht mit neuen erotischen Ideen, dann mit Absinth und Kokain.

Kehrseite der Medaille mit der ewigen Jugend auf dem Avers war, dass alle möglichen Burschen aus der Stadt sich aktiv an Maria heranmachten. Ein paar dieser Rotzlöffel hätten ohne Übertreibung ihre Söhne sein können.

Mario Pongraz genoss zwar jeden seiner Eifersuchtsanfälle zutiefst, musste aber immer auf der Hut sein, und das war anstrengend. Die größte Gefahr stellten natürlich die Offiziere dar. Auf dem zweiten Platz kamen die Priester, vor allem die römisch-katholischen (Mario Pongraz nannte sie Verführer im Rock). Aber auch die geringeren Gefahren durften nicht vernachlässigt werden – wie zum Beispiel die englischen Erdölingenieure und die heimischen Hamlets, Othellos oder gar Romeos aus der Kochanowski-Truppe. Mario Pongraz versuchte, Maria in der Öffentlichkeit nicht von der Seite zu weichen. So schreckte er viele potentielle Verehrer ab.

Dennoch galt es, gewisse Kreise zu meiden und die Stadt für länger zu verlassen. Aber »galt es« ist nicht ganz der richtige Ausdruck. Tatsächlich reisten sie sehr gerne. Damals reduzierte Mario Pongraz seine Geschäftsreisen deutlich und verlegte sich auf den Tourismus. Es gelang ihm, die in vielen Jahren gewachsene Liebe zu Schnellzügen, Dampfschiffen, komfortablen Hotels und extravaganten Landschaften auf seine Frau zu übertragen. Die Versuchungen der modernen Welt wurden zahlreicher. Sie besuchten die exotischsten Restaurants, Kunstgalerien und Modesalons. Nicht selten luden sie die teuersten Tänzerinnen und Huren in ihr Hotelzimmer. An den Stränden schockierten sie mit der Lakonie ihrer Badekleidung.

Eine ihrer ersten Destinationen war natürlich Venedig (umwerfende Pose in der Gondel). Dann Ägypten und die Pyramiden (eine dreitägige Reise auf Kamelen durch die Wüste). Später blieben sie lange in Goa hängen, wo die portugiesische Kolonialverwaltung offensichtlich die Augen verschloss vor der gut entwickelten Opium- und Haschisch-Subkultur. 1885 suchten und fanden sie den ersten Naturistenstrand der Welt. Er lag auf einer griechischen

Insel und war von Deutschen und Skandinaviern quasi aufgekauft worden. Glaubt man Mario Pongraz' Tagebuchreflexionen, dann missfiel das »übergroße Maß an Hässlichkeit der menschlichen Körper« ihm und seiner Frau sehr.

1886 wurden die Schienen der Lokalbahn nach dem öldurchtränkten Petschenizhyn bis ganz ins Zentrum von Kolomea gezogen. Die weltumspannenden Reisen konnte man nun an einem Haltepunkt beginnen und abschließen, der nur zwei Schritte von der eigenen Wohnung entfernt lag. Die Pongraz' stiegen am Marktplatz ein und fuhren mit der Lokalbahn Richtung Kolomeaer Hof, also drei Stationen. Dort wechselten sie in richtige Züge, und zwar für lange. Sie reisten ausschließlich erster Klasse. Über Stanislau, Lemberg, Przemyśl und Krakau erreichten sie die Grenze zu Deutschland. Sie zu überqueren nahm nicht viel Zeit in Anspruch: die damaligen europäischen Regierungen hatten Visafreiheit für ihre Bürger eingeführt. Bei der Einreise nach Deutschland galt die sogar für russische Untertanen.

So war es auch 1888. Nach Breslau nahm ihr Zug Kurs auf Berlin, und von dort auf Hamburg. Erst da endete die Reise per Bahn. Weiter ging es mit einem Ozeandampfer der Gesellschaft »Hamburg – Amerika«. Endpunkt war New York. Sie stiegen im westlichen Manhattan ab, in der 23. Straße, das Hotel war neu, ein bisschen bohèmien (angeblich war dort eben erst Mark Twain abgereist) und hieß »Chelsea«. Sie wohnten im glückbringenden neunten Stock in einer Juniorsuite mit der Nummer 99. Und dort passierte es: Als Mario Pongraz sie zum tausendsten Mal drückte und sich vor Dankbarkeit überschlug und fast verschluckte, nannte er sie mehrere Male »Meine Kleine«. Während der langen Jahrzehnte hatte er

174

seine Frau immer einmal anders genannt, sich Dutzende
von Namen und Bezeichnungen ausgedacht. »Meine Kleine« war nicht darunter gewesen. Und so ein Verschlu-
cken hatte es auch noch nicht gegeben. Der Unterschied
wurde immer offensichtlicher: Sie bekam kleinere Brüste
und schmalere Hüften. Und wäre da nicht jener kaum zu
erschnuppernde Duft von Bärlauch zwischen ihren Schen-
keln gewesen, hätte man glauben können, sie sei nicht
mehr sie selbst. Das beschäftigte ihn tagsüber, und gegen
Abend scherzte Mario sogar: »Weißt du, eben habe ich
zum ersten Mal gedacht, ich treibe es mit einem Jungen.«

11

Es verging noch ein halbes Jahr, und man musste die letzten Zweifel fahren lassen. Marias physiologische Zeit, von
magischen Kräften in der Blüte ihrer Jugend gestoppt, hatte sich losgerissen, war losgehüpft und losgesprungen vom
festgesetzten Punkt und bewegte sich rückwärts. Sie wurde nicht nur jünger, sondern auch kleiner. Sie schaffte es
noch einmal, die Julia zu spielen, ab einem gewissen Moment aber verwehrte man ihr den Zutritt zu Aufführungen *für Erwachsene*. Blieben noch die Zirkusvorstellun-
gen, aber auch nur tagsüber. (Gut, dass in jener Saison
der Zirkus »Vagabundo« lange in der Stadt blieb: Die Direktion erwog den Wandel vom Wander- zu einem orts-
ansässigen Zirkus und zog Kolomea ernsthaft als Stand-
ort in Betracht: damals immerhin eine Stadt mit acht
Messen.)
Von Kasino, Klubs, Salons und anderen Anziehungs-
punkten gesellschaftlichen Lebens konnte überhaupt keine Rede mehr sein. Von all den vielfältigen städtischen

Einrichtungen standen ihnen nur die Zuckerbäckereien offen, obwohl es auch dort nötig wurde, Marias Auswahl an Getränken erheblich einzuschränken. Dafür konnten sie jetzt tagelang Marias Lieblingseissorten diskutieren.

Die Kraft der Molfarn funktionierte nicht mehr richtig, so viel war klar.

12

Anfang der 1890er Jahre beschließt Mario Pongraz, sich ganz aus dem Geschäftsleben zurückzuziehen und den verdienten Ruhestand anzutreten. Die im Laufe eines kommerziell erfolgreichen Lebens angehäuften Ersparnisse werden wohl für einen bescheidenen Wohlstand bis ans Lebensende völlig ausreichen. Der Verkauf aller Aktiva bringt ihm mehr als eine fünfstellige Summe, von der ein Teil in Immobilien investiert wird. Der Umzug aus dem Stadtzentrum in ein elegantes Einfamilienhaus in der modischen Winzentiwka ist seine letzte geschäftliche Transaktion. Um die Sache zu beschleunigen, entscheidet sich Mario Pongraz entgegen seinem eigenen Geschmack für ein fertiges Objekt und bleibt an einem in den damaligen bürgerlichen Kreisen recht verbreiteten Modell hängen: eine Freitreppe, hier noch eine Freitreppe, verglaste Veranda, neun Zimmer – vier pro Stockwerk plus eines im Turm, ein Balkon, ein steiles gotisches Dach, Mansardenfenster, Dachziegel (unbedingt von Wimmer). Bemerkenswert ist also nicht das Objekt selbst, sondern der Ort – praktisch am Stadtrand, in maximaler Entfernung von den neugierigen Blicken der Nachbarn. Hier würden sie unbemerkt von allen anderen leben. Und mit der Außenwelt würde sie nur das Allernotwendigste verbinden.

Nach dem Umzug trifft Mario Pongraz Maria, als er von der Bank oder der Post zurückkehrt, eines Tages seltsam still und nervös an. Aus dem Geplapper des Dienstmädchens ergibt sich, dass die Dame *schon wieder* ... Dies konnte nur eines bedeuten: Das Dienstmädchen hat die Dame schon wieder auf dem Speicher erwischt, wo sie ab und zu ihre Puppen aus der alten Truhe holt und sich lange mit ihnen beschäftigt. Ihm wird ganz weh ums Herz. Am Abend hält er ihre Händchen in den seinen (andere Berührungen erlaubt er sich nicht mehr) und würde gerne fragen: »Meine Liebe, wozu brauchst du diese alten Puppen? Sie sind, wie du und ich, schon über sechzig, mindestens.« Aber er spricht diese Worte nicht aus und bestellt am nächsten Tag ein paar nagelneue Luxuspuppen bei Weißfisch, dem bei den Kindern von Kolomea sehr beliebten Spielzeugladen. Und man stelle sich nur ihre Augen vor, als er ihr all diese märchenhaften Schachteln überreicht.

13

Der Molfar hat sich geirrt. Und wenn er es ist, der sich geirrt hat, dann muss er den Fehler auch korrigieren. Soll er doch Marias Lebenszeit erneut anhalten. Und sie dann wieder zum Laufen bringen. Diesmal aber in die richtige Richtung, im Einklang mit dem natürlichen Gang der Dinge. Wenn er es damals konnte, warum nicht auch jetzt. Man muss ihn unbedingt finden.

Im Frühjahr 1895 versucht Mario Pongraz, mit Hilfe seiner alten Tagebücher und zum Teil aus dem Gedächtnis jene karpatische Route zu rekonstruieren. Er erinnert sich, dass von allen karpatischen Molfarn nur noch einer am Leben ist – der aus Hromidne. Mario Pongraz lässt seine Frau in der Obhut des Dienstmädchens und deren zahnlückigem Verehrer und begibt sich auf seine zweite Gebirgsexpedition. Das Gehen fällt ihm schwer, er ermüdet schnell, gerät auf Abwege, und mehrmals stirbt er fast an Arhythmie und Ohnmachten. Am siebten Tag dieser unerträglichen Wanderungen, nachdem er die Gegend von Hromidne erreicht hat, erfährt er, dass der Molfar (jener letzte) schon vor ungefähr einem Jahrzehnt hinüber ist. Angeblich hat man ihn mit umgedrehtem Hals auf dem Grund der Schlucht Peklo gefunden. Sein Gesicht sei von Raben und Krähen zerhackt, seine Augen ausgeschlürft gewesen, aber die Tätowierungen auf seinem Rücken ließen keinen Zweifel zu.

Alles passte zusammen – der Name der Schlucht – Peklo, also Hölle, der Todeszeitpunkt des Molfars. Solange er lebte, war die Zeit ihm zu Willen gewesen. Kaum war er in die Hölle gestürzt, zerbrach und zerschellte alles.

Mario Pongraz macht sich bittere Vorwürfe wegen seiner Unbedachtheit. Endlich versteht er, warum alles so gekommen ist. Und dass niemand helfen kann. So ist es jetzt. Und wie es werden wird, das will man lieber nicht wissen.

14

Im Herbst desselben Jahres, oder auch des nächsten – die Tagebucheinträge werden immer seltener –, entlässt Mario Pongraz das Dienstmädchen, nachdem er es zum zigsten Mal beim Spionieren ertappt hat.

Es gibt aber auch Gerüchte, es habe sich nicht um dasselbe und auch nicht um ein zweites Dienstmädchen, sondern mindestens um das dritte gehandelt. Jedenfalls war der Verehrer immer noch derselbe, zahnlückig und anhänglich. Vielleicht aber auch nicht: Gab es in der Gegend etwa nur einen solchen Typen? Er schrie herum, drohte Mario Pongraz mit seinen bläulich blassen Fäusten und warf dann bis zum Morgen Steine in Richtung ihres Hauses, wobei er ungefähr fünf Gaslaternen zerdepperte. In Lejbowskis Kneipe gab es keinen Besucher, dem er nicht die Geschichte vom lüsternen Alten aus Winzentiwka erzählt hätte, der »ein Kind geschändet« habe. Bei diesen Worten – *ein Kind geschändet* – entbrannten die Augen vieler Zuhörer vor ungeahnt lebendigem Interesse. Sie forderten Einzelheiten. Der Erzähler verstreute sie freigiebig in alle Richtungen und verspritzte dabei seinen Speichel auf Kragen und Kinne.

Früher oder später musste bei den Strafverfolgungsbehörden eine Beschwerde eingehen.

Als der Polizeibote Mario Pongraz die Nachricht überbrachte, konnte ihm nicht entgehen, dass der Herr sehr nervös war und ihn so schnell wie möglich wieder loswerden wollte. Im Haus gab es tatsächlich Anzeichen für die Anwesenheit eines minderjährigen Mädchens, erzählte später ebenjener Bote, in Personalunion Spitzel, dem Inspektor. Das Kind selbst habe er, wie er sagte, nicht gesehen, aber einen leichten Duft von Bärlauch verspürt.

Zum Verhör auf dem Polizeirevier erschien Mario Pongraz nicht allein. Von ihrem Haus zu dem betreffenden Gebäude an der Ecke Kraszewski- und Romanowski-Gasse (auf dessen unangenehme Funktionalität man schon aus der Tatsache schließen konnte, dass dort nicht nur die Polizei, sondern auch die Staatsanwaltschaft und gleich auch noch das Gefängnis untergebracht waren) war es nach Kolomea-Maßstäben nicht ganz nah, und man hätte über einen Fiaker nachdenken sollen. Aber Mario Pongraz wollte auf seinen eigenen Beinen hingehen. Unterwegs wurde er ziemlich müde, seine mondgrauen Zotteln schoben sich unter dem schwarzen Zylinder hervor und wehten im Wind. Er atmete immer schwerer und das Herz schlug ihm immer höher. Hinzu kam dieses Läuten in den Ohren. Maria trippelte neben ihm her und hielt ihn bei der Hand. Hielt sie ihn fest oder sich selbst?

»In welchem Verhältnis stehen Sie zu dieser Person?«, fragte der Inspektor, nachdem die ersten Formalitäten geklärt waren. »Meine gesetzliche Ehefrau«, antwortete Mario Pongraz. Der Inspektor zögerte keinen Augenblick. »Im Namen der Monarchie und unseres allergnädigsten Kaisers, ich verhafte Sie« – und bei diesen Worten drang fast die Hälfte des Personalbestands der städtischen Polizei ins Zimmer. Die Vorkehrungen waren verständlich und berechtigt: Das war kein gewöhnlicher Verdächtiger.

Maria Pongraz ließ die Hände ihres Gatten selbst dann noch nicht los, als man ihm Handschellen anlegte. Vom Polizeirevier wurde sie unter besonderer Aufsicht ins Waisenhaus gebracht – natürlich dasselbe, in dem sie vor vielen, vielen Jahren schon einmal eine Kindheit verbracht hatte.

15

Die Untersuchung des Skandals schritt mit unerhörtem Tempo voran. Die Empörung der Öffentlichkeit, angeheizt durch die lokale und regionale Presse, zwang zur unverzüglichen Aufdeckung der Angelegenheit und zur demonstrativen Verurteilung des »präzedenzlosen Untiers«. Mario Pongraz, der zuerst einen Anwalt ablehnte und erklärte, sich selbst verteidigen zu wollen, erkannte plötzlich, wie prekär seine Lage war. Was nützten denn die ganzen Dokumente wie zum Beispiel das Testimonium baptismi, aus dem hervorging, dass seine gesetzliche Ehefrau Genowefa-Maria Witrakiwna, Tochter des Edelmannes Johannes-Petro Witrak und der Anna-Pelagia Witrakowa von Lobodynski, wirklich am 28. November Anno Domini 1832 getauft worden war, woraus wiederum folgte, dass sie, seine Ehefrau, mehr als erwachsen sein musste? Und was nützte die Heiratsurkunde des Bürgers Mario Pongraz und Fräuleins Genowefa-Maria Witrakiwna, die der Pfarrer der Sankt-Michaels-Kirche in Kolomea Iwan Lewyzkyj am 15. September A.D. 1855 ausgestellt hatte? Welchen Sinn konnte dieses Testimonium copulationis noch haben, wenn es keinen lebenden Zeugen mehr gab, keiner mehr auf dieser Welt lebte, keiner mehr existierte?

Alle waren schon gegangen, gestorben, für immer verschwunden – sowohl das Besitzerpaar des längst heruntergekommenen, versperrten, abgerissenen und durch ein neues Gebäude ersetzten Hotels als auch der Pfarrer Lewyzkyj und all die flüchtigen Bekannten, zeitweisen Freunde, Kartenspielpartner, Flirts und Filous, guten Freundinnen, zufälligen Gefährtinnen, Gäste und Hausfreunde, ja sogar John und Amalia MacIntosh, ein Paar waschechter kanadischer Ölschürfer aus Sloboda-Rungurska (die Letzten, mit denen sie sich zu Swinger-Abenden verabredet hatten), waren schon aus dieser Welt gegangen, was ihre Gräber auf dem römisch-katholischen Friedhof bezeugten.

Herr und Frau Pongraz hatten alle überlebt und waren

zu Repräsentanten einer Population der Ausgestorbenen geworden. Sie hatten keine Zeugen. Sie waren es, die Zeugen für alle und alles hätten sein können.

Nur der allergnädigste Kaiser Franz Joseph der Erste war noch übrig. Der aber hielt sich fern und hätte sich wohl kaum erinnert, beschwert von Staatssorgen wie er war. Und sein silberner Gulden konnte wohl kaum als Beweisstück dienen.

16

Die Anklage indes hatte keinen Mangel an Zeugen und Beweisen. Allein die Dienstmädchen mit ihren zahnlückigen Verehrern hätten genügt! Dazu die sogenannten Nachbarn, die Herumtreiber, die einfachen Passanten, Kutscher, Hausmeister, Lakaien, Briefträger, Wachleute, Putzfrauen und andere Kinder des Volkes! Was die alles zu erzählen hatten!

In diesen Chor stimmten die Meinungsmacher der Zeitungen ein. Sowohl die *Gazeta Kołomyjska* als auch das *Jüdische Wochenblatt* und sogar die *Russkaja Rada* veröffentlichten den ganzen Herbst hindurch einmütige Reportagen über das »Monster aus Winzentiwka«. Letztere ließ ihre ganzen altertümlichen Buchstaben spielen und forderte: »Kein Gericht, sondern ein Tribunal für den verbrecherischen gotteswidrigen Perversen«.

Der Druck stieg.

Der Bezirksrichter erteilte eine Durchsuchungsgenehmigung – und ein Füllhorn war ausgeschüttet. Denn was fand sich da nicht alles in jenem vollgestopften Haus! Exotische Pülverchen, Opiumpfeifen, auch Opium selbst, Peyote, Thujon, Zimt, Kardamom, eine Shisha und anderes Gerät zweifelhafter und unzweifelhafter Bestimmung, Latex, Ambra, Einwegspritzen (ungebraucht), Zigarren aus Havanna und Santo Domingo, Schwedische Zündhölzer, Bengalisches Feuer, Räucherkerzen, Surimi-Sticks, Walbarteln, Kolophonium aus Malabar, Stapel verbotener Inkunabeln, Baudelaires *Les Fleurs du Mal* (in Originalsprache!), Briefmarkenalben frivolen Inhalts und vor allem eine ganze Sammlung von Diafilmen mit viktorianischer Pornographie.

Die Beweisstücke für den zynischen und pathologischen Missbrauch Minderjähriger hätten für ein ganzes Museum gereicht, allerdings für eines mit beschränktem Zutritt.

Zum letzten gewichtigen Mühlstein am Hals des Angeklagten wurde das Gutachten einer unabhängigen medizinisch-pädagogischen Sonderkommission, die nach einer umfassenden qualifizierten Untersuchung der »taubstummen Person«, die der Verdächtige »stur als seine gesetzliche Ehefrau Maria Pongraz bezeichnet«, das wahre Alter der Untersuchten auf 9-11 Jahre festlegte und ergo die Behauptung des Verdächtigen Pongraz, seine »gesetzliche Ehefrau Maria« sei im Jahr 1832 geboren, als nicht der Wahrheit entsprechend und als eine böswillige Irreführung gelten müsse.

Dieses Verdikt, das im Gerichtssaal während einer der letzten Sitzungen verkündet wurde, überzeugte sowohl die Richter als auch die Geschworenen endgültig. Jeder der zwölf sagte laut und deutlich: »Schuldig.«

Als mildernder Umstand konnte höchstens gelten, dass gemäß demselben Gutachten der Kommission »eine sorgfältige Betrachtung des Jungfernhäutchens der Untersuchten deren über jeden Zweifel erhabene Ganzheit und Unversehrtheit zeigte«. Dieser Aspekt ließ aber keine Hoffnung auf die zweifelsfreie Unschuld des Angeklagten. Es existierten unendlich viele andere Möglichkeiten, sich an ihr zu vergehen, darin waren sich alle Richter einig.

In seinem Schlusswort bat der Angeklagte nur um ein einziges Treffen »mit jener, an deren Seite ich in gesetzlicher Ehe mehr als 40 (!) Jahre gelebt habe«. Das Gericht erfüllte seine Bitte nicht. Es gestand zwar zu, dass Genowefa-Maria Pongraz-Witrakiwna, gesetzliche Ehefrau des Angeklagten, keine imaginierte Person war, also wirklich existiert hatte, stellte aber fest, dass sie während eines Aufenthaltes in den Vereinigten Staaten von Nordamerika im Jahr 1888 »vielleicht an Auszehrung starb«, wonach der Angeklagte »sehr wahrscheinlich« allein und in einem Zustand »erheblicher mentaler Verwirrung« an seinen ständigen Wohnsitz zurückgekehrt war.

Das Gericht weigerte sich außerdem, die Aussage des Angeklagten über einen »Fluch des Molfars« in Betracht zu ziehen, entschied aber, dass eine psychiatrische Expertise sinnvoll sei. Die modernité, die Mario Pongraz so vergötterte, zeigte ihm ihre Kehrseite – Rationalität und Skepsis. Noch 120 Jahre früher hätte jeder ordentliche Richter seine offenherzigen Bekenntnisse über die karpatischen Zauberer mit maximaler Aufmerksamkeit angehört. Aber das Mittelalter mit all seinen Molfarn und Hexen und den gerichtlichen Torturen war endgültig vorbei, es hatte sich von der ordentlichen Gerichtsbarkeit getrennt und war weit in der Vergangenheit zurückgeblieben. Das 19. Jahrhundert näherte sich seinem Ende, und die Menschheit hatte noch nie perfektere Zeiten erlebt.

17

In der Zwischenzeit hatte der frisch beauftragte ehrgeizige Anwalt beschlossen, den psychiatrischen Strohhalm zu ergreifen, und gewann im Frühjahr des Folgejahrs das Berufungsverfahren vor dem Oberlandgericht in Lemberg. Die Molfarn spielten im Gutachten der Experten allerdings keine herausgehobene Rolle, obwohl sie mehrmals erwähnt wurden. Den Schwerpunkt legten sie auf das Halluzinationssyndrom, hervorgerufen durch »den systematischen Gebrauch von Drogen und aufputschenden Substanzen« sowie auf die »natürliche Neigung des Patienten zur brutalen Verletzung üblicher gesellschaftlicher Normen«. Im Sommer sollte Mario Pongraz aus dem Ramler-Gefängnis, Kolomea, in die bekannte Klinik im Lemberger Kulparkiw verlegt werden. Der Anwalt war auf diesen Sieg außergewöhnlich stolz. Von nun an erwarteten seinen Mandanten ruhiggestellte Stabilität, Hydrotherapie und langsames Verlöschen.

Man transportierte ihn nicht ganz als Verbrecher und nicht ganz als Seelenkranken. Der Begleitete hielt sich würdig und gesetzt. Auf dem Bahnhof von Stanislau, wo ihn zwei kräftige Sanitäter oder vielleicht auch Wärter aus der Polizeikutsche in einen Sonderwaggon des Personenzugs bringen sollten, ergriff Mario Pongraz seine Chance. Er nutzte es aus, dass der Zug eine Viertelstunde Verspätung hatte, und bewirtete die beiden Wärter, *um die Zeit zu vertreiben*, mit teuren Zigarren aus seinen alten Vorräten. Während sie sie anzündeten, dankbar hüstelten und pafften, kam der Bahnhofsaufseher und erinnerte die beiden Stiesel, dass sie auf dem Bahnsteig standen und das Rauchen hier verboten war. Die Wärter wollten sich nicht fügen und fingerten nach ihren Dienstausweisen. Während sie mit wichtiger Miene danach suchten, fuhr der Zug ein. Mario Pongraz, der im letzten Moment die frühere Leichtigkeit wiederfand, machte einen großen Schritt auf die Geleise, direkt vor die Lokomotive.

So eine Gelegenheit wäre vielleicht nicht wieder gekommen. Drüben wurde er von Maria und den Engeln schon erwartet.

Achter Teil
»Sansara« oder Der Aufruhr der Engel

1

Die öffentliche Erschießung, die in der Stadt S. am 17. November 1943 stattfand und die als Erschießung der Siebenundzwanzig bekannt ist, erhebt keinerlei Anspruch auf Außergewöhnlichkeit. Aber in dieser Geschichte halten sich bis heute ungeklärte Umstände, widersprüchliche Zeugenaussagen und unterschiedliche Auslegungen. Worin alle Quellen übereinstimmen – erstens: An jenem Tag begann und endete im Städtischen Theater ein echtes Blitz-Tribunal der Okkupationsmacht über einige Dutzend Personen, die als »Feinde des Dritten Reiches und ukrainische Nationalisten« bezeichnet wurden. Zweitens: Die überwiegende Zahl der Angeklagten wurde schuldig gesprochen und zum sofortigen Tode verurteilt. Das Urteil wurde, drittens, unverzüglich nach Ende der Gerichtssitzung vollstreckt, neben dem Theaterbau, vor der Wand der größten Synagoge der Stadt, damals natürlich längst ausgebrannt und zur Hälfte geplündert. Viertens: Die Hinrichtung fand durch Erschießen statt, und die Verurteilten wurden in drei Partien herausgeführt und an bereits vor der Synagoge in den Boden gerammte Pfähle gebunden, von denen es zehn gab.[1]

---

1 Um sie einzugraben, waren die Gehwegplatten vor der Synagoge vorsorglich entfernt worden.

Weiter einige eher unwichtige Divergenzen zwischen den verschiedenen Quellen: Glaubt man den einen, dann erschoss die Schutzpolizei (kurz – Schupo), oder wie sie auch genannt wurden, die Schutzaky, die Verurteilten in der Reihenfolge zehn – zehn – sieben. Glaubt man den anderen, dann erst zehn, dann sieben, dann zehn. Beide Versionen erscheinen völlig glaubhaft. Die eine korreliert mit der für den Stil der Nazis überhaupt charakteristischen Pedanterie, die andere mit der arischen Neigung zur Symmetrie. Keine zufälligen Abweichungen im Stil von zehn – acht – neun, kein Hang zu Disproportionalität oder Unordnung.

Sowohl die Pedanterie als auch das Streben nach Symmetrie zeigen sich auch in der Organisation oder, wie soll man sagen, Technologie der Erschießung: Die Schutzaky wurden in zwei Reihen aufgestellt, auch sie zu je zehn Personen. Wobei die Vorderen sich auf ein Knie niederließen und auf die Brüste zielten, die Hinteren aufgerichtet stehen blieben und die Köpfe ins Visier nahmen. Daraus folgt eine unselig einfache Arithmetik: zwei Mörder auf ein Opfer. Unklar bleibt, wie das funktionierte, als die sieben hingerichtet wurden. Jedenfalls aber herrschte kein Mangel an Henkern. Als dritter und letzter Mörder betätigte sich ein einzelner Offizier, der von Pfahl zu Pfahl ging und die Exekution mit einem Kontrollschuss aus der Pistole in die Schläfe oder das Ohr finalisierte. Nicht alle Quellen stimmen darin überein, dass auf seine Taten eine oberflächliche Beschau durch den Arzt folgte. Aber einige bemerken, dass der Arzt Zivilist war, ein Einheimischer, der (was für ein Anlass!) ein besticktes ukrainisches Trachtenhemd, die Wyschywanka, trug.

Als sehr glaubwürdig stellt sich die Version vom ursprünglichen Vergeltungsplan dar, den angeblich der Chef des Bezirkskommissariats der Gestapo, SS-Untersturmführer Oskar Brandt, vorangetrieben haben soll. Seinem Wunsch entsprechend, die Stadt in totale Angst und absoluten Schrecken zu versetzen, sollte es keine Erschießung, sondern öffentliches Erhängen werden. Mit der Ausführung dieser Mission wollte Oskar Brandt ebenjene Schutzaky betrauen, aber deren Chef wand sich mit dem Argument heraus, dass er nicht über »für diese Sache ausgebildete Leute« verfüge. Dienstliche Ungeschicklichkeit, noch dazu öffentlich demonstriert, würde jedoch zu »schwerwiegendem Reputationsverlust« führen. Außerdem fehle es an dem Ort, der für die Exekution vorgesehen war, an operativem Raum, um ganze siebenundzwanzig Galgen bequem aufstellen zu können. Oskar Brandt musste den Argumenten des Kollegen zustimmen und nahm Abstand von seinem ursprünglichen Plan.

Mit Erschießungen fühlte sich die Okkupationsmacht bedeutend wohler. Ab einem gewissen Zeitpunkt wurden sie praktisch zur wichtigsten Form ihrer Kommunikation mit der Bevölkerung. Und das trotz der Tatsache, dass es schon lange nicht mehr um Juden ging. Deren totale Auslöschung war in der Stadt S. mindestens ein Jahr vor den hier beschriebenen Ereignissen abgeschlossen. Die Stadt S. wurde offiziell als »judenfrei« erklärt, und höchste Stellen in Berlin erhielten eilig Bericht über die »erste territoriale Einheit in Europa, wo die Judenfrage endgültig gelöst wurde«. Nun musste man den Erfolg fortsetzen und sich nach den Juden, die allein deswegen vernichtet worden waren, weil sie existierten, diejenigen vornehmen, denen es zwar erlaubt war zu existieren, aber in derartig erniedrigenden Umständen, dass ihre Existenz jeglichen Sinn verlor. Man musste sich entschlossen umorientieren, auf andere, nicht ganz so schädliche, trotzdem aber

rassisch unreine Mischlingselemente, vor allem ukrainische und polnische. Gott sei Dank waren sie auch selbst
sehr aktiv dabei, sich gegenseitig zu vernichten.

Die Erschießung der Siebenundzwanzig ist bloß eine
Episode in einem viel größeren Prozess. Bedeutend zwar,
aber doch nur ein Glied in einer auf ihre Art unendlichen
Todeskette. Das vorangehende Glied muss man nicht
lange suchen. Nur zwei Wochen zuvor, am 3. November
1943, hatte in der unweit von S. gelegenen Kreisstadt K.
schon die öffentliche Erschießung der »nationalistischen
Jugendlichen« stattgefunden. Es waren vor allem 15jäh-
rige Jungs, Handelsschüler, elf an der Zahl. Als Zwölften
trafen die Kugeln einen Vater. Die Nazis – das muss man
ihnen zugestehen – zeigten sich empfänglich für die Bitte
dieses Mannes und erlaubten ihm, neben seinem Sohn zu
sterben.

Die Namen der Jungen fanden sich angeblich in Dokumenten des ukrainischen Untergrunds: eine Liste von
Personen, die potentiell alle möglichen konspirativen Auf-
träge auszuführen bereit waren, vor allem als Verbindungs-
leute. Der Zeitzeuge Wassyl Jaschan schreibt in seinen
sehr informativen Erinnerungen »Unter dem braunen Stiefel« (*Under the Nazi Occupation. S. District during the
World War II, 1941-1944*, Toronto 1989), dass ausnahmslos alle Schüler im Wohnheim überrumpelt und ins Kreis-
gefängnis in S. gebracht wurden. Dort wurden sie anderthalb bis zwei Tage so schwer gefoltert, dass einige vor
Angst nicht einmal mehr ihre Nachnamen nennen konnten. Einer wurde zielgerichtet und methodisch immer wieder auf den Kopf geschlagen, so dass er die Sprache verlor.

Am dritten November, es war Markttag und der Marktplatz ziemlich belebt, wurden die Schüler wieder nach K.

gebracht. Laut Jaschan »transportierte man sie auf einem Lastwagen, bis aufs Blut geprügelt und gefoltert, bloß in Unterwäsche«. Die Gestapo-Leute trieben sie brutal an die Mauer und stellten sie für die Erschießung auf. Die Kinder waren so erschöpft, dass sie schon fast überirdisch ruhig wirkten. Assmann (der Gestapo-Chef in K., von dem später noch die Rede sein wird) verlas das Todesurteil. Dann ertönte das Kommando, »danach Schüsse, und zwölf Körper fielen auf die Erde«. Wenn einer noch Lebenszeichen von sich gab, machte ihm Assmann persönlich mit einem Pistolenschuss ins Herz ein Ende. Später, schreibt Jaschan, »lud man die Leichen auf den Laster und transportierte sie aus K. ab«. Bis heute ist ihr Begräbnisort unbekannt.

Die Geschichte der mitten in der Stadt und vor aller Augen erschossenen Kinder wird dadurch noch tragischer, dass sie auch hätte unterbleiben können, wenn ihr Führungsoffizier aus den nationalistischen Untergrundstrukturen (Deckname »Jam«) nicht die Liste mit ihren Namen an dem Ort aufbewahrt hätte, der ihm am sichersten erschien – in der Schublade seines Schreibtischs. Er diente im Kreiskommissariat, in derselben Abteilung wie seine aktuelle Geliebte. Zusammengeführt hatte sie nicht nur die unwiderstehliche und gegenseitige sexuelle Anziehung, sondern auch die Begeisterung für schwarzen Harlem-Jazz der dreißiger Jahre. Bei ihr fand man eine ganze Sammlung von Platten direkt aus Amerika. Weiter – das klassische, aber auch irgendwie banale Motiv von Verrat und Liebe. Die junge Polin, mit der Kamerad »Jam« Platten hörte und unvorsichtige Rendezvous abhielt, entschloss sich, die Gelegenheit zu ergreifen und, wie es die Tradition verlangte, Gott und Vaterland zu dienen. Ob sie zum polnischen Untergrund gehörte, ist bis heute nicht geklärt. Was zur Genüge geklärt ist: Sie war es, die nicht nur die »Konspiratoren« verriet, sondern den Gestapo-Leuten auch das Original jener fatalen Liste übergab.

Der Gestapo-Chef in K. Assmann (und mit ihm einer seiner Vorgesetzten in S.) konnte mit dieser Wendung der wundersamen ukrainisch-polnischen Liebesgeschichte mehr als zufrieden sein. Ihn, Assmann, nennt Wassyl Jaschan, ganz entgegen seiner sonstigen zurückhaltenden Ausdrucksweise, ein »listiges und heimtückisches Monster«.

Eben jener Assmann, Wilhelm, SS-Untersturmführer, geboren 1907, wird zwei Jahrzehnte später – 1962 – verhaftet. Aber schon kurz darauf erklärt man ihn für nicht prozessfähig. War das wirklich möglich? Solche wie er werden eigentlich nicht verrückt. Wahrscheinlicher ist, dass das heimtückische Monster noch heimtückischer geworden war. Und das listige – noch listiger. Gut nur, dass er im nächsten Leben in Afrika zur Welt kommt und so schwer an Lähmung der hinteren Gliedmaßen erkrankt, dass ihn die anderen Hyänen schließlich in Stücke reißen.

2

Über all die Erschießungen könnte man mehr als eine wissenschaftliche Arbeit in vielen Bänden schreiben. Die Erschießungen wurden zu etwas Alltäglichem, Routinemäßigem und, verzeihen Sie das Wort, Normalem. Dies begann schon während des Ersten Krieges, erreichte seinen absoluten Höhepunkt aber im Zweiten. Unser Land, das schon in den Jahren 1914-21 zu einem wahren LAND DER ERSCHIESSUNGEN geworden war, erfuhr im Laufe der Zeit nur weitere Eskalationen in dieser eigentlich simplen und in gewissem Sinne für das 20. Jahrhundert typischen Art der Vergeltung.

Als im September 1939 die Sowjets auf die Gebiete der permanenten und hoffnungslos verbissenen Auseinandersetzungen zwischen Ukrainern und Polen vordrangen, lagen hinter ihnen, in den östlichen Ländern, schon Abertausende ermordete Feinde (oder auch nicht zwangsläufig Feinde) ihres Regimes – erschossen in Gefängnissen, Lagern oder einfach in Wäldern, Roggenfeldern, Senken, Schluchten, Korridoren und Kabinetten, in Kloster-, Kirch- und Schulhöfen, an Land und auf dem Meer. Die ukrainische Poesie kennt ganze Verszyklen, die nur einem Thema gewidmet sind – dem Erschießen. Tod durch Erschießen ist eine der häufigsten Todesarten ukrainischer Dichter in den zwanziger und dreißiger Jahren. Aber in der Ukraine wurden nicht nur Dichter erschossen.

Dass die Sowjets und die Nazis ihre Erschießungen auf durchaus unterschiedliche Weise vornahmen, fanden die Bewohner von S. (wie auch aller anderen Städte unserer Gegend) im Sommer des Jahres 1941 heraus. Erstere praktizierten einen überwiegend individuellen Ansatz und schossen oft mit der Pistole ins Genick. Manchmal mit Nahschuss in die Stirn. So konnten sie sich die Kontrollschüsse sparen. Die Zweiten interessierte das Massenhafte, und sie mähten ihre Opfer in ganzen Wellen oder Gruppen nieder, meist – um die Prozedur zu verkürzen – nicht mit Karabinern, sondern Maschinenpistolen oder sogar -gewehren (tragbar oder fest montiert). Bei einer solchen Methode ließ sich eine gewisse Zahl, die angeschossen, aber noch am Leben waren, nicht vermeiden. Um Fälle unerwünschten Überlebens auszuschließen, wurde der Kontrollschuss angewandt. Auf Deutsch heißt er »Fangschuss«, und manche Wörterbücher übersetzen dies mit dem länglichen Ausdruck »Schuss, mit dem einem verletzten Tier ein Ende gemacht wird«. Der Ausdruck stammt eben aus der Jägerfolklore, und das ist keineswegs Zufall.

Auch die Sowjets waren dem Jagdvergnügen sehr zugeneigt. Aber im Sommer 1941, als sie sich überstürzt vor den Nazis zurückzogen, hatten sie keine Zeit mehr für ihren geliebten individuellen Genickschuss. Da waren auch sie gezwungen, die Insassen ihrer Gefängnisse zu Hunderten und Tausenden niederzumähen. Um *den Arbeitsanfall* zu reduzieren, ließen sie wenige Tage und Stunden vor ihrer Flucht die Kriminellen frei. Alle anderen aber (die Politischen? Unzuverlässigen? Verdächtigen? Frauen? Kinder?) richteten sie einen nach dem anderen hin und überfluteten nicht nur die Gefängnishöfe mit Leichen: Anfang Juni 1941 konnte jeder Keller der Stadt S. zum improvisierten Leichenhaus werden.

Aber haben sie in jenen Tagen und Jahren etwa nur Gefangene erschossen? Es gibt genügend Zeugnisse, dass sie mit den eben erst für ihre eigene Armee mobilisierten Rekruten genauso verfuhren. Das geschah ohne erkennbare Gründe, *für alle Fälle.* Die Neulinge wurden in Kolonnen zum Militärkommissariat geführt, ihre Namen und persönlichen Daten überprüft, manchmal wurden sie sogar kahlgeschoren, manchmal hatte man ihnen schon Uniformen ausgegeben – und dann kam von irgendwo ein anderer Befehl. Und im selben Hof desselben Kommissariats wurden sie alle bis zum letzten Mann an die Wand gestellt und *für alle Fälle* erschossen. Und das war nur eine der Erscheinungen der totalen Stalin'schen Paranoia im Juni und Juli 1941 – und nicht einmal die verbreitetste.

Mit der Zeit stellte sich heraus, dass die Sowjets und die Nazis in Sachen Erschießungen noch andere Neigungen teilten. So wählten die einen wie die anderen für ihre Exekutionen praktisch ein und dieselben topographischen Merkmale aus. Deshalb überlagerten sich die Hinrichtungsorte, und die schichtenweise aufeinandergeworfenen Opfer der einen wie der anderen drängten sich so eng aneinander, dass aus ihnen gemeinsam Gras wächst. Um wessen Opfer es sich bei den sterblichen Überresten jeweils konkret handelt, kann man höchstens noch an einigen spezifischen Details erkennen, zum Beispiel an der Form der Löcher in den Knochen des Brustkorbs. Rombenförmige Dolchspitzen können nur von den Sowjets stammen. Die Nazis hatten keine Dolche, sondern Bajonette.

Aber die einen wie die anderen erschossen gerne unter dem gleichmäßigen, dichten Gebrumm von Automotoren. Die Bewohner der umliegenden Stadtteile wussten genau, was die nächtelange Monotonie laufender Motoren in den nahen Wäldern bedeutete.

Doch nicht nur in den Wäldern: auch auf Brachen, Friedhöfen, in Gefängnishöfen und allen möglichen anderen Ecken und Winkeln.

3

Im Juli 1941 nahmen ungarische Militäreinheiten die Stadt S. kampflos ein, und vorübergehend sank die Erschießungsrate. Das heißt nicht, dass die ungarische Herrschaft etwa besonders human gewesen wäre. Der Grund lag eher in anderen Prioritäten: die Ungarn begeisterten sich vor allem fürs Requirieren (vulgo: Konfiszieren), was

Rauben und Plündern in großem Ausmaß bedeutete. Die Ungarn rechneten sich aus, dass sie in jenen Gebieten nur für kurze Zeit herrschen würden, und beeilten sich, alle möglichen materiellen Güter über die Karpaten zu bringen. So schleppten sie wie im Rausch alles, was ihnen in die Finger kam, in Richtung der Bergpässe und ihres kleinen Heimatlandes: nicht nur Haushaltsgegenstände, Geflügel, Vieh und komplettes Inventar, nicht nur Holz, Erdöl, Graphit, Schwefel und Salz, sondern auch demontierte Industrieanlagen, ganze Teile von Fabriken und Produktionsstätten – Hallen, Werkstätten, Lagerräume, Maschinen, Aggregate, Masten, Details, Röhren, Auspuffrohre, Räder, Gestelle, Ketten, Schienen und einfach nur Schrott. Was verschleppten sie nicht alles auf ihren Wagen, in Waggons und LKWs!

Bei dieser ungeheuren Räuberarbeit blieben ihnen weder Zeit noch Kraft für einen machtvollen Ethnozid oder auch nur für eine aktivere Einmischung in den Gang der politischen Auseinandersetzungen. Als alte und treue *bratanki*[2] begrüßten die Polen die Ungarn wie Befreier und demonstrierten auf alle mögliche Weise ihre Loyalität. Die Ukrainer schafften es, ihre eigenen Verwaltungsorgane zu legalisieren, und zogen vor den Behörden ihre Nationalflagge hoch, Seite an Seite mit der ungarischen Trikolore. Die Ungarn wussten nicht recht, was sie tun sollten. Jedenfalls hatten sie es nicht eilig, die ukrainische Selbstverwaltung zu reformieren.

Diese bei weitem nicht schlimmste Zeit dauerte etwas länger als einen Monat. Zuerst bemerkte niemand, wie in der Stadt S. die Gestapo auftauchte. Als jedoch eines Tages die ungarischen Krieger das Lager der Lederfabrik

2 hier: nahe Verwandte (poln.)

von Margoszes stürmten, um die nächste Requirierung (Konfiskation?) der nächsten zig Tonnen Lederwaren vorzunehmen, fand sich unverzüglich und mit seiner ganzen bewaffneten Entourage SS-Hauptsturmführer Hans Krüger persönlich ein (Krüger der Schreckliche, »ein großer, 35jähriger Blonder mit grausamem Blick«[3]). Er verlangte die Einstellung der Plünderungen und versprach für den Fall, dass dem nicht Folge geleistet würde, unverzügliches »friendly fire«. Als merklich kleinere Brüder des Großen Reichs mussten die Ungarn sich fügen und die Fabrik ohne einen Meter Tierhaut verlassen. Dabei hatten sie noch Glück, dass es ihnen nicht selbst ans Leder ging.

Am 14. August übergab Ungarn die Stadt S., und mit ihr das ganze Verwaltungsgebiet, offiziell der deutschen Administration. Das bedeutete die Eingliederung der genannten Gebiete in den Distrikt Galizien innerhalb des Generalgouvernements. Aber schon wenige Tage zuvor, nämlich zwischen dem 2. und 8. August, offiziell also noch unter ungarischer Herrschaft, hatten eben jener Krüger und seine Leute eine Aktion zur Vernichtung einiger Hundert städtischer Juden durchgeführt, vor allem Angehörige der Elite. Zum unsäglichen Höhepunkt dieser Aktion wurde Montag der 4. August, der »Blaumontag«, der die entsetzlichsten Seiten der Stadtgeschichte füllt (vielleicht war es die Arbeitsbezeichnung der Operation).

Dies war jedoch nur der Anfang, und auf den Montag folgte der Sonntag: Der Blaumontag war bloß der Prolog zum Blutsonntag – der größten ganztägigen Massenerschießung in der Geschichte der Stadt S., organisiert am Stadtrand, neben dem jüdischen Friedhof und teilweise auf dessen Gelände, am 12. Oktober 1941, an Hoschana

---

3 Zitat aus: Emi Weitz: From your ruins, Stanisławów 1966

Rabba, dem Großen Hosianna, am siebten Tag des heiligen Sukkot-Festes. Dass gerade dieses Datum gewählt wurde, ist natürlich überhaupt kein Zufall, sondern typisch für die Nazis und die ihnen eigene brutale Symbolik bei derartigen Aktionen. An jenem Tag wurden zwischen zehn- und zwölftausend Juden erschossen. Die gesamte Führung der Gestapo und der Kripo der Stadt S. nahm persönlich an der Erschießung teil. Krüger der Schreckliche, seine Stellvertreter Brandt und Schott, die Brüder Mauer und andere Granden beehrten das Ereignis nicht nur mit ihrer persönlichen Anwesenheit, sondern legten mehr als einmal auch selbst Hand ans Maschinengewehr. Eine Quelle besagt, dass man »die Kinder lebendig in die Grube warf, um die Munition zu schonen *(die wollten also auch schonen! – J. A.)*. Unter den Juden, die an der Schwelle zu einer der drei Gruben warteten, bis sie an der Reihe waren, brach echte Panik aus. Entsetzt über das, was sie sahen, verloren einige von ihnen das Bewusstsein. Andere schreckten zurück, aber von hinten drückten die Schützen.« An dieser Stelle verstummt der Autor der zitierten Beschreibung: Die große menschliche Masse hört auf, beschreibbar zu sein.

Erst das Hereinbrechen der Dunkelheit gegen 19 Uhr führte zur Einstellung der Exekution. Jenen zwei- oder dreihundert Juden, die nicht bis zu den Gruben gelangt und in jenem Moment noch am Leben waren, flößte Krüger mit der Versicherung Hoffnung ein, dass »der große Führer ihnen das Leben schenkt«, er zwang sie, dreimal »Heil Hitler« zu schreien, und entließ sie entkleidet und barfuß ins Getto mit den Worten: »Schlaft ruhig, keiner wird euch mehr behelligen.«

Angesichts der Tatsache, dass sie später nicht nur *behelligt* wurden, sondern man fortfuhr, sie methodisch und planmäßig zu vernichten, so dass ihre Zahl in der Stadt während des folgenden Jahres faktisch auf null sank, hatte sich Hans Krüger wohl nicht an sie, sondern an die gerade Ermordeten gewandt.

4

Die Geschichte des Holocaust allein in der Stadt S. – das wäre eine weitere Arbeit in vielen Bänden. Würde man jedes der zigtausend ermordeten Leben auch nur anhand der finalen Episode aus Qual und Tortur aufzeichnen, man erhielte ein wahres Buch des Geheuls. Und wenn man noch die Geschichte jedes einzelnen Henkers aufzeichnete, wie in Zeitlupe die Momente ihrer Euphorien und Ekstasen verdeutlichte? Was wäre das – ein Lehrbuch der Pathopsychologie oder ein bedrückender Thriller? Wieso musste der Mörder Krüger sich an die Menschen wenden, die er kurz darauf und an Ort und Stelle eigenhändig ermorden würde, und so oft versichern, dass er in Wirklichkeit »ein großer Freund der Juden« sei und sie ihm noch nachtrauern würden, »wenn er diesen Ort verlässt«? Welche besondere Absicht steckt hinter dieser Heuchelei, und handelt es sich überhaupt um Heuchelei?

Und wenn man den *Untersuchungsgegenstand* auf absolut klare thematische Konturen begrenzt? Zwölftausend erschossene Menschen an einem Tag in einer Stadt – das ist entsetzlich viel, durch keine Beschreibung, aber auch durch keine Analyse zu fassen, jedes Hirn wird Widerstand leisten und sich zu wehren verstehen.

Ein Forscher hat gezählt, dass unter den am Blaumontag vernichteten 2865 Menschen neben Ärzten (142), Ingenieuren (68), Lehrern (425), Juristen (135), Mitgliedern der judäischen Gemeinde und Kultusdienern (180), Apothekern, Tierärzten, Beamten und allen anderen auch Künstler und Schriftsteller (16) sowie Musiker und Schauspieler (27) ermordet und zu Tode gequält wurden.

Von den einen nur sechzehn, von den anderen siebenundzwanzig[4]. Sonst kaum etwas. Außer ein paar Namen (Nathan, Sida, Elias-Leon Tabak, Minka Silberman, die Kindergedichte schrieb, die Dichter Werbner und Hofmann, der Schriftsteller und Künstler Berlowez, der Historiker Reuben Fan, der Dichter Ber Gorowitz und noch einige mehr) ist praktisch nichts bekannt. Kein einziger Vers im Album, kein Gemälde, keine Zeichnung im Heft, keine Skizze auf Einwickelpapier, kein Gekritzel auf einer Streichholzschachtel, keine vergilbte Partitur, keine beiläufige Erwähnung in der Zeitung, kein Foto von einer Probe, kein Fleck auf den Kleidern. Um sie aufzuspüren, müsste man hoffnungslos lange die Papierhalden umgraben, die in den Tiefen der Archive lagern. Gar nicht zu denken an Ausstellungen ihrer Malerei oder einfach an Fotos mit ihren Gesichtern oder die Publikation ihrer Briefe an nahe und entfernte Angehörige und Freunde.

Genauso wenig kenne ich auch nur einen Namen jener unglücklichen elf ukrainischen Jugendlichen, die in K. öffentlich erschossen wurden. Und keinen der fünfzig polnischen Gymnasiasten, die man im Wald bei Pawliwka am 11. November 1942 ganz und gar nicht öffentlich erschoss.

In der Lawine der Kollektiv- und Massenerschießungen, an die sich die Stadt zu gewöhnen begann und schließlich gewöhnt hatte, dürfen auch die unzähligen beiläufi-

4 Wieder dieselbe Zahl

gen, zufälligen, außerplanmäßigen, individuellen, fehlerhaften nicht außer Acht gelassen werden, Erschießungen aus Rache, um jemanden zu beseitigen oder zu berauben. Die Typologie dieser Erschießungen, ihre Arten und Abarten, ihre Klassifizierung, Genealogie, Semantik und Semiotik – da haben Sie ein weiteres dickes, aber ungeschriebenes Buch. Die Stadt S. lebte inmitten der Erschießung, sie fand Tag für Tag und Nacht für Nacht statt, sie konnte jeden vernichten, sie als Einzige war Herrin der Lage, Herrscherin der Stadt.

5

Im Herbst 1943, als an der Wand der Synagoge die ERSCHIESSUNG DER SIEBENUNDZWANZIG stattfand, hatte der allgemeine Modus des Zusammenlebens in der Stadt S. die Grenze einer nie dagewesenen Anspannung erreicht, absolutes Misstrauen und totale Hysterie, und ein Menschenleben war nicht einmal das Papier wert, das seinen Tod bezeugte. *Die neue deutsche Ordnung* hatte sich in konstant unkontrollierte Gewalt aller gegen alle verkehrt. Statt irgendwelcher Okkupationsgesetze galt nur eines – nach den treffenden Worten des erwähnten Chronisten jener Zeiten »das Gesetz der gegenseitigen Vernichtung«[5]. Anders gesagt, in der Stadt herrschte aggressiv todbringendes Chaos.

An die zehn Parteien nahmen permanent an diesem hyper verworrenen Gemetzel teil – und zwar:

1. Die deutschen Besatzer – Einheiten der Wehrmacht

5 Wassyl Jaschan. Pid brunatnym tschobotom *(Unter dem braunen Stiefel)*. Toronto 1989

plus (und vor allem) verschiedene Polizeieinheiten, von denen jede mit den anderen und auch noch mit der Wehrmacht, milde gesagt, konkurrierte: Gestapo, Schupo, Kripo; bei letzteren beiden dominierten die »Polen«, überwiegend polnischsprachige Volksdeutsche, unter denen die ukrainische Bevölkerung am meisten zu leiden hatte. Die Schupo (Schutzaky genannt) wurde ausschließlich aus den lokalen »Polen« rekrutiert.

2. Eine ungarische Einheit, die zur Erfüllung allfälliger logistischer Funktionen auch nach der Übergabe der Stadt ans Generalgouvernement in S. belassen wurde; der Grad des Verbündetseins der Ungarn mit den Deutschen sank kontinuierlich, entsprechend stieg das Misstrauen, und gegenseitige Vorwürfe und Konflikte nahmen zu.

3. Die ukrainische Hilfspolizei, die allein schon aus erstaunlich buntscheckigen und miteinander unvereinbaren Elementen bestand: Wendehälse, Kollaborateure, Korruptionäre und Diebe, aber auch konspirative überzeugte Nationalisten, die nur den richtigen Moment abwarteten, um mit ihren von den Deutschen erhaltenen Waffen auf ebenjene zu zielen; nicht von ungefähr führte die Gestapo schon 1941 erste Erschießungen von ukrainischen Polizisten durch, die sie bei subversiver Tätigkeit erwischt hatte; im weiteren Verlauf stieg die Zahl solcher Exekutionen immer weiter an.

4. Der ukrainische nationalistische Untergrund, geteilt in mindestens zwei extrem verfeindete Lager, von denen das eine offen gegen die deutschen Besatzer kämpfte und die lokale Bevölkerung ständig zu diesem Kampf aufrief (einer anderen Lesart zufolge – aufhetzte), das andere abzuwarten versuchte und gegenüber den Besatzern eine demonstrative, aber auch verdächtige Loyalität wahr-

te. Die Vertreter der ersten Gruppe nutzten ihre zahlenmäßige und ideologische Überlegenheit, sie verhängten Todesurteile und vollstreckten sie an Vertretern der zweiten; natürlich auch an Polizisten; die lokalen Kriege zwischen den ukrainischen Polizisten und den nationalistischen Partisanen begannen ebenfalls schon im Herbst 1941 und näherten sich in den nächsten zwei Jahren ihrem Höhepunkt, teilweise glichen sie einer wahren Vendetta (»unsere innere Front«, wie Wassyl Jaschan schreibt).

5. Der polnische nationalistische Untergrund, unversöhnlich vor allem gegen die Ukrainer; der Gerechtigkeit halber stellen wir dieselbe Unversöhnlichkeit auch bei der Gegenseite fest.

6. Die roten (sowjetischen) Partisanen, von denen im Sommer 1943 eine große Kampfeinheit auf das Gebiet von S. vordrang.

7. Die Division der Waffen-SS »Galizien« – eine reguläre Einheit auf Seiten des Dritten Reichs, im Sommer jenes Jahres trotz massiver und hitziger Konteragitation des nationalistischen Untergrunds gebildet.

8. Hilfstruppen, die vor allem nach ethnischen Prinzipien zusammengestellt wurden (sogenannte Exoten) – jede mit ihrer spezifischen Mischung aus Zielen und Interessen, jedoch alle gleichermaßen erbarmungslos mit der lokalen Bevölkerung und für die Besatzer unersetzlich bei Strafaktionen: Aserbaidschaner, Tscherkessen, Kalmücken, Kasachen, Kirgisen.

9. Reste der Weißen Russen bei den sogenannten Donkosaken. Traditionell übertrafen sie beim Ausplündern der Zivilbevölkerung alle anderen.

Jeder kämpfte gegen jeden, alle ermordeten die anderen. Am meisten aber litt die unbewaffnete Zivilbevölkerung. Raub, Prügel und Vergewaltigungen waren noch die mildesten Formen des Umgangs mit denen, die das Unglück hatten, zur falschen Zeit am falschen Ort zu sein. Es ergaben sich ganze Kategorien der riskantesten gesellschaftlichen Positionen und Funktionen. Unter den am häufigsten fast zu Tode Gefolterten und dann Hingerichteten sind Priester, Dorfvorsteher, kleine Beamte, Förster und Ärzte. Die an vorletzter Stelle Genannten mussten aufgrund ihrer Dienstpflichten mit allen Seiten in Kontakt treten und gerieten daher auch mit allen in Konflikt. Die Ärzte wurden manchmal einfach von zu Hause weggeholt, um Verletzten notwendige Hilfe zu leisten. Nachdem sie dann jemandem das Leben gerettet hatten, verloren sie ihr eigenes, wie der bekannte Mohr, der seine Schuldigkeit getan hat, und kamen nie mehr heim.

Auf die entsetzlichen Realitäten reagierte die Sprache sogleich mit neuen Euphemismen. So erhielt zum Beispiel das Verb »abholen« eine absolut fatale Bedeutung. Wenn in einem gewissen Kreis halblaut davon gesprochen wurde, dass »nachts diese oder jene gekommen seien und diesen oder jene abgeholt« hätten, dann bedeutete dies fast hundertprozentig eine Hinrichtung. Zusätzlich verunklart wurde die Situation dadurch, dass fast niemals bekannt war, um wen es sich bei »diesen oder jenen«, die gekommen waren und jemanden abgeholt hatten, eigentlich handelte; bei ihrer blutigen Arbeit maskierten sich praktisch alle Seiten und gaben sich für ihre Feinde aus.

Und während man Aserbaidschaner und Kirgisen noch irgendwie von den Ungarn unterscheiden konnte, war das bei den polnischsprachigen Schutzaky und den Angehörigen der Armia Krajowa nicht möglich. Erst recht nicht, wenn die ukrainischen Aufständischen die Uniformen der ukrainischen Polizisten trugen, die sie zuvor erschossen hatten.

Sich gegenseitig zu bekämpfen und zu verraten gehörte ebenso zur Alltagsnormalität wie die Exekutionen. Das Gesetz der gegenseitigen Vernichtung bestimmte jene Jahre, es war die Zeit der verbissensten Kämpfe auf Leben und Tod, die Zeit der endlosen Massen vor den Erschießungsgruben, des gegenseitigen Stoßens und Tretens, die Zeit des Kompromats, der unzähligen Denunziationen und Verrätereien.

Die Zeit der angeworbenen, abgeworbenen und übergelaufenen geheimen Kollaborateure.

Die Zeit der Doppel-, Dreifach-(und mehr)-Agenten.

Am Ende wurde auch »Sansara«, von dem diese Geschichte handelt, zu einem solchen. Aber er tritt nicht jetzt auf, sondern erst später.

6

Die deutschen Besatzer als Partei, die am mächtigsten war und offiziell regierte – sie waren ganz offensichtlich mit ihrer *neuen Ordnung* gescheitert. Das lag vor allem an den inneren Widersprüchen, die nicht nur die Führung, sondern auch die unteren Ebenen des Dritten Reichs entzweiten. So verhielten sich die Nazis in der Situation permanenter Auseinandersetzungen aller gegen alle extrem ambivalent. Das heißt hilflos. Was die Repressionen nur noch verschlimmerte.

Einerseits, so könnte man annehmen, musste den Nazis als Machthabern objektiv an Stabilität und Ruhe gelegen sein, umso mehr in einer Region mit so einmütiger und beharrlicher antisowjetischer Einstellung, die jene

Berge verwesender Leichen, die die Sowjets, quasi als Souvenir, vor ihrem Rückzug aufhäuften, nur verstärkt hatten.

Andererseits erwiesen gerade sie, die Deutschen, sich als die größten Provokateure und Anheizer all der lokalen Kriege, vor allem der ukrainisch-polnischen. Sie waren es, die die ukrainische Polizei und später die Angehörigen der Division »Galizien« ausschickten, ganze Gemeinden mit mehrheitlich polnischer Bevölkerung auszulöschen. Dort, wo vor allem Ukrainer lebten, wüteten auf ihren Befehl die polnischen Schutzaky und liquidierten ganze Familien und Siedlungen angeblicher »Bandera-Banden«.

Allerdings verzockte sich die Nazi-Macht in ihrem spezifischen »teile und herrsche« und merkte gar nicht, wie sie zum Instrument wurde, das praktisch jede Seite zur Vernichtung der anderen nutzte. Alle töteten alle, aber nicht immer in direkten Zusammenstößen. Manchmal genügte es, den Feind den Deutschen auszuliefern, die dann ihre Henkers- und Erschießungsarbeit glänzend ausführten. Wobei Verrat gar nicht als Verrat galt, sondern als patriotischer Akt. Das Beispiel der polnischen Geliebten von Kamerad »Jam«, die der Gestapo die Liste der unglücklichen jugendlichen Verschwörer übergab, ist nur eine kleine Episode in der endlos langen Kettenreaktion gegenseitiger Hinterhalte und des Kampfs mit fremden Händen. Weshalb wiederum alle in gewissem Sinne Kollaborateure und Verräter waren.

Der ukrainische Untergrund seinerseits schaffte es einfach nicht, sich über seine Haltung zu den Besatzern klar zu werden, und war diesbezüglich zur Zeit der hier beschriebenen Ereignisse restlos verwirrt. Es scheint, als habe sich niemand mehr Illusionen über die Befreiungsabsichten des Dritten Reichs gemacht. Einige aber hofften, dass die systematischen Niederlagen an der Ostfront Deutschland nicht nur zum Umdenken zwingen würden, sondern auch dazu, den ukrainischen Staat anzuerkennen und endlich zum Verbündeten gegen den Feind Nr. 1 zu machen – die Sowjets. Worauf diese Erwartung basierte – auf der Niedertracht oder der Naivität einzelner besonders deutschfreundlicher Funktionäre der ORGANISATION –, ist heute schwer zu sagen. Die Bildung der Division »Galizien« im Juli 1943, die sich die Kollaborateure aus der ukrainischen Führung so sehr gewünscht hatten, bedeutete jedenfalls nichts anderes, als frisches Kanonenfutter für die Schlachten zu liefern. Ansonsten ließen die Deutschen demonstrativ keinen Zweifel daran, dass die Ukrainer für sie keine Verbündeten waren und es auch nie werden würden. Ihr seid keine Ungarn, Rumänen und noch weniger Italiener, nicht einmal Kroaten, ihr seid niemand – das schienen die Nazis zu betonen. Und darin waren sie nur konsequent. Schon ganz zu Beginn der Besetzung der Ukraine wurden an alle unteren Ränge der Sicherheitspolizei (Sipo) und des SD aus Berlin Befehle geschickt, in denen es unzweideutig hieß, dass »die Bandera-Bewegung einen Aufstand vorbereitet« und dass alle ihre Aktivisten »unverzüglich verhaftet und nach gründlichem Verhör heimlich getötet« werden sollten.

Im Verlauf der zwei Jahre, die zwischen der Herausgabe dieses Befehls und den hier beschriebenen Ereignissen liegen, wurde er in seiner ganzen Geheimheit tausend Male offenbar. So schrie er zum Beispiel von allen Wänden und Pfählen der Stadt S. in roten Anschlägen. »Die Leute nannten sie rot«, bezeugt Jaschan, »weil sie immer auf rotem Papier von blutiger Farbe gedruckt waren.« Es handelte sich um Listen ukrainischer Gefangener, die da und dort beliebig aufgegriffen worden waren, meistens bei Razzien. Die Listen bestanden aus etwa zwanzig Namen. Die ersten zehn gehörten den soeben Erschossenen. Die anderen jedoch würden unverzüglich erschossen, sollte der Untergrund in den nächsten drei Monaten wieder irgendeinen Sabotageakt verüben. Der Untergrund aber ließ sich dadurch nicht bremsen, sondern wurde eher angefeuert – und ab dem Spätherbst 1943 tauchten die roten Anschläge immer zahlreicher auf; die Stadt wurde ganz rot, so dass schon der schwermütige Witz zirkulierte, in den Druckereien werde bald die letzte Rolle roten Papiers verbraucht sein.

Unbekannt bleibt jedoch, wie viele weitere Ukrainer – bewusste, unbewusste, zivile, uniformierte, Polizisten, Kämpfer im Untergrund, Förster, Dorfvorsteher, parteilose Ärzte, Ingenieure, Lehrer, Helden, Feiglinge – die Besatzer noch demonstrativ hätten verhaften, als Geiseln nehmen, henken und hinrichten, wie viele rote Anschläge sie hätten drucken und aufhängen müssen, damit endlich allen klar würde: Das Dritte Reich war kein Beschützer, kein Protektor, kein Partner, kein Vormund, nicht der ältere große Bruder, sondern das genaue Gegenteil von alldem. (Kamerad »Sansara«, von dem diese Geschichte handelt, hatte es im Unterschied zu vielen Führern der ORGANISATION längst verstanden, schon am Anfang der *schlimmen Zeiten* – die ersten Nachrichten über Judenpogrome und die Erschießung der Lemberger Professoren waren kaum eingetroffen. Aber »Sansaras« Ansichten hatten keinen Einfluss auf die Entscheidungen der ORGANISATION.)

Im Herbst 1943 gingen die deutschen Besatzer endgültig, umfassend und offen dazu über, jegliches Zeichen ukrainischer Unabhängigkeit zu unterdrücken. Als am 28. November im Bergdorf W. wieder Dutzende »ukrainischer Banditen« erschossen wurden, warfen die Gestapo-Leute ihre Körper auf eine Schicht *anderer* Körper – wie Jaschan schreibt, »wahrscheinlich wohl jüdische«. Die Zeit der Gemeinschaftsgruben brach an, wo sich alle vermischten.

Und das ist ganz und gar keine Metapher.

7

Die Erschießung im Bergdorf W. war die Fortsetzung einer ganzen Reihe von deutschen Strafaktionen, unter anderem auch der ERSCHIESSUNG DER SIEBENUND- ZWANZIG. Letztere war die Folge einer Spezialoperation der Polizei im Städtischen Theater. Die Tragödie begann als Operette.

Um den Verlauf der Ereignisse an jenem Sonntagnachmittag, dem 14. November, so umfassend wie möglich zu rekonstruieren, wollen wir gleich mehrere Quellen heranziehen.

Eine von ihnen (viereinhalb getippte, eng beschriebene Seiten mit einigen handschriftlichen Korrekturen) trägt den Titel »Protokoll der Razzia im ukrainischen Iwan-Franko-Theater« und ist ein geheimes internes Dokument der ORGANISATION. Es ist weder unterschrieben noch datiert, muss aber wohl während der letzten beiden Novemberwochen verfasst worden sein. Inhaltlich geht das »Protokoll« weit über die im Titel genannte Razzia hinaus. Es enthält einen kurzen Bericht des Gerichtsverfahrens und eine Beschreibung der Erschießung am 17. November mit einer (sehr unpräzisen) Liste der Gefangenen und Hingerichteten sowie einzelne Episoden aus dem Gefängnis, zu denen wir noch kommen werden. Es beginnt jedoch mit der Razzia: »Am 14. November 1943 fand im Städtischen Theater die Premiere der *Scharika* statt. Das Publikum bestand ausschließlich aus Ukrainern und füllte den Zuschauerraum bis zum letzten Platz. Zu Beginn des dritten Aktes ertönte vom Eingang her Geschrei von Frauen und Kindern. Es war gegen 18 Uhr.«

Hier ergibt sich eine wenn auch geringfügige Abweichung von einem anderen Dokument. Dort lesen wir: »Gegen 5:30 Uhr drangen Gestapo, Schutzpolizei und Dolmetscher sowie Agenten in den Saal und besetzten alle Ein- und Ausgänge.« Dieses zweite Dokument, ebenfalls mit der Maschine geschrieben, ebenfalls ein geheimer Bericht der ORGANISATION, ist bedeutend kürzer als das »Protokoll« (Umfang: nur 1,5 Seiten). Sein Titel: »Reportage über den Verlauf der Razzia während der *Scharika*-Premiere vom 14. XI. 1943«. Im Unterschied zum »Protokoll« trägt es nicht nur das Datum, sondern auch den Zeitpunkt seiner Erstellung – 23. November, 00.35 h, und, noch wichtiger, eine Unterschrift: »Erstellt gemäß den Sonderberichterstattern (Teilnehmern) von ROBERT«. Es gibt einigen Grund anzunehmen, dass dieser »Robert« einer der örtlichen Führer und Schlüsselfiguren der ORGANISATION war (1946 wird er, siebenundzwanzigjährig, im Kampf gegen eine sowjetische Vernichtungseinheit mit seiner Frau und dem nur wenige Monate alten Sohn und noch ein oder zwei engen Kameraden in seinem Waldversteck umkommen). Wie aus der Unterschrift hervorgeht, war »Robert« an jenem Tag nicht selbst im Theater, seine »Reportage« ist die Nacherzählung von Berichten anderer, seiner »Sonderberichterstatter«.

Eine weitere Quelle sind die Erinnerungen von Wassyl Jaschan »Unter dem braunen Stiefel«. Es bleibt unklar, ob Jaschan im entscheidenden Moment selber im Theater war oder ob wir es auch hier mit einer Nacherzählung zu tun haben. Die offizielle Stellung Jaschans (stellvertretender Leiter des zivilen Büros des Kreishauptmanns Heinz Albrecht) erforderte wohl seine Anwesenheit, noch dazu auf einem Ehrenplatz in den ersten Reihen. Aber sein Bericht belegt das nicht eindeutig. Die Beschreibung der Ereignisse im Theater beginnt auf Seite 101: »An jenem Tag wurde im Theater die Premiere des heiteren Stücks *Scharika* gegeben. Während des dritten Aktes fiel die Polizei mit Lärm, Geschrei und Gebell ein, wie die Gestapo das immer tat. Die verängstigten Schauspieler wurden von der Bühne entfernt. Das Theatergebäude wurde von außen abgeriegelt, so dass niemand entkommen konnte. Die Frauen und Kinder wurden separiert und nach einer Weile nach Hause entlassen. Den Männern, die im ganzen Gebäude auf den Rängen und im Parkett verstreut waren, befahl man, sich ins Parterre zu begeben, und zwar auf die nördliche Seite.«

Am Rande registrieren wir die seltsame Milde der SS in Bezug auf Frauen und Kinder – als hätten sie die einen wie die anderen nicht schon zu Tausenden ermordet! Dass man aber die Frauen und Kinder tatsächlich ziemlich schnell hat gehen lassen, davon sprechen ausnahmslos alle Quellen.

Und schließlich ein weiteres, ein ganz besonderes Zeugnis. Besonders ist es aus zwei Gründen. Erstens weil es die Eindrücke eines Kindes, vielmehr eines 14jährigen Jugendlichen spiegelt. Zweitens, weil es uns die Perspektive des anderen eröffnet. Tadeusz Olszański, der künftige Autor der Erinnerungen, repräsentiert die polnische

Seite. »An einem Novemberabend«, erinnert er sich, »im Theater, das nur für Ukrainer und Deutsche bestimmt war, sollte die Premiere eines ukrainischen Kinderstücks stattfinden *(hier gibt es gleich zwei Ungenauigkeiten, die zweite ist unwichtig, aber zur ersten kehren wir noch zurück. – J. A.).* Mit gewissem Neid betrachtete ich die festlich gekleideten ukrainischen Familien – wie sie über die Straße des Dritten Mai zum Theater zogen. Uns Polen war der Zutritt verboten. Auch das Kino war damals nicht für uns.«[6]

Tatsächlich existierte keinerlei besonderes Verbot, das die Ukrainer hierarchisch über die Polen gestellt hätte. Was es gab, das waren Einrichtungen »nur für Deutsche, nur für Arier«, zu denen weder Polen noch Ukrainer Zugang hatten. Die SS-Einheit, die an jenem Nachmittag die Vorstellung unterbrach, war während einer Filmvorführung in einem arischen Kino namens »Viktoria« (am Mickiewicz-Platz) in Marsch gesetzt worden, ein oder zwei Minuten vom Theater entfernt.

Dass es bei der Premiere der *Scharika* angeblich keine Polen im Theater gab, hatte nichts mit einem Verbot, das Theater zu besuchen, zu tun, sondern mit ihrer demonstrativen Weigerung, eine *rusińską operetkę*[7] anzuschauen. So weit käme es noch! Karten für so ein primitives Zeug kaufen? Die Kultur des Feindes unterstützen? Als hätten diese Halsabschneider-Ruthenen jemals etwas mit Kunst am Hut gehabt!

---

6 Hier und im Folgenden mit kleinen sprachlichen und stilistischen Veränderungen zitiert nach: Tadeusz Olszański: Es war einmal in Stanislawiw … (Übersetzung ins Ukrainische aus dem Polnischen von Natalja Tkatschyk, 2016)
7 ruthenische Operette (poln.)

Tadeusz Olszański erwähnt solche durchaus plausiblen Motive nicht. Allerdings geht aus seinen Erinnerungen hervor, dass mindestens eine Polin doch in der Aufführung war – die Krankenschwester Bronia. Sie war es, die direkt aus dem Theater zu den Olszańskis gelaufen kam, »aufgeregt«, wie er schreibt. »Sie war Polin«, bekennt der Autor, »hatte aber einen Ukrainer geheiratet, wovor mein Vater sie gewarnt hatte, denn ihr Verlobter war ein eingefleischter ukrainischer Nationalist.« Mit ihren Worten erzählt Tadeusz Olszański, was passiert war: »Nach dem zweiten Akt drang die Gestapo in den Saal. Man versperrte alle Ausgänge im Parterre und auf den Rängen. Auf der Bühne erschien, umgeben von Gestapo-Leuten mit angelegten Maschinenpistolen, der stellvertretende Gestapo-Chef Brandt *(in Wirklichkeit in dem Moment nicht mehr Stellvertreter, sondern Nachfolger des schrecklichen Krüger, also der Chef der Gestapo. – J. A.)* und drohte, jeder, der sich bewegt, bekäme eine Kugel in den Schädel. Zuerst durchsuchte man die Mütter mit Kindern und entließ sie dann aus dem Theater. Dann wurden die Übrigen auf der Bühne durchsucht. Im Saal fand man unter den Sitzen viele Waffen und Granaten. Zwei Männer wurden zusammengeschlagen. Mehr als hundert verhaftet und in Ketten abgeführt. Vielleicht hatten die Ukrainer einen Aufstand geplant, denn warum sollte man damals bewaffnet ins Theater gehen?«

Eine sehr berechtigte Frage, über die wir noch nachdenken werden. Olszański gibt eine mögliche Antwort: »Nach der Aufführung wollten sie über die Polen herfallen und ein Pogrom veranstalten.« Aber gleich räumt er ein: »An der Verbreitung einer solchen Information hatten natürlich vor allem die Deutschen Interesse.«

Zurück zum »Protokoll« und zu dem Moment, in dem

die Gestapo Frauen und Kinder aus dem Theater entlässt und alle anwesenden Männer ins nördliche (rechte) Parterre befiehlt. Auch die Schauspieler, geschminkt und in Kostümen, treibt man dorthin. Mit dabei ist auch Maestro Barnytsch, der Schöpfer der *Scharika* sowie eines Zyklus populärer karpatischer Tangos, unter denen »Huzulka Ksenja« der einzige (dafür aber echte) Evergreen werden wird. Selbst dem schlimmsten Feind wünschst du keine solche Premiere, überlegt der Dirigent des Theaterorchesters Maestro Stadler, der diesmal entlassen, aber bald wegen eines Koffers antideutscher Literatur in polnischer Sprache verhaftet werden wird. Dennoch behandelt man ihn besser als andere, und während der Verhöre erlaubt man ihm zu rauchen.

Inzwischen werden die »freigewordenen Plätze« auf den Rängen und in der anderen Hälfte des Parterres untersucht. »Von einem Platz«, berichtet das »Protokoll«, »hörte man das Triumphgeschrei eines Gestapo-Mannes, der etwas zwischen den Sitzen hervorholte und Brandt übergab. Der lächelte ebenso triumphierend und zeigte dem Publikum die gefundene Granate und zwei Pistolen.«

Auch in der Nacherzählung »Roberts« werden eine Granate und zwei Pistolen erwähnt, aber zusätzlich noch »gewisse Literatur«. In beiden Quellen wendet sich Brandt ironisch an den anwesenden Leiter des ukrainischen Komitees (den Bruder des Décadence-Dichters Lepkyj) mit ungefähr diesen Worten: »Geht man etwa damit ins Theater? Sehen Sie, Herr Leiter, das haben Ukrainer hierhergebracht, keine Polen.«

In Jaschans Erinnerungen an ebenjene Episode stoßen wir auf merkliche Unterschiede: »Unter den Sitzen der dritten oder vierten Reihe fanden sie zurückgelassene Waffen, die, wie jemand versicherte, einer der Agenten dort deponiert hatte, ein polnischer Volksdeutscher. Angeblich lagen dort fünf Revolver, Munition und eine eiförmige Handgranate. Verdächtig und komisch war, dass alles an einem Fleck gefunden wurde.«

Jaschans »jemand versicherte« (wer genau versicherte es, woher kam diese Information?), die Waffen seien untergeschoben worden, mag diese Version durch das nebulöse »jemand« auch ziemlich fraglich erscheinen, könnte man trotzdem als luzide Erklärung für Brandts Akzent auf *das haben Ukrainer hierhergebracht, keine Polen* ansehen. Anders ist kaum zu verstehen, warum Brandt überhaupt Polen erwähnt. Wenn es ihm aber darum geht, die »polnische Spur« von Anfang an auszuschließen, dann ist alles logisch. Brandt weiß vielleicht, dass sein Agent, der die Waffen deponiert hat, ein »polnischer Volksdeutscher« ist. Ihm aber ist es wichtig, die Ukrainer zu beschuldigen. Das ist sein Spiel.

Danach gab es noch drei Vorfälle, von denen jeder eine nähere Betrachtung verdient.

8

Der erste: Der Vorhang war gefallen. Nacheinander wurden die im Parterre rechts sitzenden Männer auf die Bühne gerufen, man kontrollierte ihre Papiere und durchsuchte sie. Einer von ihnen, wie es im »Protokoll« heißt, »ein junger, blasser Blonder«, zog wegen seiner allzu offensichtlichen Nervosität Aufmerksamkeit auf sich. Doch fand man bei ihm nichts Verdächtiges, »die Kontrolle verlief routinemäßig«, und es schien schon, als könnte er ins Parterre zurückkehren, dorthin, wo die schon Überprüften sitzen durften. Aber »als er die Bühne schon verlassen wollte, kam hinter dem Vorhang eine Hand hervor und zog ihn herein. An der Stelle war in den Vorhang ein Loch geschnitten, durch das ein menschliches Auge ständig das Publikum observierte, wohl das eines Provokateurs.«

In »Roberts« Bericht ist auch davon die Rede, doch wird der »junge blasse Blonde« klar als Mitglied der ORGANISATION identifiziert: »Unter den einer Leibesvisitation Unterzogenen war auch Kamerad ›Kruk‹. Vielleicht hatte jemand durch einen Spalt auf ihn gezeigt, denn eine Hand zog ihn hinter den Vorhang. ›Kruk‹ nahm Gift.«

Im »Protokoll« finden wir das bestätigt: Man konnte sehen, wie der, der gezogen wurde, etwas einnahm, und »ein paar Sekunden später hörten die Anwesenden, wie hinter dem Vorhang etwas hinfiel und man kurz darauf nach einem Arzt rief«. Die Informanten von »Robert« wissen mehr: »Der Arzt wurde gerufen, aber es gelang nicht, den Vergifteten wieder zu Bewusstsein zu bringen, er wurde mit dem Notarztwagen ins städtische Krankenhaus gebracht, wo er wohl verstarb.« (Tatsächlich ist »Kruk« dort nicht gestorben, und das ist wichtig.)

Der zweite Vorfall hat auch mit einem jungen Untergrundkämpfer zu tun und mit einem weiteren Selbstmordversuch. Im »Protokoll« taucht er als »Andrij« auf, in der »Reportage« als »Artem«. Vielleicht haben beide Quellen Recht, denn manche Untergrundkämpfer nutzten nicht nur ein oder zwei, sondern sogar drei oder vier Decknamen. Jedenfalls gab es in ihren konspirativen Spielchen jugendlichen Leichtsinn im Übermaß. Diesmal hält das »Protokoll« fest, dass »Andrij-Artem«, nachdem er mit triumphalem Ausruf auf die Bühne gesprungen war, versuchte, sich durch Kopfschuss zu töten. Die Pistole versagte. »Da stürzte er sich von der Bühne und rannte Richtung

Tür, wo ihn die Gestapo fasste, zu Boden warf, entwaffnete und ins Theaterbüro schleppte«, schreibt »Robert«. Weiter gibt es in seiner »Reportage« einen geheimnisvollen Aspekt: »Man fesselte den Ergriffenen an Armen und Beinen und legte ihn gemeinsam mit zwei schon vorher Gefangenen bäuchlings ins Theaterbüro.« Aber wer von den eigenen Leuten konnte in jenem Moment ins Büro gelangen, um all das mit anzusehen? Woher kommt die Idee, dass es im Büro drei Gefangene gibt und dass sie auf dem Bauch liegen?

Bei dem dritten Vorfall handelt es sich um die an jenem Abend einzige Flucht aus dem Theater. In »Roberts« Dokument lesen wir dazu: »Nachdem die Überprüfung des Parterres beendet war, begann man, die Ränge zu untersuchen. Dabei waren Schüsse im Korridor zu hören, dann das Klirren von Scheiben und Tumult.« In Klammern bezeichnet »Robert« diese Episode als »Romkos Auftritt«.

Seltsam, aber in Jaschans Version spielt sich diese recht unscharf beschriebene Episode bedeutend früher ab. Sie geht sogar der ersten Durchsuchung voraus. In dem Moment, als die im Saal eingeschlossenen Zuschauer, dem Befehl folgend, sich von ihren Plätzen erhoben und in den rechten Teil des Parterres strebten, entstand eine gewisse Unruhe, die ausnutzend »ein gewisser junger Mann, der im Rang saß, die Treppen hinunterlief, ein Fenster zerschlug, aufs Trottoir sprang *(aus dem ersten Stock – J. A.)* und in den Gassen verschwand. Noch im Theater und auf der Straße schoss man auf ihn, er aber hatte eine Pistole und schoss zurück. Im Verlauf der Schießerei wurde, man weiß nicht, von wessen Kugel, ein Ukrainer (ein in der Vorstellung anwesender Feuerwehrmann) schwer und ein Polizist leicht verletzt.«

219

Ab dem Moment beginnt Oskar Brandt zu toben. Mit aller Macht bestätigt er seinen heimlichen Ruf, ein grotesker Psychopath zu sein. (Will man den Erinnerungen der Gräfin Lanckorońska glauben, dann war auch sein Vorgänger Krüger ein Psychopath, aber der zeichnete sich wenigstens durch Klavierspiel und eine Liebe zu Beethoven aus.) Allen wurde befohlen, die Hände hochzuheben und sich nicht zu rühren. Die Kontrollen und Leibesvisitationen wurden bis tief in die Nacht fortgesetzt. Die Zahl der Verhafteten, Geprügelten und in Ketten Gelegten erreicht einige Dutzend. Die Räumlichkeiten des Theaters sind durchtränkt von Blut, Urin und Angst.

Später, schon außerhalb dieser Geschichte, wird bekannt werden, dass jener Flüchtige, der Einzige, dem es gelang, nach draußen zu kommen und blitzartig zu verschwinden, ein ziemlich hohes Mitglied des Sicherheitsdienstes des Untergrunds war, unter dem Decknamen »Zöllner« (alias »Jordan«, alias »Suworow«, alias »Roman Orliw«). Vielleicht ist eben dieser »Roman« gemeint, wenn es um »Romko« geht. Sein *Auftritt* war die Ursache für das haltlose Wüten von Oskar Brandt.

Eine Zwischenbilanz dieses Wütens wird in »Roberts« Ausführungen gezogen: »Die Gestapo fasste (*lieferte ins Gefängnis ein – J. A.*) ungefähr 100 Männer, vier wurden mit dem Rettungswagen abgeholt, 24 übernahm das ›Arbeitsamt‹, von denen ein Teil am nächsten Tag freigelassen, alle anderen zur Zwangsarbeit nach Deutschland abtransportiert wurden.«

9

Was ins Auge sticht, ist der Dilettantismus, der praktisch jeder Handlung der Untergrundkämpfer anhaftet. Es scheint fast, als wäre das Einzige, in dem sie erfolgreich sind, das Erfinden von Decknamen. Bei allen anderen Momenten konspirativer Tätigkeit scheitern sie mit fataler Regelmäßigkeit. Ihr Handeln ist geprägt von viel Heroismus, aber einem, der zum Suizid statt zum Sieg führt. Zwei Selbstmordversuche (noch dazu erfolglose) an einem Abend in einem Theater – ist das nicht zu viel? Bomben und Waffen in einer patriotischen Aufführung – ist das nicht zu operettenhaft?

Als Erklärung dafür könnte ein Faktor dienen, der in den Diskussionen der Historiker selten Beachtung findet, der aber meiner Meinung nach, wenn nicht die ganze Organisation, so doch ihren radikalen Flügel schwer belastete. Dieser Faktor heißt Jugend. Was nicht nur fehlende oder abgebrochene Bildung, Naivität, Kompromisslosigkeit und Konfrontationslust bedeutete, sondern auch den Kampf der Ambitionen und das Brodeln der Hormone. Posieren, Pathos und Narzissmus. Vernichtende Konkurrenz zu den älteren Generationen – den Leuten aus dem Ersten Weltkrieg und dem Befreiungskampf. Schließlich Unreife und Verletzlichkeit. Letztere beförderte den Verrat. Und davon gab es wirklich viel – mehr, als eine konspirative Struktur aushalten kann. Diese aber hielt wie durch ein Wunder aus. Vielleicht durch das Wunder des schon erwähnten Heroismus. Davon gab es genauso viel wie vom Verrat. Das glich sich aus.

Aktive Triebfeder und Rückgrat der Organisation waren damals die 20- bis 25jährigen. Wer fast dreißig war, galt als alter, abgehärteter Kämpfer und kommandierte riesige Territorialeinheiten. (Daher war zum Beispiel »Robert«, als er den oben zitierten Bericht verfasste, 24 Jahre alt. In diesem Alter war er schon in der Oblast-Führung der ORGANISATION tätig gewesen und wurde soeben in die Regionalführung befördert.)

Ja, diese Leute hatten das Recht, ihre Tätigkeit REVOLUTION DER KINDER zu nennen.

Aufruhr der Engel. Die Obersten der Bewegung, ihre höchste politische Leitung, auch deren Führer Bandera, waren gerade mal über dreißig. Schließlich blieben die meisten Anführer zur Zeit der beschriebenen Ereignisse eher symbolische Figuren. Niemand konnte sicher sagen, ob sie überhaupt noch lebten.[8] Die deutschen Machthaber hatten sie gleich zu Beginn der Okkupation isoliert und hielten sie in Sachsenhausen und anderen Lagern in uneindeutigem Status fest, als Gefangene, Geiseln oder Reserve-Joker (*für alle Fälle*).

Daher das Ausmaß an Laienhaftigkeit und Selbstherrlichkeit in den, wie man sie nannte, unteren Strukturen. Waffen (vor allem Pistolen und Handgranaten – genau das, was im Theater auftauchte) kursierten unter Leuten, die weder damit umgehen noch sie ordentlich aufbewahren konnten. Die Waffen schossen, ohne dass sie es wussten – und sehr oft auf die eigenen Leute.

Andererseits – wenn der SS-Untersturmführer Brandt an jenem Abend im Theater unbedingt Waffen finden wollte, dann würde er sie auch unweigerlich finden. Ein paar Pistolen und eine Handgranate unterschieben? Absolut

---

8 So wurden zum Beispiel zwei Brüder Banderas, der 32jährige Oleksandr und der 28jährige Wassyl, in Auschwitz von polnischen Kapos zu Tode gefoltert (noch so eine Episode des anderen »kleinen« Kriegs im großen Weltkrieg).

kein Problem. Sollte es eine Provokation gewesen sein, dann hatte sie hundertprozentigen Erfolg. Dem Untergrund kann man diesbezüglich keinen Vorwurf machen. In Bezug auf etwas anderes aber schon: Wie konnte man den Besatzern eine so phantastische Möglichkeit verschaffen, alle auf einmal zu fangen, wie Rebhühner bei der Balz, an einem Ort, ohne irgendwelche eigenen Verluste? Wieso diese opferbereite Theatralität? Und war die Liebe zur Operette wirklich der Gradmesser für den Patriotismus? Natürlich nutzte Brandt, wie die ganze Gestapo, wie die Kripo, Grepo[9] und Schupo, ein ausgedehntes Netz von Informanten, Provokateuren und Spitzeln. Und natürlich hatten seine Agenten gelernt, die polnisch-ukrainische Front ebenso auszunutzen wie die »innere Front« der ORGANISATION. Brandt sprengte die *Scharika*-Premiere ja nicht einfach auf Verdacht, wegen einer Vorahnung und nachdem er in der Kinovorstellung Alarm ausgelöst hatte. Nein, ins Theater hatte ihn eine Gewissheit gebracht, hinter der jemand ganz Konkretes stand.

10

Kamerad »Sansara« war so alt wie das gesamte Rückgrat der ORGANISATION. Sein genaues Geburtsdatum ist nicht bekannt, aber im Herbst 1943 kann er höchstens 25 gewesen sein. Der ORGANISATION war er (natürlich geheim) schon unter den Sowjets beigetreten, als er am Lehrertechnikum studierte. Es gibt allerdings auch eine

9 Grenzpolizei

andere Version, wonach »Sansara« schon als 18jähriger in Transkarpatien gekämpft hatte. Jedenfalls war sein Beitritt zur ORGANISATION eine schwere Entscheidung: »Sansara« entstammte einer gemischten, typisch galizischen und zu großen Teilen städtischen Dynastie, nicht ohne deutsche, karaimische und jüdische Beimischung. Der polnische Zweig seiner Familie betete Dmowski-Porträts an und beging alljährlich mit großem Pomp den Tod von Minister Pieracki. Als die Sowjets mit der ihnen eigenen Erbarmungslosigkeit praktisch alle seine polnischen Verwandten nach Sibirien verschleppten, schwor »Sansara« (damals noch »Tarzan«), in den Reihen der ORGANISATION auch sie zu rächen.

Irgendwann zu jener Zeit wurde sein wunderlicher politischer Traum geboren. Wie jeder Traum entzog er sich konkreten Formulierungen, so dass »Sansara« mit dem Verfassen eines Manifests Probleme gehabt hätte. Doch nein, einmal probierte er es sogar, und schaffte den ersten Satz: »Die Freiheit der Ukraine bedeutet die Freiheit eines jeden, der dort wohnt.« Weiter kam er aber nicht. Aber er verstand genau, worum es ihm ging.

Der Kriegsbeginn fügte ihm nacheinander zwei Schicksalsschläge zu. Im Gefängnishof in der Bilinskyj-Straße identifizierte er ziemlich rasch die Leichen seines Vaters und von dessen zwei Brüdern, dazu die seiner Tante, der Frau eines von ihnen; alle von den Sowjets ermordet. Nur einen Monat später, im selben Gefängnis, in derselben Straße (bloß dass sie jetzt Polizeistraße hieß), am besagten Blaumontag, brachten die Nazis einige seiner Freunde aus dem früheren Lehrertechnikum um (vielleicht seine besten – das wissen wir nicht). Einer, ein angehender Dichter, hatte »Sansara« früher immer Bücher geliehen – solche, an denen man wächst. Schließlich hatte »Sansara« seine Jugendjahre in der Innenstadt verbracht, wo die Juden eine solide Mehrheit bildeten. So waren unter den jetzt und später Ermordeten viele Nachbarn und einige andere Bekannte.

Kurz darauf richtete die Gestapo seinen Onkel mütterlicherseits hin, einen ehemaligen Gymnasiallehrer, jetzt Offizier der ukrainischen Polizei (damals hieß sie noch Miliz). Obwohl er das Versteck zweier von den Deutschen gesuchter polnischer Lehrer kannte, wollte der Onkel sie nicht anzeigen. Zur Erschießung ging er dann zusammen mit jenen Kollegen. Er war in der Stadt S. wohl der erste *Kollaborateur der Besatzer,* den sie erschossen. Damit hatte sich die Büchse der Pandora geöffnet, und regelmäßige Entdeckung und Repression in den Reihen der *Hilfsstrukturen* wurden für die deutschen Machthaber gewohnte Praxis.

So überzeugte sich »Sansara« von der Richtigkeit seiner früheren These, dass es sowohl Sünde als auch Verbrechen, als auch Fehler und Niederlage bedeutete, sich für den Sieg gegen die Sowjets auf die Seite der Nazis zu schlagen. In jenen Tagen schaffte er es, den zweiten Satz des Manifests zu schreiben: »Unser Weg führt über Messers Schneide.« Dabei bleibt unklar, warum er den Plural verwendete und wie viele Gleichgesinnte er sich vorstellen konnte.

Damals begann er, seine persönliche Liste von Anschuldigungen und Vorwürfen gegen die ORGANISATION und überhaupt gegen *seine Leute* zu formulieren. Die ukrainische Miliz, die die Juden aus ihren Wohnungen geholt und in großer Zahl in den Tod getrieben hatte, war einer der Hauptakteure. Das pathetische Defilée von Jungen und Mädchen vor den deutschen Kommandeuren am sogenannten Tag der Waffen gehörte zu den schändlichsten. Das Wort »Kollaborateur« war damals noch nicht gebräuchlich, aber für den geheimen internen Gebrauch erfand »Sansara« den Begriff *bruder* – weniger vom Deutschen »Bruder« als vom ukrainischen *brud*, Schmutz. Die *bruder* machten sich Hände, Gewissen und das Karma schmutzig. Die *bruder* musste man säubern.

11

Wir wissen nicht, welchen Film die SS-Leute im »Viktoria« gesehen haben, bevor sie für die Razzia in Marsch gesetzt wurden. Keine Quelle hat den Titel oder die Namen von Regisseur und Schauspielern überliefert. Wir wissen nicht, zu welcher Uhrzeit die Vorstellung begann und wie viele Minuten noch bis zum Abspann blieben. Diese Details hielt man damals nicht für entscheidend, heute aber, mit bedeutend größerem Abstand, könnten sie zusätzliches Licht auf jenen Novembernachmittag werfen, auf jenen gloomy Sunday.

(Aber welche anderen Sonntage gäbe es in unserer Gegend Mitte November? Doch nur düstere.)

Ebenso wenig kennen wir die genaue Zahl der Zuschauer in der *Scharika*, doch wissen wir, dass der Saal »bis zum letzten Platz« besetzt war. Aber gab es wirklich keinen einzigen freien Platz mehr? Rutschte der Komponist der Operette wirklich mit vor Aufregung feuchten Händen in der ersten Reihe auf seinem Sitz hin und her, nur ein paar Plätze vom Kreishauptmann Albrecht und dem Leiter des ukrainischen Kreiskomitees, Professor Lepkyj, entfernt? War die Geistlichkeit anwesend? Hatte man wenigstens ein paar der höheren Offiziere aus der ungarischen Garnison eingeladen?[10] Waren Vertreter der kaukasischen Bataillone und der Krimtataren dabei?

Ja, wir wissen, dass die Aufführung ein Erfolg war und dass das Publikum mehrmals in Applaus ausbrach. Niemals aber werden wir herausfinden, ob die Anwesenden vorgehabt hatten, den Schöpfern und Ausführenden am Ende mit Herbstblumensträußen zu gratulieren. Kein Bericht enthält auch nur einen Hinweis auf Blumensträuße. Kein Wort von in Astern versteckten Revolvern.

Aber was ist mit dem Provokateur, der hinter dem Vorhang steht? Mit dem Auge, das durch ein Loch oder einen Spalt späht? Was hat er für eine Funktion? Sollte er die Mitglieder der ORGANISATION identifizieren, auf sie zeigen? Stammte er selbst aus dem Untergrund? Woher sonst sollte er ihre Gesichter kennen? Aufmerksam beobachtet er das Parterre rechts und die Mimik derer, die, den Kopf mit den Händen umfasst, darauf warten, dass sie mit der Leibesvisitation an der Reihe sind. Wie sie einer nach dem anderen auf die Bühne kommen – manche demonstrativ kraftvoll und stolz, mit hochgerecktem Kinn, manche auf watteweichen Beinen. Wieder andere – sowohl als auch.

Der blonde, sehr blasse Kerl hier ist eindeutig kurz vorm Zusammenbrechen. Sein Deckname ist »Kruk«, Krähe, und er ist aus der Kreiswirtschaftsreferentur – wer kennt ihn nicht. Von ihm hängt die Versorgung der Kampfgruppen im Wald ab, denen er Proviant, Kleidung, Medikamente und Verbandsmaterial zukommen lässt. Ihn muss man sich schnappen, selbst wenn die Durchsu-

---

10 Das Stück handelte von der Liebe zwischen einem ukrainischen Soldaten und einem ungarischen Mädchen.

chung nichts Belastendes zutage fördert. Gleich werd ich auf ihn zeigen, beschließt der Provokateur. Soll er nur auftauchen.

12

Die »Kruk«-Episode ist in dieser ganzen Geschichte das Seltsamste. Sowohl das »Protokoll« als auch »Robert« sind sich einig, dass »Kruk« die Überprüfung seiner Papiere und die Leibesvisitation überstanden hatte, also schon von der Bühne in den Saal zurückkehren sollte, als ihn eine Hand zurück, hinter den Vorhang zog. (In Jaschans Erinnerungen fehlt dieses Detail, was ebenso komisch ist.)

Noch komischer aber ist es, sich einen erwachsenen Mann vorzustellen, den man wie eine Schaufensterpuppe mit der Hand einfach so hinter den Vorhang ziehen kann. Warum wehrt er sich nicht? Er hat alles Recht dazu – es wurde nichts bei ihm gefunden. Doch das Einzige, was er dem entgegensetzt, ist ein Schluck irgendeines Giftes, das er bei sich trägt. Und das übrigens aus irgendeinem Grund bei der Durchsuchung nicht bemerkt wurde. Er schafft es noch, es diesseits des Vorhangs einzunehmen, denn alle sehen, wie er es schluckt. Der laute Sturz des Körpers aber ist nur ein Geräusch von der anderen Seite. Alles deutet auf ein Gift mit blitzartiger Wirkung hin, zum Beispiel Zyanid.

Aber »Roberts« Information über den Rettungswagen und den Tod im Krankenhaus widerspricht der Information des »Protokolls«, wonach »Kruk« später (Ende November) im Gefängnis gewesen sein soll. Hat das Gift etwa nicht so gewirkt wie erwartet, so dass sein Besitzer überlebte? Hatte er in der ersten Pause unvorsichtigerweise

Cremetörtchen genascht, die ja angeblich die Wirkung von Zyaniden neutralisieren? Wir wissen nicht, was man in jenen Hungerzeiten am Theaterbuffet erstehen konnte.

Es ist nicht so wichtig, ob »Kruk« wirklich im Krankenhaus wieder zu sich kam. Oder ob das schon im Theater geschah. Wichtig ist hingegen, dass er, bevor er in Ohnmacht fiel, möglicherweise das Gesicht des Provokateurs gesehen hat. Und dass er es sehr wahrscheinlich kannte.

13

Der Bericht über die Lage im Stadtgefängnis von S. nach den besagten Erschießungen, also nach dem 17. November, beginnt auf der dritten Seite des »Protokolls«, gleich nach der Beschreibung des Tribunals und der Exekution. Nebenbei stellen wir fest, dass ständig Informationen herausdrangen – sogar aus den Todeszellen. Es scheint, als hätte nicht nur die Gestapo ihre Spitzel überall, sondern auch umgekehrt – dass der Untergrund in die Gefängnisstrukturen eingedrungen war. Könnte das die Erklärung sein für die »Treue einiger geheimer Mitglieder der Organisation zu Großdeutschland«? Könnte es sein, dass irgendwelche Gesinnungsgenossen von Kamerad »Sansara« sich noch lange auf ihren Kollaborationspositionen gehalten haben, mit ausschließlich subversiven Zielen? Und das, obwohl sie sich dabei unvermeidlich die Hände und das Gewissen schmutzig machen würden? Wo verlief in der Praxis die Grenze zwischen den Aufgaben des Untergrunds und den Befehlen der Besatzer? War diese Grenze überhaupt erkennbar? Darauf gibt es keine eindeutige Antwort. Und auch die Möglichkeit, dass einige Wärter und Wächter einfach nur bestochen wurden, ist alles andere als eine Spinnerei.

Jedenfalls können wir heute, ein Dreivierteljahrhundert nach den Ereignissen, diese durchgestochenen Informationen nutzen. Wir wissen, was Ende November 1943 in den Gefängniszellen der Stadt S. geschah und wer dort einsaß. Wir wissen von einer Zelle mit drei Frauen und einem Mann (es waren Gemeinschaftszellen, und darin lag vielleicht eine besondere Erniedrigung, vor allem der Frauen), in die man am 28. November zwei weitere Gefangene brachte, in derselben Angelegenheit – Kamerad »Kruk« (erfolgloser Selbstmordversuch durch Vergiften) und Kamerad »Andrij-Artem« (erfolgloser Versuch, sich durch Kopfschuss zu töten).

Von den fünfunddreißig Angeklagten im »Theaterprozess« am 17. November verurteilte man einunddreißig zum Tode. Vollstreckt wurde das Urteil jedoch, wie wir wissen, nur an siebenundzwanzig. Weitere vier Verurteilte wurden aus dem Theater zurück ins Gefängnis gebracht. Drei waren Frauen (die man nicht am 14. im Theater, sondern unter anderen Umständen verhaftet hatte). Vielleicht beschloss man eben im Hinblick auf ihr Geschlecht, sie nicht öffentlich hinzurichten (schon wieder ein Akt des für die SS untypischen Humanismus?). Der vierte, der Friseur Dmytro K., gestand vor Gericht unzählige Morde an Polen und Volksdeutschen und deckte Dutzende von Untergrund-Namen auf. Aus seinen Worten musste man schließen, dass es sich bei ihm um eine Schlüsselfigur der ORGANISATION handelte. Er schien vor aller Augen den Verstand zu verlieren. Als das Gericht (in Form der *besonderen Troika* aus eben jenem Oskar Brandt, Wilhelm Assmann und einem weiteren unbekannten deutschen höheren Chargen) sein Todesurteil verkündete, begrüßte das der polnische Teil des Publikums und applaudierte lange. Aber er wurde an jenem Tag nicht hingerichtet, weil Brandt (der dem Tribunal vorsaß) überlegte, ob er im Verhör nicht noch viel mehr aus dem Friseur herausquetschen könnte.

Am 27. November fand die schon erwähnte Erschießung der Zehn im Bergdorf W. statt. Doch wieder wurden weder »Kruk« noch »Andrij« erschossen. Ihre Namen strich man im letzten Moment von der Liste, die anfangs nicht zehn, sondern zwölf Personen umfasst hatte. Wonach man sie in die Zelle mit den drei Todeskandidatinnen und dem Friseur verlegte.

Das »Protokoll« hält fest, dass man Letzteren viele Male zum Verhör holte und er »in noch besserer Laune als vorher zurückkehrte«. Spuren von Folter trug er nicht: »Als die Frauen ihn entlausten und er sich dazu auszog, war sein ganzer Körper sauber, es gab kein Anzeichen für Schläge, das elektrische Bett oder irgendwelche Wunden«. Im Dokument heißt es jedoch, dass »der Typ, was seinen seelischen Zustand anging, am Boden zerstört und willenlos-resigniert« war.

Über »Kruk« und »Andrij« lesen wir etwas anderes. Beide werden entsetzlich gefoltert, sogar das erwähnte »elektrische Bett« kommt zur Anwendung (die Haut an »Kruks« Handgelenken ist von den Funken der Stromstöße versengt). »Kruk« erklärt, weder er noch »Andrij« hätten irgendwen verraten, doch er zweifelt, ob er die Qualen noch länger aushalten kann. Aus seinen Augen »leuchtete noch der Glanz des Willens, der auf physische Widerstandsfähigkeit und moralische Standhaftigkeit hindeutet«. Schlimmer stand es um »Andrij«: »Während des Verhörs traktierte man ihn mehrmals durch Schläge und legte ihn zweimal auf das elektrische Bett. Danach zeigte er seine Brandwunden an Ohren und Nacken. Körperlich sieht ›Andrij‹ völlig gebrochen aus. Eine erkaltete Leiche. Manchmal aber glaubt man ganz grundlos, dass sein Wille stärker ist als sein Körper.«

Überhaupt erfahren wir über den Verlauf der Folterungen, dass »dieselben foltern, die auch befragen und die Geständnisse protokollieren. Die erste Form der Folter ist das Schlagen mit Eisenruten auf den oberen oder unteren Rücken, manchmal werden bis zu 100 Schläge gezählt. Zur Abwechslung auch auf Kopf, Arme und Beine. Die zweite – das elektrische Bett, auf das das Opfer nackt geschnallt wird.« Der abschließende Satz des »Protokolls« konstatiert: »Andere Folterarten kennen nur die Opfer selbst.«

Wahrscheinlich sind die gemeint, die sie nicht überlebten.

14

Aus den Gefängnisquellen ergibt sich ein weiteres wichtiges Detail in Verbindung mit »Kruk«: Er hat überhaupt kein Gift genommen. Wie und warum der falsche Eindruck entstanden ist, er hätte sich umbringen wollen, als man ihn hinter den Vorhang zog, darüber lässt sich nur spekulieren. Tatsächlich hatten vor allem die Gestapo-Leute diesen Eindruck, die sich jenseits des Vorhangs auf ihn warfen. Seinen Worten nach legten sie ihm sofort Hand- und Fußschellen an und knebelten ihn mit einem Tuch. Er fiel hin, und sie dachten, ein Gift beginne zu wirken und er habe das Bewusstsein verloren. Einer riss ihm die Kleidung herunter, von irgendwo kam ein Arzt gerannt und rammte ihm zwei Spritzen in den Oberarm.

Später, bei der Untersuchung im Gefängnis, fragte ihn die Ärztin, welches Gift er genommen habe. Erst da verstand »Kruk«, dass man ihm auf der Bühne zwei Mal ein Gegengift gespritzt hatte. Was den Schluss zuließ, dass der Gestapo sehr viel daran gelegen war, dass er lebte. Was wiederum nichts Gutes ahnen ließ. Sie kannten seine Bedeutung und wollten das Maximum aus ihm herausschlagen.

Natürlich war es der Beobachter von der anderen Seite des Vorhangs, der auf ihn gezeigt hatte, der Besitzer des allessehenden Auges. Mit größter Sicherheit musste »Kruk« sofort verstehen, dass er eben wegen dessen Anzeige in der Tinte saß. Ja, die Gestapo hatte sich sofort auf ihn gestürzt. Um aber den Provokateur zu erkennen (oder auch nur zu sehen), reichten ihm Sekundenbruchteile. Doch wenn er später in der Gefängniszelle von dieser Episode erzählte, nannte »Kruk« keinen Namen. Warum? Hätte der andere zum Beispiel eine Maske getragen, hätten wir von »Kruk« wenigstens das erfahren. Aber kein Wort von einer Maske oder einem Strumpf über dem Kopf.

Hat »Kruk« den Verräter gesehen? Ja. Hat er ihn erkannt? Das wissen wir nicht.

Es gibt die These, dass »Kruk« seinen Namen nicht genannt hat, weil er in der Nähe war, in derselben Gefängniszelle. Folglich muss es sich um den erwähnten verdächtigen Friseur Dmytro K. gehandelt haben. Dann aber hätte »Kruk« doch umso mehr Grund gehabt, alle anderen zu warnen, weil sich ein Provokateur unter ihnen befand. Und Gelegenheiten, das diskret zu tun, gab es mehr als genug – immer dann nämlich, wenn man den Friseur zum Verhör abholte. Offensichtlich aber hat er nie eine Warnung ausgesprochen. In keinem der geheimen Dokumente gibt es auch nur einen Hinweis darauf.

Es gibt noch einen anderen Einwand. Selbst wenn der Friseur K. auf irgendeine Weise Mitglied der ORGANISATION war (also zum Beispiel kürzlich als feindlicher Informant eingeschleust worden war), so gehörte er doch nicht zu den Eingeweihten, die einen so hohen Rang wie »Kruk« von Angesicht kannten.

15

Stellt man das gute Dutzend unterschiedlicher Quellen zusammen, so kommt man unausweichlich zu dem Schluss, dass sich um die Theaterrazzia mit darauffolgender Gerichtsverhandlung und Erschießung in S. ziemlich schnell städtische Legenden gebildet haben müssen.

Die Beschreibungen und Mutmaßungen der Augenzeugen unterscheiden sich zuweilen in ganz grundlegenden Aspekten. Wobei man das Wort »Augenzeugen« wohl in Anführungszeichen setzen sollte.

Hier sei nur an einige Unterschiede und zweifelhafte Details erinnert.

Erstens der Zeitablauf der Ereignisse im Innern des Theaters. Was kam zuerst, was danach? Die in den Zuschauerraum gerichteten Karabiner (manchen Quellen nach sogar Maschinengewehre) – sind sie die Folge von »Romkos Auftritt« oder sein Auslöser gewesen? Sind die Waffen, die man so triumphierend, fast als sei es ein Spiel, unter den Sitzen der vierten (vielleicht auch dritten) Reihe hervorzog, vor oder erst nach Schießerei und Flucht vor aller Augen zum Vorschein gekommen?

Und wenn wir schon von den Waffen sprechen, wie viele gab es eigentlich? Zwei Pistolen oder fünf? Wie kann man sich ein Päckchen mit ganzen fünf Pistolen vorstellen, das unbemerkt unter einem Sitz versteckt liegt? Und die Granate? Gab es die Granate wirklich, über die (übrigens sehr einmütig) gesagt wurde, sie sei »eiförmig« gewesen?

Und das Gift, das »Kruk« angeblich schluckt? Warum gibt es so viele Beschreibungen dieser Episode, wenn in Wirklichkeit nichts davon stattfand? Woher stammt die Vorstellung, dass »Kruk« an diesem Gift im Krankenhaus stirbt?

Und »Artems« Selbstmordversuch? Nicht alle haben ihn bemerkt. Noch dazu berichten die, die ihn bemerkten, auch noch ganz unterschiedlich darüber. Zum Beispiel, dass »Artem«, bevor er sich die Pistole an den Kopf setzte, versucht habe, einen Gestapo-Mann zu erschießen, der plötzlich vor ihm auftauchte. Aber beide Male versagte die Pistole. Zwei Fehlzündungen hintereinander – ist das glaubhaft?

Es existieren noch weitere Geschichten. Eine handelt von einer ganzen Schar Untergrundkämpfer, die sich ebenfalls durch Flucht retteten, indem sie einzeln oder zu zweit aus dem Fenster des Theaterbuffets im ersten Stock sprangen. Zu ihrem Glück, so heißt es, hätten sie es nach der Pause nicht geschafft, in den Saal zurückzukehren, und die Deutschen hätten nicht sofort verstanden, dass man das Buffet, genauso wie den Saal, hätte abriegeln müssen.

Dieser Version widerspricht eine andere, die besagt, die erwähnten Flüchtigen seien an jenem Tag überhaupt nicht ins Theater hineingekommen, da die Vorstellung ausverkauft war, so dass sie sich vor dem Haupteingang

herumdrückten und »mit den Mädchen flirteten«. Sollte
dem so gewesen sein, dann zog sich der Flirt ziemlich lange hin – in Theaterzeit übersetzt dauerte er ganze zwei
Akte und zwei Pausen (die Razzia, erinnern wir uns, fand
zu Beginn des dritten Akts statt). Jedenfalls aber mussten
die »Womanizer« nicht aus dem Gebäude selbst fliehen,
sondern von dessen Vorplatz, was glaubhafter klingt. Nach
ihrer Flucht versteckten sie sich alle (oder die meisten) in
der Wohnung »einer gewissen Polin« in der Siegelmayer-
Straße. Sie wurden angeblich nur durch das Hitlerpor-
trät gerettet, das der Mann »jener Polin«, ein Ukrainer,
eilig im Salon anstelle des Schewtschenko aufgehängt haben soll, als er hörte, wie die Gestapo, die die Wohnhäu-
ser der Innenstadt durchkämmte, schon eine Etage tiefer
an die Tür hämmerte. Am Folgetag sollen die Flüchtigen
von Dach zu Dach geklettert sein, verzweifelt zwischen
den Schornsteinen balancierend, und schließlich in den
alten Pfarrgarten abgestiegen sein, von wo sie, wieder einzeln oder zu zweit, in die vergleichsweise sicheren Winkel der Altstadt eintauchten und sich »unter die Passanten mischten«.

Auch die in einem solchen Geflecht von Gerüchten unausweichliche Liebeslegende dürfen wir nicht unberücksichtigt lassen. Ein junger Mann, angeblich ein »Sympa-
thisant der ORGANISATION«, sei in Liebe zu einer ebenso
jungen Schauspielerin entbrannt und habe sie gewarnt,
dass für die Premiere der *Scharika* im Theater ein »großer
Anschlag« auf die Führung der Deutschen geplant sei,
die, wie er glaubte, das herausragende kulturelle Ereignis
unbedingt mit ihrer Anwesenheit beehren würde. Das
Mädchen habe an jenem Tag unbedingt störungsfrei und
ohne Exzesse die erste kleine Rolle ihres Lebens spielen
wollen, so dass sie – um der Kunst und all ihrer Opfer wil-

len – beschloss, ein weiteres Opfer zu bringen und die Information an *interessierte Stellen* weiterzugeben. Natürlich steht dieser Version eine andere gegenüber, nach der die angehende Theaterheldin niemandem irgendetwas verraten hat, da sie selbst zum Untergrund gehörte. Aber sie sei am Vorabend gefasst worden – unter anderen Umständen und aus anderen Gründen. Ob Folter angewendet wurde, ist wiederum nicht überliefert.

Das sind aber alles nur Details, wenn auch entscheidende. Zusätzlich gibt es ein paar zentrale Momente, die nicht vollständig aufgeklärt sind.

Zum Beispiel die Zahl der öffentlich vor der Synagoge Erschossenen. Alle Quellen, möchte ich wiederholen, sind sich anscheinend einig, dass es siebenundzwanzig waren. Ob man die Verurteilten in der Reihenfolge zehn – sieben – zehn erschoss oder zehn – zehn – sieben, ist dabei nicht so wichtig.[11] Es geht um etwas anderes.

Heute gibt es am Hinrichtungsort an der Mauer der Synagoge eine Gedächtnisstele für die Erschossenen. Darauf stehen wirklich siebenundzwanzig Vor- und Nachnamen. Gehören sie aber alle zu denjenigen, die eben dort und eben dann ermordet wurden? Nein. Mindestens ein Nein. Denn da ist der Name von Kamerad »Kruk«, und der wurde ganz sicher nicht am 17. November erschossen. Wenn er irgendwann erschossen wurde, dann jedenfalls nach dem 28. November. Der geheime Gefängnisbericht über seine Folterung und seine Anwesenheit in der Todeszelle im letzten Drittel des November

---

11 Kürzlich kam mir noch eine andere Version eines weiteren Augenzeugen unter: neun – neun – neun. Demnach hätte es auch nur neun Pfähle gegeben, an die die Todeskandidaten gebunden wurden, und nicht zehn. Meinetwegen.

erlaubt keinen Zweifel: »Kruk« war damals noch am Leben.

Das ist der Grund für eine sehr einfache Schlussfolgerung: unter den siebenundzwanzig Erschossenen war mindestens einer, dessen Name sich nicht auf der Stele findet. Es könnten auch mehr sein, aber mit Sicherheit können wir es nur von einem sagen.

So ist das mit den Zahlen, und jedem Vierzehnten geht ein Dreizehnter voraus.

16

Am 13. November, einem Samstag, geschah das, was »Sansara« hinderte, seine sonntägliche Aktion auszuführen.

Seine Premierenkarte hatte er als einer der Ersten gekauft – kaum dass in den Zeitungen der Verkaufsbeginn angezeigt wurde. »Sansara« betrachtete den Saalplan, der an der Wand neben der Kasse hing, und überlegte, welche Reihe er nehmen sollte. Die ersten beiden waren für Ehrengäste reserviert. »Sansara« musste sich zwischen der dritten und der vierten entscheiden. Am besten wäre ein Platz links von dem seines künftigen Opfers und möglichst nah an einem seitlichen oder zentralen Durchgang gewesen. »Sansara« wollte die linke Schläfe treffen. Seit er in zahlreichen geheimen Schulungen das Pistolenschießen gelernt hatte, funktionierte seine rechte Hand ziemlich sicher, und die Chancen, beim ersten Mal zu treffen, standen nicht schlecht.

Aber Plätze zur Linken gab es ungünstigerweise nicht mehr, und »Sansara« musste sich eine andere Karte kaufen. Das verkomplizierte die Ausführung, führte aber nicht dazu, dass er seine Absichten aufgab. Es war mehr als wahrscheinlich, dass der hohe Vertreter der Besatzungsmacht vor oder nach der Aufführung auf der Bühne eine Rede halten würde. Dann kommt sein Tod, beschloss »Sansara«.

Am 13. November vormittags übergab »Sansara« seine unschätzbare Walter PPK und die *eiförmige* Granate M-39 dem Kameraden »Douglas«. Der war vor kurzem im Theater als Bühnenarbeiter untergekommen. Im letzten Moment, bevor der Saal geöffnet und sich das Publikum hereindrängen würde, sollte »Douglas« das Päckchen mit den Waffen genau unter »Sansaras« Platz in der dritten Reihe deponieren. »Sansara« hätte gerne ohne Komplizen gehandelt, glaubte aber, dass in Erwartung der größten deutschen Gestapo-Fische im Theater direkt vor dem Eingang eine Durchsuchung der Zuschauer angeordnet werden würde. Es wäre unvorsichtig gewesen, die Waffen selbst mitzubringen. Kamerad »Douglas« fragte nicht, wie »Sansara« sich alles Weitere vorstellte, nachdem er seinen Anschlag ausgeführt hätte. Beide liebten die Improvisation – nicht nur in der Musik. Die Chancen für eine geglückte Flucht »Sansaras« nach vollendeter Aktion diskutierten sie auch nicht. Kamerad »Douglas« sollte spurlos aus dem Theater und aus der Stadt verschwinden, und zwar sofort nachdem »Sansara« seinen Platz im Parterre *in Übereinstimmung mit der erworbenen Karte* eingenommen hätte.

Der Rest war Vertrauen. »Douglas« gehörte zur selben informellen Gruppierung innerhalb der ORGANISATION wie »Sansara«. Es handelte sich um die sogenannten Städtischen oder Zentristen – um Anhänger der westlichen Demokratien, des liberalen Anarchismus und der freien Liebe, die immer deutlicher mit dem autoritären Kurs ihrer Führung unzufrieden waren.

Bald darauf würde sie der innere Sicherheitsdienst einen nach dem anderen liquidieren. Vorerst aber hörten sie noch Harlem-Jazz, brauten sich auf ihren geheimen Versammlungen besondere Tees, erfanden immer explosivere Cocktails und diskutierten über Hamsun, Ghandi, über Zeit und Sein und Ezra Pound.

17

Kameradin »Mimi« gehörte ebenfalls zu den »Städtischen«. Alles an ihr war überaus besonders – auch ihr Deckname. Die Frauen in der ORGANISATION erhielten (oder wählten) normalerweise etwas Traditionelles und Verständliches: »Olga«, »Natalka«, »Poltawka«, »Nichte«, »Möwe«.

»Mimi« träumte davon, Schauspielerin zu werden und im Städtischen Theater aufzutreten. Man hatte sie schon in einigen Amateur-Aufführungen gesehen, aber die Direktion zögerte mit der endgültigen Entscheidung. Währenddessen musste sie sich mit Gelegenheitsarbeiten durchschlagen. Als lebende Reklame auf der Straße, zum Beispiel. Bei »Sansara« war es nicht anders.

Seit die beiden Besatzungsmächte, die rote und die braune, seine Familie in vereinter Anstrengung auf ein Minimum reduziert hatten, konzentrierte er sich auf das Wesentliche. Als er nach den ersten Monaten halb besinnungsloser dumpfer Verzweiflung wieder zu sich kam, erinnerte sich »Sansara«, dass sein Mütterchen noch am Leben war und dass er es irgendwie versorgen musste. Das war nicht einfach. Wegen des Unglücks, das sie getroffen hatte, zeigte sie Anzeichen geistiger Umnachtung, und man konnte praktisch keinen Kontakt zu ihr aufnehmen. Man musste sie füttern, anziehen und überhaupt am Leben erhalten. In jenen halb verhungerten Zeiten (die ganz verhungerten würden noch kommen) gelang es »Sansara«, seine Deportation nach Deutschland zu vermeiden und sogar immer neue, verhältnismäßig gut bezahlte Arbeiten zu finden. Er schlief wenig und hörte aus Sparsamkeit auf zu rauchen, sein Mütterchen aber war versorgt und hatte zu essen. Einmal brachte er einen Laib Brot mit nach Hause, für den er fast eine halbe Woche lang hart gearbeitet hatte. Im Inneren fand er statt des gebackenen Teigs einige Meter aufgewickelter Schnur. Die Bäcker machten anzügliche Witze.

In der letzten Augustwoche des Jahres 1943 brachte »Sansara« sein Mütterchen in ein kleines, von Nonnen geführtes Heim bei Mariampol.

Danach hinderte ihn nichts mehr an seiner TAT.

18

Nachdem er das Theater am 13. November nach einem kurzen Zusammentreffen mit Kamerad »Douglas« verlassen hatte, ging »Sansara« Richtung Stadtpark, genauer Richtung Stadion. Nein, an jenem Tag fand kein Spiel des lokalen »Tschernyk« statt. »Sansara« ging sozusagen zur Arbeit. Seit Mitte Oktober arbeitete er jeden Tag, praktisch bis zur Sperrstunde um 19 Uhr, als lebende Reklame für eine Zirkustruppe, die ihr Zelt neben dem Stadion aufgeschlagen hatte.

In der Stadt S. war der Name »Vagabundo« schon seit Jahrhunderten bekannt. Der Zirkus galt als dubios, wenn auch forsch im Auftreten. Seine Artisten wirkten alterslos, und ihre Nummern stellten eine Art kontinuierliches

Fortspinnen ein und derselben Ideen und Themen dar. Die Einwohner von S. und vieler anderer Städte und Dörfer Mittel- und Osteuropas hatten sich seit langem an die fast unvermeidlichen Gastspiele des »Vagabundo« gewöhnt, wie man sich an alles Systematische und sich Wiederholende gewöhnt. Wobei die Zirkusdirektion mit den wechselnden Machthabern verdächtig leicht zu einer Verständigung kam und die Geldflüsse, die die Zirkustätigkeit einbrachte, auch in den schweren Zeiten der großen Kriege nicht versiegten.

Also bescherten sogar wenige Stunden, die sie auf dem Platz vor dem Zirkuszelt als lebende Reklame herumstanden, sowohl »Sansara« als auch »Mimi« einen durchaus ansehnlichen Verdienst. Allerdings musste man dafür das Aussehen verändern und Clown und Närrin werden. Zum Glück forderte der alte Arcimboldo, Chef der Werbeabteilung, kein allzu sorgfältiges Schminken mehr.

Es gab recht viel lebende Reklame auf dem Platz unweit des Zirkuszelts: zwischen sieben und zehn Personen. Sie machten sich an die Passanten heran, verteilten Werbezettel und luden zum Besuch der Vorstellung ein. Manche hatten tragbare Registrierkassen dabei und verkauften Eintrittskarten. »Billets für Magier und Mimen!«, rief es an einer Stelle. »Flackernde Lichter und kichernde Affen!«, erklang es an einer anderen. »O ihr Kinder böser Zeiten«, seufzte »Sansara« leise.

In der Stadt erinnerte sich niemand mehr, dass er einst Pingpong- und Tennismeister gewesen war. Seit Mitte der dreißiger Jahre hatte er kein einziges Finale verloren. Aber die Zahl seiner früheren Fans verringerte sich unaufhaltsam: Die Stadt starb aus und verwilderte.

19

»Mimi« war ein mutiges Mädchen. In ihrer Reklamerolle sah sie so aus, dass es der Aufmerksamkeit der beiden Brüder nicht entgehen konnte. Gäbe es ein Wort irgendwo in der Mitte zwischen »leichtsinnig« und »aufreizend«, dann hätte Mimi genau so ausgesehen. Wobei es nicht nur um den skandalös gekürzten Rock im gemischten Plissé-gaufré-Stil ging.

Die Brüder Mauer, Johann und Wilhelm, liebten es, demonstrativ spazieren zu gehen. Kein Wunder: Es war ja ihre Stadt. Hier fühlten sie sich sicherer und frecher als sonst wo auf der Welt. Nach den Worten des schon zitierten Tadeusz Olszański waren sie vielleicht sogar in S. geboren. Jedenfalls »führte ihr Vater ein Beerdigungsinstitut in der Sapieżyńska-Straße, gegenüber dem Friedhof. Beide hatten sie das Gymnasium von S. absolviert.«

Im November 1943 25 und 29 Jahre alt, waren die Mauer-Brüder von den ersten Tagen der Okkupation an innerhalb der SS-Führung der Stadt sehr sichtbar. Man weiß über sie, dass es Volksdeutsche waren, also Polen deutscher Abstammung, die zu Beginn des Krieges so schnell wie möglich Polen verrieten und sich dem Reich verschworen. Wonach sie absolut vollendete Monster wurden und »die eifrigsten Henker der Stadt S.«.[12] Es war bekannt, dass sie »zu ihrem Vergnügen mit Schäferhunden an der Leine und einer Peitsche in der Hand durch die Straßen streifen. Jeden, der ihnen unterkommt, schlagen sie und hetzen die Hunde auf ihn.«

12 Zitate hier und im Folgenden aus dem erwähnten Buch von T. Olszański

Am 13. November war es nur ein Hund. Der ältere Mauer führte ihn an der Leine. Obwohl die beiden diesmal in Zivil waren, verbreiteten sie schon von weitem Angst und Schrecken. Man erkannte sie. In den Taschen ihrer teuren, eleganten Mäntel erahnte man treffsicher die Waffen. Als sie gemessen wie Schlafwandler, ungerührt und unbeirrt den Platz vor dem Zirkus betraten, war der praktisch leergefegt. Jeder, der dort war, beeilte sich, ihnen aus den Augen zu kommen. Nein, ein paar letzte Dumpfbacken schlenderten noch herum – wohl Fremde und Hergelaufene, Landeier, die angelockt vom Geruch der Zirkussägespäne überlegten, ob sie ihr Geld für die Vorstellung ausgeben sollten.

Um »Mimi« entstand eine Leere, so schamlos und nackt, dass sie sich fast schon wie eine Bordelltänzerin fühlte. Der jüngere Mauer glitt in ihre Richtung, und in seinem Krokodillächeln war die triumphierende Lüsternheit der gesamten lüsternen Welt zu lesen. Der Ältere, der den Hund hielt, beobachtete alles aus einer Entfernung von ein paar Dutzend Metern. Sein Lächeln unterschied sich kaum von dem seines Bruders.

Er sieht genau, wie sich seinem Bruder dieser Clown in den Weg stellt. Dann, wie beide, sein Bruder und der Clown, zwei physische Körper, unausweichlich aufeinanderprallen und sein Bruder den Clown ein paar Mal aus dem Weg schiebt, aber jener nicht von ihm ablässt, seine Hand fasst, ihn umarmt, ihn in Umarmungen erstickt und nicht weitergehen lässt. Dabei rutscht dem Clown ein ganzes Paket Reklamezettel aus dem Kittel, und Johann Mauer bläst mit voller Kraft in seine Trillerpfeife, denn selbst von seinem Beobachtungsplatz aus erkennt er zwischen den Zirkusblättern ein, zwei ganz andere Zettel. Er kennt dieses Format sehr gut, die rosa Farbe des Papiers und

244

die Schrift, ein subversiver Aufruf der Organisation
»An Polizisten, Schutzmänner und Mitarbeiter der Ge-
heimpolizei«, wo Schwarz auf Rosa gedruckt steht: »Ohne Euch und Eure Hilfe sind die Deutschen taub, blind
und stumm! Wir rufen Euch zum letzten Mal zu: Besinnt
Euch! Helft den Deutschen nicht, kämpft gegen sie!«

Daher ist das Nächste, was er tut, den Hund loszulas-
sen. Der versteht nicht ganz, auf wen er sich stürzen soll.
Die Närrin versucht zu verschwinden, aber ihre Stelzen
sind zu hoch. Und wohin könnte sie jetzt auch fliehen,
nackt wie sie ist auf ihrem nackten Podium – ins Zirkuszelt? Wird sie sich unter Zirkuslumpen verstecken? Sich
wie die knochenlose Frau in die Kiste des Zauberers legen? Hoch und unerreichbar am Trapez schwingen?
Zu spät, auf tödliche Weise zu spät ist es für sie, unsichtbar zu werden, sich in Nichtexistenz aufzulösen!

Der Bruder Wilhelm, der sich erneut aus der Umklam-
merung des Clowns gelöst hat, stiefelt ihr hinterher. Gleich
hat er sie eingeholt, er kann sie gar nicht nicht einholen.
Der Hund stürzt sich auf den Clown und beginnt, seine
karierten, mit Watte ausgestopften Riesenhosen zu zerfetzen. So viele Wattebäusche in der Luft haben dieser
Platz, diese Stadt noch nie gesehen. Dutzende Polizisten
eilen von allen Seiten herbei, schwenken die Knüppel
und entsichern im Laufen die Waffen.

20

»Sansara« und »Mimi« wurden entgegen den Instruktionen gemeinsam in einem Automobil ins Gefängnis transportiert. Man kann annehmen, dass es der Jagdlust ge-
schuldet war: Die Brüder Mauer drängte es so sehr, ihre

Zirkusbeute zu bearbeiten, dass sie nicht auf das zweite Auto warten wollten. Das wissen wir ganz zuverlässig.

Unbekannt bleibt jedoch, ob »Sansara« »Mimi« das sagen konnte, was er ihr schon seit Monaten sagen wollte. Zum Beispiel über die tätowierte Blüte auf ihrer linken Pobacke.

Eine andere Gelegenheit wird es nicht geben. Denn auch »Mimi« wird es nicht mehr geben.

21

Die Vorstellung sollte um 15 Uhr beginnen. Grund für den frühen Beginn war die Sperrstunde. Damit das Publikum rechtzeitig wieder nach Hause kam, musste man neben der Aufführung selbst auch die Dauer der zwei Grußworte einrechnen. Eines sollte Doktor Lepkyj halten, der Bruder des Décadence-Dichters. Das andere Kreishauptmann Doktor Albrecht, der Chef der Zivilverwaltung. Er hatte seinen Auftritt, eine mehrminütige Rede über die herausragende Bedeutung der Kultur und vor allem des Theaters für die Erziehung der Bürger einer neuen, von den Idealen des Dritten Reichs inspirierten Ukraine, intensiv vorbereitet. Doktor Albrecht hatte das zweimal gefaltete, maschinengeschriebene Manuskript in die Innentasche seiner Jacke gesteckt. Insgeheim war er stolz auf die eigene, neu entwickelte These über die *weiche Macht* der Kultur im Kampf um die neue Weltordnung.

Hätte »Sansara« am Sonntag im Theater sein können, dann hätte er auf ebendiesen Albrecht schießen müssen. Es gab bei der Vorstellung keinen Deutschen von höherem Rang oder größerer Wichtigkeit. Weder den Garnisonskommandeur noch – bedauerlicherweise – irgendeinen leitenden Beamten von Gestapo, Kripo oder Schupo. Alle straften die *Scharika* einmütig mit Missachtung.

Aber auch ein Anschlag auf Albrecht hätte Eruptionen erheblichen Ausmaßes hervorgerufen. Auf jeden Fall hätte er nie gesehene Repressionen gegen die Lokalbevölkerung ausgelöst. Alle Folterungen und Erschießungen, die den städtischen Raum bis dahin in Beschlag genommen hatten, wären als Vorspiel und Geplänkel oder gar Ouvertüre zu einer Operette erschienen. Über die schrecklichen Folgen seines geplanten Terroranschlags war sich »Sansara« nicht nur im Klaren – er setzte darauf. Die Leiden und Opfer der Ukrainer sollten sie wenigstens teilweise von der Sünde der Kollaboration reinwaschen. Die Wut der Besatzer und der ganze Wahnsinn der Strafmaßnahmen würden schließlich systematischen und vor allem massenhaften Widerstand entfesseln. Die Erde unter dem braunen Stiefel würde brennen. »Sansara« glaubte an den großen Aufstand und an die militärisch-politische Intervention des Westens. Vielleicht hatte er für sein kurzes Leben zu viele Bücher gelesen – Bücher, die klug und naiv zugleich waren.

Nun sah es so aus, als werde sich sein Plan zerschlagen. Er war verhaftet worden und würde nicht am Tatort sein, die Theaterpremiere würde ohne irgendwelche Exzesse verlaufen, und die deutsche Herrschaft würde das lokale Publikum von der Bühne herab mit wortreichen Floskeln begrüßen, es zu einer erneuten Annäherung animieren und ihm die Köpfe mit vorgeblicher Bündnistreue vernebeln. Und alle würden glücklich und diszipliniert noch vor Anbruch der Sperrstunde nach Hause gehen.

22

Gegen sechs Uhr morgens, als er zum zweiten Mal mit einem Eimer Wasser überschüttet wurde, fiel ihm etwas ein, noch kein Gedanke, nein, eher der Schatten eines Gedankens, ein erstes Anzeichen, ein Vor-Bild. Ungefähr zwei Stunden lang hatten ihn die Mauers mild und irgendwie träge verhört, bevor sie dann von zwei anderen abgelöst wurden und verschwanden. (Der Ältere, Johann, wird am nächsten Tag wiederkommen, wie immer mit seiner Peitsche.)

Wie haben die Mauers jene Nacht verbracht? Sind sie nach dem erfüllten Tag in tiefen Schlaf gesunken? Oder haben sie sich weiter mit irgendwelcher Beute vergnügt? Wir wissen es nicht.

Aber wir wissen etwas über ihr zukünftiges Leben. In dem es nur düsteres Halbdunkel, Gestank nach totem Fisch und Eierlegen in ewigem Schlamm geben wird.

23

Es handelte sich noch gar nicht um Folter – sondern nur um die erste psychologische Attacke mit Schlägen mittlerer Stärke. »Sansara« verlor zweimal das Bewusstsein. Sie wollten wissen, woher die Zettel kämen (die rosafarbenen natürlich, nicht die vom Zirkus). Also die Verbindungen, wer und woher und was das für eine Untergrunddruckerei sei. »Sansara« wusste, dass sie genau das fragen würden. Dafür verfügte er über eine eigene Methode, die er sich unzählige Male in speziellen Meditationen antrainiert hatte. Er führte sie in die Irre, führte sie an der Nase herum, zwang sie, sich im Kreis zu drehen. Gegen sechs

Uhr morgens schütteten sie ihm zum zweiten Mal einen Eimer Wasser über den Kopf und zeigten ihm ihre *Instrumente*: Metallstöcke, Gummiknüppel, mit Schusternadeln bestückte Handschuhe, lederne, geflochtene Peitschen, Totschläger aus Blei, Stacheldraht. »Denk an das alles, bevor du einschläfst«, sagte der Dolmetscher, und sie brüllten vor Lachen.

Als sie »Sansara« in die Zelle führten, wurde der Schatten eines Gedankens zum Gedanken. Wichtig, auf die Uhr zu schauen, wiederholte er innerlich so viele Male, dass man, hätte man es gehört, geglaubt hätte, er sei verrückt geworden.

24

Die Uhr war zum Glück eine Wanduhr, mit einem großen, klaren Zifferblatt, und »Sansara« konnte sie sogar mit geschlossenen Augen sehen. Selbst wenn seine Augen blutverklebt wären (und darauf lief es hinaus), würde er die Uhr verfolgen können. Er musste Zeit gewinnen. Und die bestand zu drei Vierteln aus Folter.

Er hatte Glück dabei. Überhaupt begann er, Glück zu haben. Zum Beispiel mit der Zelle – vergleichsweise sauber und ohne Flöhe. Dort zog er endlich die an vielen Stellen zerrissenen Clownshosen aus, unter denen er seine völlig unversehrten guten alten Tweed-Breeches trug.

Am Sonntagmorgen verging etwa eine Stunde mit Fotografieren und der Abnahme von Fingerabdrücken. Er wurde dreimal fotografiert: Im Hauptgebäude des Gefängnisses vor einer weiß getünchten Wand, vor einer verwitterten Mauer im Hof (ebenjenem, dem *väterlichen*) und dann noch im kleineren Gebäudeteil, wo die Wände von Schimmel befallen waren und es nach alten Lumpen stank.

»Sansara« fragte nicht, wieso er so oft fotografiert wurde. Er fragte überhaupt nicht. Eine gute Stunde für diese ganzen Prozeduren bedeutete eine Stunde weniger Folter. Denn er wusste genau, um wie viel Uhr die Folter beendet werden würde. Er hatte Glück.

25

Die Wanduhr stellte eine weitere Verletzung der Dienstanweisung dar. Räume, in denen stundenlange Verhöre *unter breiter Anwendung begleitender Maßnahmen* stattfinden, sollten keinerlei Verbindung zur Welt draußen haben, keine Countdown-Systeme. Wie ein Kasino, dessen Spieler die Verhörten und Gefolterten sind.

Als das Zifferblatt halb vier Uhr nachmittags zeigte (der erste Akt der Operette war in vollem Gange), beschloss »Sansara«, dass es Zeit sei, und begann, dem älteren Mauer zu beichten. Es war ihm gelungen, die notwendige Zahl an Stunden herauszuschinden – und jetzt beschloss er, die Situation treiben zu lassen. Im Theater, sagte »Sansara«, wird geschossen werden, auch Sprengstoff ist dort, heute ist Premiere, unsere Aufstands-Premiere, der Beginn einer großen Aktion. Fast hätte er auch noch Reihe und Platz auf seiner Eintrittskarte genannt, hielt aber rechtzeitig inne: Sie würden auch ohne ihn alles finden. Mauer stand langsam, ungläubig, auf, gab aber für alle Fälle den Befehl, Brandt anzurufen. »Sansara« fuhr fort zu reden – und schon zum Zeitpunkt der ersten Pause waren aus seinen Worten die Namen Dutzender führender Vertreter des Untergrunds notiert, deren Anwesenheit

250

im Theater man mit hoher Wahrscheinlichkeit erwarten konnte. Er lockte seine neugierigen Zuhörer in ein immer verworreneres Labyrinth ausgesucht phantastischer Strukturen, wo er in absoluter schöpferischer Ekstase, verstärkt durch Spucken, ausgeschlagene Zähne, Blut und Summen in den Ohren, Pläne, Verschwörungen und unheilvolle Porträts vor ihnen ausbreitete und dabei ein hohes Maß an Eingeweihtsein in die letzten konspirativen Geheimnisse demonstrierte.

Gegen fünf Uhr tauchte beim Verhör Untersturmführer Oskar Brandt persönlich auf. Nach weniger als einer Viertelstunde und ein paar eiligen Telefonaten brach er, ebenso eilig, aus dem Gefängnisgebäude im gepanzerten Daimler-Benz und in Begleitung einiger Stabsautos zum Kino »Viktoria« auf, um das Sonderkommando aufzuscheuchen. Auf dem Mickiewicz-Platz wurde es verstärkt durch zusätzliche Polizeikräfte und eine ziemlich große Zahl von Agenten in Zivil.

So begann die Razzia mit all ihren Folgen.

26

Kamerad »Sansara« spielte auf Risiko – und gewann. Er konnte an jenem Nachmittag nicht auf den Theologieprofessor Albrecht schießen, doch gelang es ihm, praktisch alle erwünschten Ergebnisse trotzdem zu erzielen. Über sie haben wir schon bei »Robert« gelesen. Außer Dutzenden von Eingeschüchterten, Verprügelten und Verwundeten produzierte der Vorfall im Theater auch einige Dutzend nach Deutschland deportierte Zwangsarbeiter und – der wichtigste Hinweis – an die hundert Verhaftete. Dass sein Pfeil ins Schwarze getroffen hatte, davon konnte sich »Sansara« schon einige Stunden später überzeugen, in der Nacht auf den 15. November. Die Zelle, in der er saß, füllte sich mit immer neuen Gefangenen, ebenso die Nachbarzellen. Die Neuankömmlinge zeichneten sich durch festliche, aber schon verschmutzte Kleidung aus; schmutzig blutige Flecke auf den meist zerrissenen Trachtenhemden und die Hand- und Fußschellen ließen keinen Zweifel, dass die Polizeiaktion äußerst brutal verlaufen war. Für »Sansara« war das eine gute Nachricht. Die Führung der ORGANISATION hatte jetzt kein Recht, den Besatzern darauf anders als mit echtem Krieg zu antworten.

Aus den bruchstückhaften Erzählungen einiger neuer Arrestanten erhielt »Sansara« eine allgemeine Vorstellung von der Razzia. Zufrieden konstatierte er, dass er sich in seinen Voraussagen nicht getäuscht hatte. Natürlich wurden im Theater erheblich mehr Waffen gefunden als die, die ihn unter seinem Sitz erwartet hatten. Ja, die Gestapo-Spürhunde hatte sein Kampfpäckchen sofort erschnüffelt. Aber auch ohne es gab es genug, um zu kämpfen! Mit ihrem brutalen Vorgehen zerstampften die Nazis mit Aplomb ihre letzten *bruders*. Allein die Entwaffnung und spätere Verhaftung und Folterung der ukrainischen Polizisten war die Sache wert gewesen! Das Einzige, was »Sansara« enttäuschte, war die übergroße Milde der Besatzer gegenüber Frauen und Kindern. Hier vermisste er extreme Taten.

Dass er nicht nur richtig gehandelt hatte, sondern auch in Übereinstimmung mit seinem Gewissen, davon war er bis zum Tag des Tribunals am Mittwoch absolut überzeugt. Sogar wenn man wieder einen halb zu Tode gefolterten Operettenfan in die Zelle trug, sagte »Sansara« in Gedanken nur etwas wie »Quäl dich, und du wirst gerettet«. Offensichtlich fing er an, sich für Gott zu halten.

Am 16. November tagsüber wurde er erneut dem älteren Mauer vorgeführt und entwickelt seine individuelle Revolution erfolgreich fort, indem er eine Vereinbarung über die geheime Zusammenarbeit mit der Gestapo unterschrieb. Aus den ihm vorgeschlagenen Decknamen wählte er vorausschauend »Siddhartha«. Obwohl der ältere Mauer ihm nebenbei zustimmte, dass der *Steppenwolf* viel interessanter geschrieben sei.

Nachdem das Gespräch beendet war, wurde »Sansara« (was er nicht wusste) in die niedrigste, fünfte Kategorie der verdeckten Mitarbeiter eingeordnet: Unzuverlässig.

27

Seine Unzuverlässigkeit stellte er schon am nächsten Tag unter Beweis.

Die Entscheidung, den Schauprozess gegen die *ukrainischen nationalistischen Banditen* in den Räumlichkeiten des Städtischen Theaters abzuhalten, traf Oskar Brandt höchstpersönlich. Im Zuschauerraum sollten Bürger sitzen, die der deutschen Macht wohlgesinnt waren. Die loyale Masse sollte die Todesurteile gutheißen. Aber der Theatersaal genügte Brandt nicht. Auf der Bühne installierte man die zu solchen Gelegenheiten übliche Radioapparatur, so dass die Verhandlung über Lautsprecher auf den Platz übertragen wurde. Dort hielten sich die ganze Zeit über einige Tausend Bewohner der Stadt auf.

In den Erzählungen der *Augenzeugen* stoßen wir auf sehr unterschiedliche Angaben, was den Charakter des

Publikums angeht. Die einen sagen, die Besatzer hätten wieder einmal auf den Hass zwischen Ukrainern und Polen gesetzt und dafür gesorgt, dass die Polen spürbar in der Mehrheit waren. Diese hätten angeblich jedes Todesurteil mit brandendem Applaus und lauten Freudenrufen begrüßt. Andere meinen, in den Saal, wie auch auf den Platz, seien einfach eilig viele verängstigte und eingeschüchterte Menschen getrieben worden – ohne besondere Auswahl oder vorherige Anweisung.

Die Wahrheit liegt wahrscheinlich irgendwo in der Mitte.

28

Kamerad »Sansara« (alias »Tarzan«, »Boy« und »Siddhartha«), der am 14. nicht ins städtische Theater gelangen konnte, ist am 17. November dort. Besser gesagt – man bringt seine Larve, die Blutergüsse und Schrammen im Gesicht überpudert, in fremder, etwas zu großer Kleidung. Neben sich zwei massige Typen in Zivil, die ihn vorsichtig in eine extra verdunkelte Loge schieben. Von dort soll er die Angeklagten genau beobachten, während sie aufgerufen und vom Gericht befragt werden. Wobei er dem Präsidium unverzüglich alle ihm bekannten Informationen über diese Personen mitteilen muss. Für die Verbindung zwischen ihm und dem Präsidium ist ein weiterer Agent zuständig, der zwischen der Loge und den Richtern hin- und herpendelt.

Der Prozess beginnt um neun Uhr morgens und trägt von Anfang an den Charakter einer äußerst formalisierten Abrechnung. Die Exekution der Todesurteile durch Erschießen ist für ein Uhr mittags angesetzt, so dass Oskar Brandt (er ist jetzt der oberste Richter) keine Zeit hat, sich mit der Wahrheitsfindung aufzuhalten. Rechts neben ihm sitzt sein erster Stellvertreter Wilhelm Assmann, der Henker der in K. erschossenen »nationalistischen Jugendlichen«. Der Name der dritten Person in dieser *besonderen Richtertroika* ist nicht überliefert.

Mit Stand zehn Uhr wurde schon über elf Angeklagte das Todesurteil verhängt. Eine Person wurde freigesprochen, aber nicht aus der Haft entlassen.

Die Sitzung geht weiter.

29

Ungefähr in jener zehnten Stunde wurde Kamerad »Sansara« von einem überirdischen Schlag getroffen. Er sah, wie im Himmel über dem Theater ein BRENNENDER PFAHL aufstieg, der Dach und Dachgestühl durchdrang und sich ihm in die Brust bohrte. Vor Reue und Verzweiflung konnte »Sansara« nicht mehr atmen. Er verstand plötzlich, dass sein so schlauer, perfekter Plan in Wirklichkeit ein Verbrechen, eine große Sünde und eine Niederlage darstellte. Seinetwegen veranstalteten die Feinde dieses Tribunal, seinetwegen führten sie sich in diesem Saal so frech auf wie Dämonen in der Hölle. Sah so etwa ein Sieg über sie aus? Und womit hatten sich diese unglücklichen Bewohner des Vorgebirges[13] versündigt, dass

13 Der wesentliche Teil der am 17. November Verurteilten und Ermordeten bestand aus ukrainischen Geiseln, die nicht am 14. November im Theater, sondern am 11. November in der Kreisstadt N. gefasst worden waren. Dort führten die Besatzer eine Strafaktion durch wegen der Ermordung eines gewissen Grzegorz A. durch

er sie so leichtfertig für irgendeine angebliche Reinigung opferte? Und obwohl »Sansara« mit ihrer Verhaftung gar nichts zu tun hatte, wurde ihm doch unerträglich weh ums Herz. Sein ganzer Körper zersprang in kleine Stücke. Er glaubte, er sei an allem schuld. An allem auf der Welt, also an ALLEM.

Als die Zahl der zum Tode Verurteilten siebzehn erreichte, genau in der Mitte der Verhandlung, überwältigte ihn der rettende Gedanke (zuerst nicht der Gedanke, sondern sein Schatten), dass er die Schuld noch abtragen könne und der Kampf (innerlich verwendete er das Wort »die Partie«, wobei er an eine musikalische Improvisation dachte) noch nicht zu Ende gespielt sei. Kaum hatte er sich das gesagt, verringerte der BRENNENDE PFAHL seinen Druck deutlich und trat etwas zur Seite, um weiter zu beobachten.

30

Fünfunddreißig Angeklagte, einunddreißig Todesurteile. Die Übrigen wurden freigesprochen, blieben aber in Haft (sollten sie doch vor Angst verrückt werden).

Jede Person wird vom Gericht nach ein und demselben gefragt. Zugehörigkeit zur ORGANISATION. Zusammenarbeit mit der ORGANISATION. Sympathie für die Taten der ORGANISATION. Mitgefühl mit einzelnen Mitgliedern der ORGANISATION. Phantasien über die ORGANISATION. Träume von der ORGANISATION.

Ja oder nein, die Antworten haben keinerlei Bedeutung.

den ukrainischen Untergrund, eines Doppelagenten, der gleichzeitig für die Polen und die Deutschen gearbeitet hatte.

Das längste Gespräch findet mit dem Friseur Dmytro K. statt. Wie aufgezogen gesteht der fünfzig Morde. Und schwätzt von Verbindungen und Decknamen. Es geht mit ihm durch. Er setzt alles auf eine Karte, um zu überleben. Und wird (zum Gefallen des polnischen Publikums) zum Tode verurteilt. Aber nicht erschossen.

Die endgültige Zahl lautet siebenundzwanzig.

Die Gehwegplatten bei der Synagoge werden aufgerissen. Zehn (oder doch neun?) Pfähle in den Boden gerammt. Die Erschießung wird bei jedem Wetter stattfinden.

31

Das Wetter war klar und trocken. So jedenfalls scheint es einem der Augenzeugen der Erschießung. »Ideale Sicht«, schreibt er in seinen Erinnerungen. Tadeusz Olszański, ein 14jähriger polnischer Jugendlicher, wollte zusehen, wie es vonstattenging. Aber auf dem Platz gab es so viele Leute, dass es unmöglich war, »sich zu den ersten Reihen durchzudrängeln«. Man reichte ihm vom Postament die Hand, von unten schob jemand – und so fand er sich in privilegierter Position am Platz des GROSSEN PROPHETEN[14]. Statt dem grünlich gewordenen romantischen Bronze-Adam mit Mantel und Buch hatten einige junge Kerle die erhöhte Beobachtungsposition eingenommen, Adams Erben. Wenn allerdings der Dichter an seinem

---

14 Gleich zu Beginn der deutschen Besatzung hatten polnische Patrioten die aus Bronze gegossene Statue des Dichters Adam Mickiewicz von ihrem Postament genommen und außerhalb der Stadt vergraben. Es ging wohl darum, ihre Zerstörung zu verhindern.

Platz geblieben wäre, hätte er sich die Hinrichtung doch nicht angesehen, sondern sich stolz in die andere Richtung gedreht.

Der kleine Tadeusz hätte auch besser nicht hingesehen. Gegen Ende wird ihm übel und er fällt fast vom Postament. Obwohl er sich nicht übergeben muss wie zwei seiner Kumpels.

Bald werden sich hier viele übergeben. Die Kotze wird nach dem Blut zum zweiten Naturelement dieses Gerichtstags.

Tausende Menschen auf dem Platz. Entsetzliche Enge. Erregter Applaus. (Einige waren offensichtlich sogar auf die umliegenden Dächer geklettert und konnten sich gerade noch zurückhalten, »Feuer! Feuer!« zu skandieren).

Die Synagoge, lange geschlossen, mit Brettern vernagelt und zerstört. Kein einziger lebender Jude. Nur die toten Juden sind alle da.

Und wer ist das?

Das Genie der polnischen Poesie. Dessen Postament leer ist. Ein evakuiertes Genie.

Ukrainische Opfer. Deutsche Henker. Ungarische Offiziere in den vorderen Reihen mit der besten Sicht, die Fotoapparate bereit. Aserbaidschaner, Kalmücken und Kirgisen aus den Hilfsbataillonen bilden die Absperrkette. Ukrainische Polizei (meine Herren, immer noch im Dienst?!). Hergelaufene ohne Stamm und Sippe. Offiziers- und Soldatenhuren. Zuhälter. Meisterdiebe. Informanten, Spekulanten, städtische Irre. Stadtschreiber. Der Abschaum der Stadt.

So viele Elemente vereinte der Platz in dem Moment, als man durch die Seitentüren des Theaters die ersten zehn herausführte.

Den beiden Mauers, die ihn bewachten, riss schließlich der Geduldsfaden, und sie zerrten »Sansara« aus der Loge. Mit auf den Rücken gedrehten Armen schleppten sie ihn in eine Garderobe. »Sansara« wehrte sich und spuckte ihnen, um seine Chancen zu erhöhen, mehrmals ins Gesicht. Dafür hätten sie ihn an Ort und Stelle mit einer Kugel durchbohren müssen. Indem sie ihm eine Browning direkt an den Schädel hielten, damit seine blöde Gehirnmasse nach allen Seiten spritzte und die Wände mit den Schauspielerfotos und Perücken verschmutzte.

(Verdammt, wie oft hatte er sie auf dem Court geschlagen! Wie konnten sie jenes Finale vergessen, jene Schande beim städtischen Turnier der Gymnasien im Jahr 1936? Scheiße auch, den Jüngeren hatte er doch zweimal k. o. geschlagen im Faustkampf auf den Wällen, 1937, als das ukrainische und das polnische Gymnasium aufeinander losgingen! Wie könnten sie ihm das verzeihen?)

Aber es gab heute keine »Browning«, und die Mauers schimpften nur, wischten sich die Spucke ab und schlugen schwer atmend aus ganzer Kraft mit ihren Peitschen auf ihn ein.

Der BRENNENDE PFAHL war jetzt auf seiner Seite. Er nahm die Schläge an. »Sansara« fühlte keinen Schmerz.

33

Als die erste Gruppe aus dem Theater geführt wurde (zehn? neun?), verstanden die Zuschauer, vor allem jene in den besten, den vorderen Reihen, dass sie ihnen in die Augen sehen mussten. Keine Säcke über den Köpfen, keine Binden – seht dem Tod ins Auge, meine Herren. Und bei ihm ist das immer so, dass nicht klar ist, wer wen anschaut. So geht das Spiel. Den Tod kann man nicht wegzwinkern. Wer die Augen abwendet, hat verloren.

Sie wandten sie nicht ab. Einer begann zu singen, andere stimmten ein. (Die Ukrainer können gut singen, lobte der Kreishauptmann Albrecht, Professor der Theologie, gerne von der Tribüne herab).

Diese hier sangen – und genug. Die beiden anderen Parteien würden geknebelt.

Vom Theaterbalkon aus kommandierte Oskar Brandt in scharfem Falsett ins Megaphon: »Feuer!«

Die Ersten waren gegangen.

34

»Kruk« wurde in der letzten Gruppe als Letzter herausgeführt. Von allen Seiten kreischte es, man solle es einzeln machen. In einer solchen Prozession der Letzte sein – ist das vielleicht das finale Zeichen des Auserwähltseins? Oder Zufall, ein Fehler, ein nichtiges Detail ohne jede Bedeutung?

Warum brach »Kruk« zusammen? Erschöpfung nach der Folter? Nervenzusammenbruch? Muskelkrämpfe, Atemnot? Und wenn es ein Schluck Gift war? Eine erbsengroße Papierkugel, in der sich ein winziger Haufen Kristalle befand? Nicht damals, auf der Bühne, sondern jetzt, in der Enge des Korridors, zwischen endlosen Türen zu irgendwelchen Kammern und Schminkräumen?

Oder gaben vielleicht einfach seine Beine nach, und sein Körper sank, zum zweiten Mal in dieser Geschichte, auf die Bohlenbretter?

»Wo ist der Siebenundzwanzigste?!«, schreit irgendwo
vom Ausgang her der Soldat mit der Liste in der Hand.
»Ich zähle erst sechsundzwanzig!«

»Hier! Ist hingefallen!«, schreit zur Antwort der Wärter und beugt sich über »Kruk«.

»Wo ist der Siebenundzwanzigste?!«, wiederholt seinerseits der Soldat, der zählen soll.

Im fahlen Licht, im Halbdunkel, in der feuchten, schwit-
zigen Enge werden sogar die kalten nordischen Seelen
von Nervosität übermannt.

»Wo ist der Siebenundzwanzigste?!« Es ist, als wäre
der, der zählen soll, verhext.

»Hier ist der Siebenundzwanzigste! Gleich kommt er!«,
rufen die Brüder, stoßen »Sansara« in den Korridor und
werden für einen unglaublich kurzen Moment zu seinen
Komplizen.

»Nicht der, der nicht!«, kreischt der Wärter, aber die
Mauers schleifen »Kruks« Körper schon aus dem Weg,
irgendwo auf die Seite, in die erstbeste Tür, aus den Augen. Der Wärter winkt ab – egal – und treibt »Sansara«
zum Ausgang. Wirst du halt der Siebenundzwanzigste
sein, beschließt der Wärter. So ist das Leben.

So ist der Tod.

»Hier ist der Siebenundzwanzigste!«, verkündet der
Soldat, der zählt.

Und seufzt erleichtert auf: »Alle da.«

Als der Kommandierende von seinem Balkon zum dritten Mal Feuer befahl, hatte die Zeit fast aufgehört zu
existieren. Das heißt, sie hatte sich fast bis zum völligen
Stillstand verlangsamt. So dass »Sansara« sehen konnte,
wie seine Kugeln auf ihn zugeflogen kamen. Derjenige,
der sich auf ein Knie niedergelassen hatte, schickte seine
ins Herz. Der, der stand – in den Kopf. »Sansara« konnte
nicht erwarten, bis sie ihr Ziel erreicht hatten. Bis sie durch
ihn hindurchflogen und sich in die Synagoge in seinem
Rücken bohrten. Alles verband sich und machte plötzlich Sinn. Er hätte vor Freude aufgeschrien bei dieser Sal-
ve – wäre ihm der Mund nicht verbunden, mit einem Kne-
bel verstopft gewesen. Alles, was er tun konnte, war, in
sich hineinzubrüllen, mit allen Stimmen gleichzeitig, dem
ganzen Chor der ewigen Stille. Es zog ihn nach vorne
und wollte ihn in eine tiefe Verbeugung zwingen, aber
der PFAHL erlaubte es ihm nicht zu fallen. Als sich die Pistole, die den Fangschuss geben sollte, in sein Genick press-
te, dachte er das Wort »brennend«.

Letzter Teil
Die Präsentation der Leiche oder Fantomas-71

1

In jener Augustnacht, als Bohdan Staschynskyj und Inge Pohl nach Westberlin entschlüpften und in ihrem Rücken die Mauer emporschoss, wurde ich genau ein Jahr und fünf Monate alt. Wie bei meiner Geburt war es auch diesmal die Nacht von Samstag auf Sonntag. Ich schreckte aus dem Schlaf hoch und begann entsetzlich zu schreien. Meine Mutter sprang auf und stürzte sich auf die Wiege, doch mein Gebrüll, das mich wie die neunte oder gar zwölfte Woge überrollte, wurde nur noch lauter und verzweifelter. Meine Mutter machte Licht an und sah einen riesigen gehörnten Käfer, einen Schröter, der sich meinem aufgerissenen Mund näherte. Sie schrie nicht weniger gellend als ich, worauf der Käfer verwundert innehielt. Was er von mir wollte, weiß ich bis heute nicht.

Dafür weiß ich, dass sich das Ehepaar Staschynskyj in jenen Minuten schon der Gnade der Westberliner Polizei ausgeliefert hatte. Es war eine historische Nacht. Genauer, eine Nacht mit historischen Folgen. Der Schröter, der energisch aus unserem Haus vertrieben wurde, verschwand in der Dunkelheit vor dem Fenster.

So begannen meine persönlichen sechziger Jahre. Eine Dekade, in der alles Mögliche, jedenfalls furchtbar viel passierte. Vielleicht mehr als in irgendeinem Jahrzehnt danach. Aber jetzt heißt es nicht Erinnern, sondern Entschlüsseln: Schnellsprech, Stakkato, Galopp. Als hätte ich jene zehn Jahre in nur wenigen Minuten durchlebt.

2

1963 wurde auf dem Gelände des alten jüdischen Friedhofs der Kinopalast »Kosmos« gebaut. Anders hätte er zu jener Zeit gar nicht heißen können. Auch ich hätte nicht anders heißen können. Meine Eltern waren sich lange uneins gewesen, auf welchen Namen sie mich taufen sollten. Das erste Jahr plus einen Monat hieß ich nur »Kind«, »Junge« oder »Kleiner«. Erst am 13. April 1961 wurde ich ein Juri, in gegenseitigem Einverständnis von Vater und Mutter – Gagarin zu Ehren, der am Vortag für ein Stündchen ins All geflogen war. In unserem Leben brach die Kosmonauten-Ära an, die sich vor allem in der Namensgebung manifestierte. Vor- und Nachnamen der ersten elf Kosmonauten konnte ich auswendig. Ich hatte ja auch genug Zeit, sie zu lernen: Zwischen 1964, als die Letzten der elf ins All flogen, und 1969, als die Nächsten losgeschickt wurden, klaffte eine unverständliche Lücke von fünf Jahren. »Was ist los?«, fragte ich Pani Irena, meine Oma, mehrmals die Woche. »Wann fliegen sie wieder?« Pani Irena zuckte die Achseln. Auch sie machte die Ungewissheit beklommen, und im Grunde ihres Herzens fürchtete sie, dass es im Kosmos niemals mehr Kosmonauten geben würde. Nur noch Astronauten. Also Amerikaner.

Das Kino »Kosmos« aber war noch in den früheren, optimistischeren Zeiten errichtet worden, als man jene elf einen nach dem anderen in den Himmel schoss. Ein monumentales Mosaik schmückte die Fassade: ein Kopf im Raumfahrerhelm, eine himmelwärts gerichtete Rakete und ein Satellit. Der behelmte Kopf war erheblich größer dimensioniert als der Satellit und die Rakete. Der bisher nur monumentale Realismus verwandelte sich augenscheinlich in einen grenzenlosen. Der Kosmos rief, und das »Kosmos« ebenfalls.

Aber nicht alles ging glatt. Eines Nachts (wobei einige Mythenspinner versichern, es sei nicht irgendeine Nacht gewesen, sondern die Nacht vor der feierlichen Eröffnung) kam im Kino die Decke herunter. Als Ursache dieses Exzesses wurde Sturzregen genannt, obwohl es Grund zu der Annahme gibt, dass es sich in Wirklichkeit um den methodischen Diebstahl von Baumaterial gehandelt hat. Der Nachtwächter, der vom Gepolter der fallenden Paneele geweckt wurde, wollte seinen Augen und Ohren eine ganze Weile nicht trauen, schließlich aber wählte er die Nummer der Miliz und sagte den Satz, der ihn zu einer städtischen Berühmtheit machte: »Miliz, der ›Kosmos‹ ist eingestürzt!« Der diensthabende Milizionär konnte die Anführungszeichen in dieser Meldung natürlich nicht sehen, und Kosmogonie gehörte nicht zu den speziellen Aspekten seiner dienstlichen Weltsicht. Daher hielt er den Satz, der »Kosmos« sei eingestürzt, zunächst für groben Unfug eines betrunkenen Rowdys oder halluzinierenden Psychos.

In der Stadt begann man über die tiefere und geheime, daher wahre Ursache für den Einsturz des »Kosmos« zu reden – die Juden. War es doch ihr Friedhof, der wegen des neuen Kinos *überlastet* worden war. So dass die einen den Einsturz als Rache des jüdischen Gottes ansahen (*Auge um Auge, Zahn um Zahn*), die anderen als Resultat einer weiteren jüdischen Verschwörung. Die Maßvollsten vertraten eine Synthese aus beidem.

Unberücksichtigt blieb, dass die Juden unserer Stadt ihre Verstorbenen seit den ersten Nachkriegsjahren nicht auf dem alten, sondern auf dem neuen jüdischen Friedhof begruben – hinter dem künstlichen See, wo die Deutschen in den Zeiten der Besatzung nicht weniger als hunderttausend Angehörige ihres Volkes vernichtet hatten. Den alten Friedhof, auf dessen Knochen der Kinopalast »Kosmos« errichtet wurde, war schon in jenen fernen und fast märchenhaften Zeiten, die man als *die polnischen* bezeichnete, für Beerdigungen geschlossen worden. Die Juden, die nach dem Krieg wieder in die Stadt kamen, zog nichts mehr dorthin, sie hatten keinerlei familiäre oder emotionale Beziehung dazu. Auf dem alten Friedhof lagen andere, österreichische Juden, Vorkriegsjuden (vor dem Ersten Weltkrieg), Verstorbene aus einer anderen Zivilisation, die heute fremd und unbekannt war. Das Niederreißen dieses Friedhofs für den Bau des »Kosmos« rief in den jüdischen Kreisen (die sich sonst nicht gerade in allem einig waren) weder offenen Protest noch heimliche Kritik hervor.

Die Verschwörung, falls sie existierte, wirkte nicht. Und Gottes Strafe war eine Einwegstrafe. Ein zweites Mal stürzte der »Kosmos« nicht ein.

Nachdem die Eröffnung mehrmals verschoben und das Kino in einem letzten Kraftakt fertig gebaut worden war, nahm es endlich seinen Betrieb auf. Es wurde über Nacht zu einem modischen, prestigeträchtigen und magisch anziehenden Ort, der seinen kosmischen Namen völlig zu Recht trug. Das Wichtigste war – während einige andere Kinos der Stadt bestenfalls *Breitwand* zeigten, konnte sich der Kinopalast »Kosmos« das viel progressivere *Breitformat* erlauben. »Und erst die Farben!«, begeisterte sich meine Mutter für die Lebensechtheit des breiten Formats. »Wie schön! Ich kann es gar nicht beschreiben!« Sie war ein bisschen exaltiert damals, meine jugendliche Mama.

3

Zuerst gingen meine Eltern ohne mich ins Kino. Ich wusste von diesen Ausflügen und war gekränkt. Natürlich verstand ich, dass Kino etwas für Erwachsene war. Aber nicht immer wollte ich mich damit abfinden. Kaum fing Pani Irena in verdächtig einschmeichelndem Ton damit an, wir könnten doch »am Sonntagnachmittag, was meinst du? in den Park!« gehen, verzog ich das Gesicht. Sie ging in dieselben Filme wie ihr Sohn und ihre Schwiegertochter, aber in die Vormittagsvorstellungen unter der Woche – während ich im Kindergarten büßte und litt.

Die Filme waren Ereignisse, sie kennzeichneten die Lebensbahn, waren bedeutende biographische Wegzeichen. Nach jedem Kinobesuch tauschten sich die Eltern über ihre Eindrücke aus, sie waren hoch erregt, vor allem mein Vater. Meistens geschah das beim Essen in größerer Gesellschaft. Ich hörte mit aufgesperrten Ohren zu, meine Phantasie lief auf Hochtouren. Auf diese Weise konnte ich mir doch einige Fragmente jenes für mich noch verschlossenen Daseins aneignen.

Ich merkte mir die Titel. Als hätte ich sie mir selbst ausgedacht. »*Die glorreichen Sieben*«, sprach ich meinem Vater nach. »*Der Dieb von Bagdad*«.

1965 redeten alle über *Eine total, total verrückte Welt*. 1966 über die *Feuerpferde*. 1967 über die *Königin von*

Chantecler. Im Ersteren veranstaltete ein Haufen Schwach-
köpfe Wettrennen, um an einen Schatz aus Geldpäckchen
heranzukommen. »Unter dem großen W«, verkündete
mein Vater jedem, der es hören wollte oder auch nicht,
das Geheimversteck.

Im zweiten Film wurde irgendeine Tante splitternackt
im Großformat gezeigt, weshalb der Film kurz darauf verboten und der Regisseur ins Gefängnis geworfen wurde.[1]

Der dritte war auch *ab sechzehn* und handelte von der
bekannten Spionin Mata Hari, die sich selbst spielte. Die
Damenwelt aber orientierte sich nicht an ihr, sondern begann pompöse Frisuren à la Sara Montiel zu tragen.

4

Gesetz der Antarktis war der erste Film, zu dem ich ins
»Kosmos« mitgenommen wurde. Das war in mehrerlei
Hinsicht revolutionär. Erstens erlebte ich endlich mit meinen eigenen Sinnen, nicht aus den Erzählungen anderer,
was *Breitformat* bedeutete – und zitterte vor Begeisterung, überwältigt von seiner Grenzenlosigkeit. Zweitens
gingen wir endlich zu viert in die Sonntagnachmittags-
vorführung, die ganze Familie – *Bindeglied der Gesellschaft*, ohne Trennung oder Ablenkungsmanöver wie

---

1 *Feuerpferde* (ukrainischer Titel: »*Schatten der vergessenen Ahnen*«) von Sergei Paradschanow, nach dem gleichnamigen Roman
von Mychajlo Kozjubynskyj. Er zeigt die reiche und fremdartige
Folklore und die harte Lebenswirklichkeit der Huzulen in den
ukrainischen Karpaten. Der Film erhielt mehrere internationale
Preise, wurde in der Sowjetunion aber verboten, da er nicht den
Vorgaben des sozialistischen Realismus entsprach. Paradschanow
wurde für mehrere Jahre inhaftiert.

270

Parkspaziergänge mit den ewig gleichen Karussells und Gipshirschen. Drittens erzählte ich im Kindergarten die ganze folgende Woche das *Gesetz der Antarktis* nach. Die meisten Episoden waren erfunden. Der Erzähler in mir war geboren.

Auf *Gesetz der Antarktis* folgten weitere Familienausflüge ins »Kosmos«. Der amerikanische *Jungle* (den ich »Dzhungli« aussprach, was sich fast auf »Mowgli« reimte), bereits 1942 gedreht, in seiner vielfarbig animalischen Exotik endlich auch für die Kinos unserer Stadt freigegeben, wurde nur von *Spartakus* übertroffen, mit Gladiatorenkämpfen, Massenszenen und dem fantastischen Kinngrübchen von Kirk Douglas. Ferner erinnere ich mich an *Nachttraum*, einen Film, ebenfalls in Farbe, über den jungen Schewtschenko – Pani Irena weinte und schniefte die ganze Zeit. Sie musste immer weinen, wenn es um Schewtschenko ging.

Tränen, meist weibliche, gehörten damals überhaupt dazu, vor allem bei indischen Filmen. Alle Frauen liebten sie, und meine Mutter war da keine Ausnahme. Ende der sechziger Jahre hatte sie sich, manchmal in Begleitung meines Vaters, meist aber zufrieden ohne ihn, durch *Das Gedicht in Stein*, *Die Blume und der Stein*, *Anupama*, *Liebe in Kaschmir* und vieles andere fleißig hindurchgeweint. Auch ich bekam mindestens zweimal Gelegenheit, sie in diese sentimentale Welt zu begleiten. Ein Film hieß *Chamras*, der andere *Sangam*, ich weiß bis heute nicht, was diese Titel bedeuten.

So lebten wir damals: ein bisschen in der Realität, ein bisschen im Film, süchtig nach den alternativen Gefühlen, die uns die Wirklichkeit vorenthielt.

ER wusste also sehr gut, wie er uns packen konnte. Und ER hatte sich schon zu uns aufgemacht, er kam nä-

271

her, er durchlief die Instanzen – russische Synchronisation, Zensur und andere Unannehmlichkeiten –, und war mit nichts zu vergleichen, der Große, Schreckliche, Entsetzliche, Fantastische, Fantomische.

5

Die Sechziger prägten sich mir nicht nur durch Filme und den Kinopalast »Kosmos« ein. Nicht nur durch die Kosmonauten, deren erste elf ich sogar im Halbschlaf hätte fehlerlos aufsagen können, wäre ich mitten in der Nacht geweckt worden.

Und nicht durch die ewig gleichen Karussells im Park, wo Pani Irena sonntags mit mir spazieren ging.

Es gab auch manch andere Wege. Besuche bei Dsjunja Strontschewska, zum Beispiel. Oder bei den Eltern von Pani Irena. Sie lagen nebeneinander auf dem alten Friedhof – Uroma und Uropa. Der Weg führte an der ehemaligen Lutheraner-Kirche vorbei, damals Sport- und Gymnastikschule für Kinder. Jedes Mal hörte ich dieselbe Legende von der schicksalhaften Liebe des Komponisten Denys Sitschynskyj, dessen Antrag von Herz und Hand Pani Irenas Mutter strikt abgelehnt hatte. Sitschynskyj (nicht der Terrorist Myroslaw, der Mörder des Grafen Potocki, sondern ein entfernter Verwandter) widmete meiner Uroma die Romanze »Als du hörst in der Nacht« und starb bald darauf in den klammen Wänden des von Morbus Koch verseuchten Hotels »Bristol«, wo ihm, dem Obdachlosen, ein letzter Unterschlupf gewährt worden war. Verglichen mit diesem Pechvogel konnte man meine Urgroßeltern als gut versorgt und wohlhabend bezeichnen. Später, auf dem Friedhof, kehrten sich die Dinge um: Das Grab des Komponisten war viel repräsentativer und standfester als der Ruheort seiner Angebeteten. Letzterer ist heute nicht mehr zu finden, er wurde bei der Verwüstung des Friedhofs in den späten siebziger Jahren vom Erdboden getilgt. So dass nicht der Bettelmusikant, sondern seine Passion und ihr Mann letztendlich obdachlos, vielmehr grabsteinlos wurden. Wie die meisten anderen Nicht-V.I.P.s des Friedhofs.

Aber ich wollte von Dsjunja Strontschewska erzählen – einem grauen alten Weiblein mit heftig zuckenden Grimassen, das einem nordamerikanischen Eichhörnchen glich. Sie trug gewöhnlich ein aus grauer Wolle geflochtenes Mäuschen im Ärmel, das sie meisterhaft bewegte, als sei es lebendig, was die immer gleichen Verkäuferinnen im Lebensmittelladen am Bahnhof immer wieder fast zu Tode erschreckte. Ihre Wohnung, besser gesagt ihr Kobel, lag in dumpfiges Halbdunkel gehüllt, vollgestopft mit polnischen Illustrierten aus allen Vor- und Nachkriegsepochen. Auf den Zeitschriften ruhten hie und da Katzen, von denen man nicht sagen konnte, ob sie tot waren oder lebendig. Die Atmosphäre vollständiger Dekadenz komplettierte Felius, Dsjunjas erwachsener Sohn. Ich hielt mich von ihm fern, denn er war sogar mir unheimlich. Felius verdämmerte die Zeit in einem entlegenen Winkel, wo er, die Zunge gespitzt, unförmige Kugeln in seine Malbücher kritzelte. Sie sollten die Köpfe bekannter Politiker darstellen. In seinen seltenen zutraulichen Momenten zeigte er Pani Irena manchmal seinen de Gaulle, seinen Chruschtschow und seinen Gomułka. Zu mir hat er nie Vertrauen gefasst – so wenig wie ich zu ihm. Manchmal merkte ich, wie er mich heimlich anglotzte und dann lange nicht mehr zu seinen unförmigen Politikerkugeln zurückkehren konnte.

Meistens brachte ich einen weiteren Armvoll Zeitschriften mit nach Hause, die Dsjunja Strontschewska mir *als Dauerleihgabe* überlassen hatte. Meiner Mutter gefiel das ebenso wenig wie unsere Besuche bei Dsjunja Strontschewska. Sie hatte Angst vor Felius, weil sie in ihm den Irren witterte. Daher musste ich das ganze Altpapier in einem speziellen Winkel unter Pani Irenas Bett verstecken. Nach dem nächsten Großputz war es verschwunden, und wo es hingekommen war, konnte ich nie herausfinden. Die meisten Zeitschriften hießen *Przekrój*, und da man bei uns die Polen damals verächtlich »Pscheky« schimpfte, erklärte ich meinen Freunden, wenn sie mich besuchten, *Przekrój* bedeute »Polnisch«. Eine polnische Zeitschrift »Polnisch«. Warum nicht – schließlich hatten wir viele Jahre in Folge die ukrainische Zeitschrift *Ukrajina* abonniert.

Beim Durchblättern der längst aussortierten Periodika blieb ich immer wieder an den Illustrationen hängen. Zum Beispiel erinnere ich mich an einen Öldruck mit dem Titel *Samijlo Nemyrytsch und seine Räuber entführen den Bürgermeister Uberowytsch in der Gegend um Lemberg (Sknyliwok, 23.VII.1619).* Am stärksten beeindruckte mich das von Schmerz und Staunen verzerrte und von wirrem grauen Haar umrahmte Gesicht des Alten mit den weit aufgerissenen Augen, der bäuchlings quer über ein Pferd geworfen und mit Stricken an den Sattel gebunden worden war.

Damals ließ ich Bücher ohne Illustrationen nicht gelten. Gut, dass im Bücherschrank meiner Eltern Historien- und Abenteuerromane dominierten, ganz-, manchmal auch doppelseitig illustrierte Wälzer. Die Geschichten konnte man sich nach den Illustrationen zusammenphantasieren, ohne die Bücher lesen zu müssen. Die besondere Vornehmheit der Herausgeber kam in der damals weit verbreiteten Praxis zum Ausdruck, jede Abbildung mit dem entsprechenden Textabschnitt auf der gegenüberliegenden Seite zu untertiteln. So genügte es mir, als ich noch kaum die Buchstaben zusammensetzen konnte, zum Beispiel zu lesen, »Kap kroch auf die alte gusseiserne Kanone …«, »Die Indianer trugen den Reisig zu den Türen und zündeten ihn an« oder »Der alte Matrose schwenkte die Mütze und schrie dreimal ›Hurra‹« – und am nächsten Tag im Kindergarten faszinierte ich meine Milch- und Breikameraden, indem ich ihnen die Romane von Fenimore Cooper nacherzählte.

6

Kindergarten, Schule – auch solche Wege gab es, fast täglich. Schweigen wir davon.

Außerdem gab es Abendspaziergänge auf den Bahnsteig und zurück – um stets von neuem die Ankunft und Abfahrt des Zugs Nr. 76 Warschau – Constanța zu genießen. Einige Waggons nahmen Kurs auf Bukarest, andere auf Varna oder Sofia. Die Unmöglichkeit, zu einer der auf den Waggonschildern angegebenen Destinationen zu fahren, rief eine seltsame Sehnsucht hervor – nach Orten, wo du nie warst und nie hinkommen wirst. Davon sang es damals aus jedem Radioempfänger: »Jeder hat manchmal den Traum von // hellblauen Städten // ohne Namen.«

Na, und dann kam der Sommer 1968, unvermeidlich gefolgt von jenem Herbst, als der Wanderzirkus »Praha« in der Stadt gastierte. Er schlug sein Lager an ungefähr derselben Stelle auf wie die meisten früheren Zirkustrupps:

vor dem Stadion, unweit des Parks. Die tschechoslowakischen Zirkusleute sprachen ein lustiges Russisch mit kindlicher Intonation. Sie wirkten ein bisschen beleidigt, dass die Rote Armee sie so entschlossen vor der verräterischen Aggression der Bourgeoisie gerettet hatte. Der Clown Franta regte sich besonders auf: Er schaffte es einfach nicht, sich eine leuchtend rote Krawatte vom Hals zu reißen, sie wand sich in seinen Fingern wie eine tropische Schlange und schien ihn gleich zu erwürgen. Als er sich, schon ganz blau angelaufen, endlich von ihr befreit, sie zu Boden geschleudert und in die Sägespäne getreten hatte, blies das Orchester einen Tusch. Seine Nummer spaltete das lokale Publikum radikal in diejenigen, die sich vor Lachen bogen und begeistert applaudierten – und die anderen, die sich empörten. Ihrer Meinung nach begegneten die tschechoslowakischen Artisten unseren Befreiungsanstrengungen mit grober Undankbarkeit. Ich mochte vor allem die Zuckerwatte, die nicht schlechter war als die echte aus dem Fučík-Park in Prag.

7

Das Jahr 1968 markierte eine Grenze. Danach änderte sich sehr viel. In Prag wurde die Konterrevolution unterdrückt. In den Kinos lief *Old Surehand – 1. Teil*.

Niemand wusste, woher plötzlich die Leute mit den anderen Frisuren und Hosen kamen. Zuerst dachten alle, es handele sich um Ausländer auf Gastspiel, um Mitglieder des Wanderzirkus »Praha«, doch bald wurde klar, dass sich der riskante Stil – lange Haare, kurze Röcke – auf die lokale Bevölkerung übertragen hatte und dass das schon der Anfang eines Endes war.

Die Gespräche über politische Gefangene kehrten an den Abendbrottisch zurück. Ein paar, die man 1965 eingebuchtet hatte, würden schon in ein oder zwei Jahren zurückkehren. Darüber informierte uns die Stimme Amerikas aus den geheimen Radiogeräten in unterirdischen Verließen.

»Vietnam« wurde um das Wort »Napalm« ergänzt. Israel gewann den Sechs-Tage-Krieg gegen fünf arabische Länder auf einmal. Das war allerdings schon im Sommer des vergangenen Jahres passiert – mit weitreichenden Folgen.

Die ersten Juden emigrierten. Unsere Nachbarin Mara stieß einen historischen Satz aus: »Brennen soll sie, diese Sowjetunion!« – wobei unklar blieb, ob mit oder ohne uns. Ihre Ersparnisse und Guthaben in Gold, Diamanten und Aktien trugen die Juden unserer Stadt vor der Ausreise zu einem gewissen Herrn Kuba. Er war stadtbekannt. Man hielt ihn für eine Art Ewigen Juden. Zu allen Zeiten und unter jedem Regime trat Herr Kuba unverändert als Oberkellner der teuersten Restaurants der Stadt, Europas und der Welt *in Erscheinung*. Möglicherweise war er sogar der wahre Besitzer dieser Restaurants. Er sprach alle Sprachen. Sein Charisma war so vollkommen, dass sogar mein Vater auf ein eher zufälliges Gespräch mit ihm stolz war. Einmal bot ihm Herr Kuba im Restaurant »Kyjiw« verstohlen eine goldene Schweizer »Longines« zum halben Preis an. Mein Vater hatte bei weitem nicht genug Geld – nicht die Hälfte, nicht ein Viertel, nicht einmal ein Fünftel des Preises, war aber stolz auf die Geschichte und schmückte sie jedes Mal neu aus.

Wie schon erwähnt, nahmen die Kosmonauten 1969 ihre Flüge wieder auf. Das geschah fast gleichzeitig – die Raumflüge und die Emigration. Alles reimte sich auf seltsame Weise: Kosmonauten und Emigranten, Kuba und Herr Kuba. Wir liebten Kuba und seinen revolutionären Blaubart Fidel Castro, dessen Kopf Felius, der wunderliche Sohn von Pani Strontschewska, unzählige Male in seine Alben schmierte und die unförmige Kugel mit einem dichten Bienenschwarm umgab, in dunklem Indigo.

8

Habe ich die Diamanten erwähnt? Dazu passt etwas anderes: *Die Diamantenhand* habe ich mit Pani Irena und meiner Mutter (an meinen Vater erinnere ich mich in diesem Zusammenhang nicht) zum ersten Mal 1969 im Kino gesehen, unter freiem Himmel, auf den Wällen. Das Freiluftkino in den Vorhöfen des alten Potocki-Palasts war ein Erlebnis: die Dunkelheit schwüler Sommernächte, durchschnitten vom Strahl des Projektors, das Schwirren einer Myriade Nachtfalter auf der Leinwand und andere Mückenschwärme, die an Stirn und Wangen klebten, die Unerschütterlichkeit der alten Potocki-Linden, der von Sternen übersäte Diamanthimmel über uns und *Die Diamantenhand* hier unten.

Habe ich die ersten zwei Folgen von *Fantomas* auch dort gesehen? War es derselbe Sommer? Oder vielleicht doch der vorherige? Wie auch immer, jedenfalls stellte *Fantomas* für lange Zeit alle anderen Filme in den Schatten. Was denn für eine *Diamantenhand*! Was für *Geheimnisvolle Rächer*! *Hochzeit in Malinowka*? *Der Gefangene im Kaukasus*? Nichts da! *Fantomas* durchschritt siegreich unser Land, eroberte die Köpfe und nahm einem den Atem. Nirgendwo auf der Welt machte er derartig Furore. Man vertraute ihm vorbehaltlos, er wirkte wahrer und realer als der Kommunismus. *Fantomas* prägte und formte uns, er war Inspiration und Initiation. Weder die Vorkriegs-*Traktoristen* noch *Tarzan* aus den Fünfzigern konnten sich, was die öffentliche Verehrung anging, mit ihm messen. Wir, die wir in den Sechzigern Kinder waren, wurden zur »Generation Fantomas«. Wir sind aus ihm hervorgegangen, und wir werden, wie es scheint, auch in ihn eingehen, sobald es so weit ist. Sich in Fantomas auflösen – das ist unsere letzte Bestimmung.

9

Zunächst aber sind wir im Jahr 1971 angelangt. Ich glaube jedenfalls, dass es dieses Jahr war, irgendwann zwischen Frühlingsende und Sommeranfang. Der letzte Sommer in unserem alten, teils verrotteten, knirschenden Haus in der Harkuscha-, früher Romanowski-Straße, voller Asseln, Schröter und Wespennester, unweit des Bahnhofsvorplatzes und der Station.

Bevor sie morgens zur Arbeit ging, hörte meine Mutter Radio. Bei ihr ging nichts ohne das regionale Programm, seine Lokalnachrichten und samstäglichen Wunschkonzerte. Manchmal fand sie wohl auch Zeit, ein paar ihrer Lieblingsplatten aufzulegen – aus Schellack, solche, die man mit 78 Umdrehungen in der Minute abspielte, obwohl es die leichteren aus Vinyl, mit 33 ein Drittel Umdrehungen, in ihrer Sammlung auch schon gab. Die Sänger hatten fast unanständig komische Namen – Chil, Pjecha. Dann gab es noch eine gewisse Maja Kristalinskaja und einen Vadim Mulerman. Ihre Lieder konnte meine Mutter auswendig, und wenn sie in Unterwäsche durch die Wohnung lief, sang sie mit und meist unverschämt viel besser als die versammelten Mulermans.

An jenem Morgen aber, als sie sich zum Fortgehen fertig machte, hörte sie nicht Platten, sondern Radio, »auf vollem Pegel«, wie Pani Irena sagte). In diesem Informationslärm diskutierten mein Vater und ich die Morgennachrichten aus Julesvernien. Wir horchten auf, als das Radio plötzlich verkündete: »Wichtige Eilmeldung. Wir bitten um Aufmerksamkeit.« Mit so einer Stimme hatte dieses Radio noch nie gesprochen, jedenfalls nicht in meiner, damals noch kurzen, Erinnerung. Vielleicht hatten die Sprecher früher, während des Kriegs, solch einen *endgültigen* Tonfall gewählt. Mir fehlt der Vergleich, aber ich erinnere mich, dass wir erstarrten. »Verehrte Mitbürger! Am Ufer der Goldenen Bystryzja wurde im Oblast-Zentrum die enthauptete Leiche eines Mannes gefunden. Die Identität des Ermordeten konnte nicht festgestellt werden. Nach vorläufigen gerichtsmedizinischen Erkenntnissen war der Mann zwischen 30 und 40 Jahre alt und 182 bis 185 Zentimeter groß. Athletische Figur, keine Tätowierungen oder andere besondere Merkmale. Die Strafverfolgungsbehörden von Stadt und Oblast bitten alle Bürger, die sachdienliche Hinweise zur Person des Toten oder anderen Umständen geben können, um Mithilfe. Rufen Sie 02 an oder wenden Sie sich direkt an die Behörden.«

Dreimal erklang das an diesem Morgen. Dieselbe Nachricht wurde in der Abendausgabe nach 18 Uhr wiederholt. Ebenso am nächsten Tag – morgens, nachmittags und abends. Und dann wieder und wieder. Mindestens eine Woche lang.

10

Dass die entsetzliche Nachricht unsere Stadt in Unruhe versetzte, ist eine schamlose Untertreibung. Tatsächlich war bei uns verhältnismäßig lange nichts mehr passiert. Und erst recht nichts Schreckliches. Unsere Stadt konnte als gesegnet und – wäre da nicht die damals vorherrschende wissenschaftlich-atheistische Weltsicht gewesen – als gottgefällig gelten. Die bedrohlichen Zeiten, als die Familien von Angehörigen des Parteikaders und der höheren Offiziere aus Angst vor dem bewaffneten Widerstand, der in den Wäldern hauste, lieber nicht in ihren Wohnungen des Typs »Lux« übernachteten, sondern in den Militärkasernen, waren in Lethes Fluten untergegangen und tauchten höchstens noch als Alpträume längst vergangener Zeiten auf. Die letzten politischen Prozesse gegen *bourgeoise Nationalisten* hatten 1965 gewütet. Bis zur nächsten Welle, die viel umfassender sein würde (der sogenannten Operation »Blok«), blieb noch ein gutes halbes Jahr, so dass kein Bewohner unserer Stadt oder unseres Landes vorausahnen konnte, wie viele heimliche Feinde des werktätigen Volkes plötzlich neben und unter uns auftauchen würden.

Der Sommeranfang 1971 kann somit als Höhepunkt einer friedlichen, ereignislosen Existenz gelten, vor allem in unserer Stadt, die sich schon eine ganze Weile verdientermaßen über die geringste Kriminalitätsrate der ganzen Republik freuen konnte.

Na, und dann – eine geköpfte Leiche!

Diese blutige Sensation war umso schockierender, als sie so einfach von den Massenmedien ausgestrahlt wurde (es geschehen noch Zeichen und Wunder!), die damals doch ausnahmslos und grundsätzlich das absolute Gegenteil von sensationslüstern waren. Heute überflutet man uns auf allen Kanälen mit endlosen, viehischen Chroniken – zynischen und besonders zynischen, pathologischen, apokalyptischen, widernatürlichen. Wer ließe sich denn heute noch von der Nachricht über eine Leiche ohne Kopf beeindrucken?

In jenen Zeiten aber existierten solche Nachrichten einfach nicht. Und wenn doch einmal über Brutalität oder Grausamkeit berichtet wurde, dann betraf das ausschließlich den längst verkommenen und untergehenden kapitalistischen Westen. Bei ihnen, der Bourgeoisie, wurden am helllichten Tag Menschen entführt, mit Stromschlägen gefoltert, in Asphalt planiert und einbetoniert. Wir, die kleinen Bürger eines anderen Landes, konnten uns tagtäglich über die günstige Fügung freuen, dass wir nicht in den vor Verbrechen endgültig verrückt gewordenen USA, nicht im entsetzlich militarisierten Israel, im faschistischen Spanien oder im mafiotischen Italien zur Welt gekommen waren. Was für ein Glück!

Die im Radio übertragene Nachricht von dem entsetzlichen Mord, begangen in einem so provinziellen und friedlichen Städtchen wie unser Oblast-Zentrum, fügte dem konfliktfreien Weltbild, das unser System und vor allem die Schule mit aller Kraft zeichnen wollten, einen vernichtenden Schlag zu. Jetzt zeigten das Bild, das System, die Schule deutliche Risse, die geringste Kritik konnte sie zum Einsturz bringen. Das Schuljahr ging zu Ende, aber wir mussten noch zum sogenannten Produktionspraktikum, was bedeutete, fünf oder sechs Stunden täglich in den Schulbeeten herumzuwühlen. Klar, dass sich unsere Gespräche ausschließlich um den Enthaupteten drehten.

Es war das unheilvolle Eindringen der Leiche in unsere Welt.

Um ehrlich zu sein – wir gaben uns gerne dunklen Phantasien hin. Auf den Friedhöfen faszinierten uns vor allem die sogenannten Selbstmörder-Ecken, ungepflegt, namenlos, ohne Engel und Kreuze. Wir wussten, dass zum Beispiel jener dicht mit Bärlauch zugewachsene Buckel die Überreste der elenden Grabstelle eines gewissen »Kolomea-Pädophilen« barg, der in dunkler Vorzeit so frech gewesen war, sich gerade in unserem Bahnhof vor einen Zug zu werfen. Kannten wir damals überhaupt das Wort »Pädophiler«? Mit Sicherheit nicht. Aber wir verstanden, was gemeint war. Wir liebten die dunklen Winkel der Sexualität, Hinweise auf geschlechtliche Seltsam- und Abartigkeiten.

Aber doch nicht am Fluss. Der Fluss war ein ganz anderes Terrain!

Der Fluss, unsere liebe Goldene Bystryzja, war entweiht. Früher bedeutete sie für uns alle die höchste Erscheinung des Sommers, seine emotionale Konzentration. Wir, junge Naturliebhaber, heldenhafte Pioniere, rasten auf unseren Fahrrädern dorthin, sprangen von Ufern und Stegen in ihre grünlichen Wasser, spielten und tobten in ihren künstlichen Buchten, machten Lagerfeuer, rauchten die erste Filterzigarette, veranstalteten Massenschlägereien *Viertel gegen Viertel* (gegen uns die Maisler, Hirka war für uns) und beobachteten gegen Abend in unserem *Jungle*-Gebüsch den Sündenfall der älteren Jungs oder der Soldaten des Luftgeschwaders und ihrer freiwilligen Opfer, von denen mehr als eines in unserem Alter war. Einige trugen schon BHs, was zum Signal für die neue Jagdsaison wurde. Kannten wir damals das Wort »Voyeurismus«? Sicher nicht. Jedenfalls blieb der Fluss der wichtigste Grund unserer sommerlichen Existenz. Wenn die Welt regenverhangen war (wie damals 1969, dem Jahr der großen Überschwemmung), wussten wir nicht, wohin mit uns, und zählten fast verzweifelt die ohne unseren paradiesischen Fluss sinnlos vergangenen Ferientage.

Und nun stellte sich heraus, dass an seinen Ufern geköpfte Leichen zu finden waren. Und dass es jemanden gab, der sie dazu gemacht hatte: Der Mensch kann sich nicht selbst den Kopf abschneiden. Höchstens wenn er ihn auf die Eisenbahnschienen legt, aber das war hier nicht der Fall. Es gab also einen Mörder. Jemand hatte dieses makabre Verbrechen begangen und die unglückliche Leiche am Ufer abgelegt. Den erschlafften, großen, *athletischen* und vielleicht sehr schweren toten Körper. Eine solche Last zu bewegen ist sowohl unbequem als auch riskant. So dass der Mörder wahrscheinlich nicht allein war. Der Mörder und seine Spießgesellen. Und *sie* sind noch irgendwo hier, in der Nähe, in dieser ruhigen Stadt, wo nie etwas passiert, sie kriechen durch das Gebüsch am Ufer und schnaufen erregt, wenn sie ihr künftiges Opfer erkennen und es ungefähr so anstarren, wie Dsjunja Strontschewskas Sohn Felius mich anstarrte.

Wir wollten Details wissen, aber das Radio teilte uns keine mit. Immer nur ein und derselbe Text mehrmals am Tag, fast eine ganze Woche lang: Die Identität des Ermordeten konnte nicht festgestellt werden. Keine Tätowierungen oder anderen besonderen Kennzeichen. Rufen Sie 02 an.

11

Natürlich liefen in der Stadt Gerüchte und widersprüchliche Versionen um. In einer Stadt wie unserer (noch dazu in der damaligen Zeit) finden sich immer Leute, die alles *aus erster Hand* wissen, weil sie selbst gehört haben, wie eine nahe Verwandte eines entfernten Bekannten, deren Neffe dritten Grades die jüngste Tochter der Ersten Putzfrau in der Kriminalabteilung geheiratet hat (Varianten: im gerichtsmedizinischen Institut, bei der Staatsanwaltschaft, in einem illegalen Detektivbüro), erzählt hat, wie es wirklich war und wer dahintersteckt.

Angeblich hatte alles mit einem Telefonanruf begonnen, mit dem historischen Satz: »Miliz, Al Capone hat eine Leiche rausgescharrt!« Das klang nicht ganz so episch wie »Der ›Kosmos‹ ist eingestürzt«, führte aber doch zu einiger Verwirrung im Kopf des Wachhabenden – es war übrigens wieder derselbe. Der Telefonanruf kam von einer Anwohnerin in gesetztem Alter; zu dieser Jahreszeit weidete sie jeden Morgen im Ufergebüsch ihre Geißen. Wobei sie stets der gleichfalls ortsansässige, mal hier, mal dort wohnende Mischlingshund Al Capone begleitete. Als er an jenem Morgen an einer in der Gegend bekannten Müllablage vorbeirannte, war er plötzlich unruhig geworden. Ein Stück weiter lag am Ufer eine Eisenbetonröhre, mehrere Meter lang, voller Lumpen, vor allem Sackleinen, Klettengewächsen und Zweigen. An den Ufern unserer Flüsse hat sich schon damals Gerümpel unklarer Herkunft und Bestimmung angestaut. Das besagte Stück Röhre lag schon mindestens zwei Jahre dort – wohl seit der Zeit des erwähnten großen Hochwassers. Es hätte Al Capone nicht weiter beunruhigen dürfen: schon tausend Mal war er daran vorbeigerannt. Dieses Mal aber knurrte er unheilvoll, warf sich in die Röhre und begann, alles in Stücke zu reißen, was darin war, einschließlich des Sackleinens, und in alle Richtungen zu verstreuen, was ihm unter die Pfoten kam. Plötzlich schnellte aus der Röhre, ketzerisch das Tageslicht grüßend, eine große, gespreizte Hand hervor. Das Tantchen mit den Geißen rief um Hilfe, außer sich vor Schreck. Man musste sie zweimal wiederbeleben, erst mit Ammoniakgeist, dann mit nachbarlichem Galgantschnaps.

Dass es sich um eine ungewöhnliche Leiche handelte, noch dazu um eine kopflose, entdeckten die an den Tatort gerufenen Experten der Kriminalabteilung erst, nachdem sie den Inhalt der Röhre untersucht und die Leiche ganz ausgegraben hatten. Wie sich herausstellte, war der aufgefundene Körper nicht nur ohne Kopf, sondern auch ohne jegliche Kleidung, also völlig entblößt und noch dazu gesegnet mit einem Geschlechtsorgan einfach herausragenden Ausmaßes, was lebhafte Reaktionen der Experten hervorrief und zu ersten Spekulationen anregte. Den anfänglichen und nur ungefähren Schätzungen der Fachleute nach hatte der Mord vor nicht mehr als zwölf Stunden stattgefunden (eher vor sieben oder acht), von denen der Körper ungefähr fünf in seinem Versteck gelegen hatte; woraus zwingend folgte, dass er schon tot an den Fundort gebracht wurde. Der Mord selbst war demnach woanders passiert.

Den Kopf fand man nicht. Ich weiß bis heute nicht, ob er überhaupt irgendwann gefunden wurde.

Unter den ersten Annahmen musste folgende sein. Der
Verbrecher (oder eher zwei oder eine ganze Gruppe) hatte den kopflosen Körper in Richtung des erwähnten Stegs
geschleppt. Vielleicht wollten sie ihn loswerden oder drüben am anderen Ufer verstecken. Daher die Version, dass
der Mord auf dieser Seite des Flusses geschehen sein musste. Denn es macht keinen Sinn, eine so ungewöhnliche
Last erst über den Steg zu zerren und dann wieder zurück-
zuschleifen. Aber etwas musste sie daran gehindert haben, ihre Absicht auszuführen. Vielleicht waren in jener
warmen Sommernacht zu viele Leute unterwegs? Nächtliche Partygänger, beschwipste Arbeiter, junges Gesocks?,
jugendliche Kader? Das wäre zu prüfen. Es schien sehr
wahrscheinlich, dass die Verbrecher, als sie in der Dunkelheit unweit jenes Platzes festsaßen und auf die Gunst
des einsamen Moments warteten, es nicht wagten, die ge-
plante Route fortzusetzen, und wegen des anbrechen-
den Morgens gezwungen waren, den unglücklichen Körper stattdessen in ein improvisiertes Versteck zu stopfen.
Vielleicht würden sie in der darauffolgenden Nacht zurückkehren und die Sache zu Ende bringen? Man musste
ihnen also auflauern! Die Kriminalbeamten taten das
vielleicht sogar, denn sie konnten nicht anders. Doch das
Spektakel, das die Anlieger veranstalteten, Angst und
Schrecken, die um sich griffen und zur blitzartigen Verbreitung der Nachricht führten, dürften schon am ersten
Tag auch dem Mörder und seinen Komplizen zu Ohren
gekommen sein. Jedenfalls konnten während der folgenden Nächte keine Besucher des fatalen Ortes festgestellt
werden.

Das Abhacken, Abtrennen des Kopfes vom Rumpf wird von Kennern als äußerlich besonders grausam, tatsächlich aber als humaner als viele andere Arten der Hinrichtung bezeichnet. Einen Menschen enthauptet man (die erwähnte Methode des Selbstmords auf Eisenbahnschienen beiseitegelassen) am besten mit einem Beil oder Schwert. Außerdem existiert noch die Guillotine, aber diese Schlüsselerfindung der französischen Aufklärung kann hier dilatorisch behandelt werden.

Wobei überhaupt die Annahme vorherrschte, dass der Tod gar nicht durch das Abhacken des Kopfes eingetreten war. So dass die Zwistigkeiten über die Frage »Schwert oder Beil?«, die trotzdem hie und da in der Stadt aufflackerten, von vornherein müßig waren.

Überwiegend vertrat man die Ansicht, dass das Opfer schon tot war, als der Kopf abgetrennt wurde. Wobei sich die städtischen Gerüchteverbreiter erst einmal an den sehr wahrscheinlichen Alltags-Familienkonflikt hielten. Eine Frau habe unbedingt ihren Mann loswerden wollen (»Was – mit so einem Gemächt?!«, zweifelten die Skeptiker), und ihr verbrecherischer Liebhaber habe ihr dabei geholfen. Sie hätten den Unglücklichen nach und nach ins Jenseits befördert, indem sie ihm immer größere Portionen von Gift (Arsen?) ins Essen mischten. Als er dann endlich *die Hufe hochgeklappt* habe, mussten sie, entsprechend ihrem vorab erdachten Plan, den Körper in einem Kessel konzentrierter Schwefelsäure auflösen. Die Frau soll in der Lederfabrik (ehemals die von Margoszes) gearbeitet und die Säure über einen langen Zeitraum hinweg von dort mitgebracht haben, mit derselben methodischen Gemächlichkeit, mit der sie die todbringende Substanz übers Essen ihres Mannes streute. Besonders erfahrene Experten stellten sogleich klar, dass es bedeutend effektiver gewesen wäre, die Schwefelsäure mit Salzsäure zu mischen: die eine, so hieß es, würde besser das Fleisch, die andere die Knochen zersetzen. Vorheriges Ausmessen ergab dann jedoch, dass der Mann einfach zu groß war für den vorbereiteten Kessel. Um seinen *athletischen* Körper hineinzuzwängen, damit er ganz von der Säuremischung bedeckt wäre, musste man ihn um ungefähr eine Haupteslänge kürzen. Zusätzlicher Vorteil einer solchen Entscheidung war, dass die Zähne sich sowieso in keiner Säure auflösen würden. So war der einzige Ausweg aus dieser Not, den Kopf abzutrennen und gesondert zu begraben.

Diese Version trieb bald interessante Blüten. Der Kern der Geschichte wurde so erzählt wie in der Ursprungsversion, aber anstelle des Säurekessels kam ein spezieller, fast schon industrieller Ofen ins Spiel. Die ehemalige Margoszes-Lederfabrik verlor an Bedeutung. Stattdessen tauchte aus dem Unterbewusstsein das Bild einer Menschenmenge auf, die fanatisch schrie: »Feuer! Feuer!« – komischerweise mitten auf dem Lemberger Marktplatz.

Parallel gewann eine Version an Einfluss, die den Fokus auf einen ganz anderen familiären Konflikt legte. Ihre starke Seite war, dass sie den genitalen Faktor einberechnete, vielmehr die außergewöhnlichen Ausmaße des männlichen Sexualorgans. Also hatte nicht die Frau einen Liebhaber, sondern ihr Opfer eine Geliebte – und vielleicht nicht nur eine, sondern alle zwölf. Von gerechtem Rachedurst erfasst, heuerte die Frau auf dem Markt einen geübten Metzger an, nachdem sie ihren Mann betrunken gemacht hatte. Der sei dann auch vor der Haustür zu Boden gegangen, den Kopf – wie um es dem Schlachter absichtlich bequem zu machen – auf der

Schwelle, und begann aus allen Rohren zu schnarchen. Der Metzger brauchte nur einmal das Beil zu schwingen – und das Schnarchen ging in Knirschen über. Die Vernichtung der Leiche sollte auf die oben beschriebene Art und Weise vor sich gehen. Aber statt des Auflösens in Säure war geplant, sie in eine Wanne mit ungelöschtem Kalk zu legen. Letzterer war immer zur Hand, denn der Mann hatte sein ganzes Leben auf dem Bau geschafft. Warum keiner seiner Bauarbeiterkumpels sein Verschwinden meldete, blieb offen.

Warum hat sich überhaupt niemand gemeldet? Das Verschwinden eines Menschen muss doch bemerkt werden! Aber nirgends geriet jemand in Verzweiflung, niemand heulte hoffnungslos, nicht einmal leise weinen tat irgendwer.

So verfiel man auf die These vom Fremdling.

Die klassische Kriminaltheorie – Raubmord – erschien besonders schlüssig. Das Opfer war demnach Ausländer, Holländer oder Belgier, vielleicht auch Amerikaner. Der konnte nur illegal und inkognito in unsere Stadt gelangt sein, die damals aus strategischen Gründen von höchster staatlicher Geheimhaltung hermetisch abgeriegelt war. Deshalb blieb dort auch sein Verschwinden unbemerkt. Zu seinem Unglück erregte der bedauernswerte Besucher die Aufmerksamkeit von Mitgliedern der Rostower *Schwarzen Katze*, die gerade in der Stadt gastierten. Von allem, was er hatte, waren sie besonders am Kopf interessiert, genauer an seinem Mund voller diamantener Zähne (hier zeigte sich der Einfluss der *Diamantenhand*). Jetzt laborierten sie irgendwo an diesem Kopf herum und schlugen Krone für Krone einzeln aus. Nicht ohne Beteiligung von ein oder zwei örtlichen jüdischen Zahnärzten. Diese Version erklärte auch erfolgreich, wieso die Leiche nackt gefunden wurde: Die Räuber verachteten keines der in unserem Land seltenen Import-Kleidungsstücke, nicht einmal die Unterwäsche. Den Körper wollten sie auf banale Weise loswerden – indem sie ihn mit Steinen beschwert in den Fluss warfen, wo in jenem Jahr eine große Zahl von Krebsen hauste. Aber dabei waren die Banditen wohl gestört worden.

Dann tauchte die nicht sehr glaubwürdige, aber ziemlich spannende Version von der geheimen außergerichtlichen Tötung auf. In der Stadt und angeblich auch in der ganzen Westukraine erneuere sich der Untergrund. Zwar verfüge er noch nicht über Feuerwaffen, Beile und Messer aber besitze er zur Genüge. Der Tote sei so unvorsichtig gewesen, sich der geheimen Terrorgruppe als Spitzel anzuschließen, hatte dann aber, als er realisierte, wie weit deren gefährliche Pläne gingen, beschlossen, sie zu verlassen. Das bekam ihm nicht gut. Ein Sondertribunal der Aufständischen verurteilte den Mann zur nicht öffentlichen und doch exemplarischen Hinrichtung. Schon bald würde der Kopf gefunden (oder besser gesagt gezeigt) werden, zwischen den Zähnen (wieder die Zähne!) eine Proklamation über den Eintritt in die aktive Phase des massenhaften Widerstands.

Nach dieser gedanklichen Wendung erhielt eine weitere Version – die vom Ritualmord (Opfermord) – ihre Existenzberechtigung. Irgendwo in unserer Nähe war eine extremistische Sekte entstanden, die, nach dem Brauch der Amazonas-Indianer, das Köpfe-Abhacken praktizierte, um diese zu präparieren, zu schrumpfen und als Schmuggelware ins Prager Náprstek-Museum zu exportieren. Tatsächlich waren schon Dutzende solcher Köpfe geliefert worden. Deshalb würde auch diesmal in unserer Gegend kein Kopf entdeckt werden: Er war schon unterwegs. Was die aufgefundene Leiche anging, so war sie nur ein Nebenprodukt des Rituals. Bisher war es den Sektenmitgliedern einfach immer gelungen, die kopflosen Körper spurlos verschwinden zu lassen. Diesmal hatte etwas nicht funktioniert, und so bot sich uns die Chance, dem unerhörten Serienverbrechen auf die Spur zu kommen.

Diese Version war meine.

Unabhängig davon streute ich auch die Information, der Körper des Ermordeten weise entgegen der offiziellen Verlautbarung eine besondere Markierung auf: Seine Brust sei gezeichnet von einem ziemlich tiefen Schnitt in Form des Buchstabens F. Länger zu verschweigen, dass sich in der Stadt einer der fanatischen Jünger des Fantomas aufhielt, vielleicht sogar er selbst, verlor damit allen Sinn. Schon bald würde man sich davon überzeugen können: Die Kriminaler würden entscheiden, die Fahndung zu intensivieren und die kopflose Leiche öffentlich zur Schau zu stellen, wie die Überreste eines Gebirgsräuberhauptmanns in den guten alten Zeiten, und schon am nächsten Montag würde er in einem speziellen transparenten Sarg mitten im städtischen Rathaus liegen, dem heutigen Heimatmuseum.

(Dass das große F auch »Felius« bedeuten könnte, verschwieg ich wohlweislich.)

Mein Vater stützte meine Version, wie er nur konnte. Er sympathisierte mit Fantomas, den er nur aus Nacherzählungen kannte, denn er hatte es fertiggebracht, den Film immer noch nicht zu sehen. Meine Nacherzählungen aber zeichneten sich durch eine sehr freie Auslegung der meisten Episoden aus. Außerdem war es der letzte Sommer, in dem wir uns intensiv mit Julesvernien befassten.

14

Inzwischen schlugen die Emotionen hoch. Eine explosive Nervosität hatte die Stadt ergriffen. Die Gerüchte und Versionen überboten sich und brachten die skandalgesättigte Atmosphäre zum Kochen. Hie und da fanden improvisierte Versammlungen von Veteranenorganisationen statt, die sich einmütig an die Staatsmacht wandten mit der Forderung, endlich die Ordnung wiederherzustellen und die SCHULDIGEN zu bestrafen. Die Worte »Unsere Miliz hat ihre Wachsamkeit verloren« wurden zur Losung des Tages. In den höheren Etagen, flüsterten Bekannte, rollten die ersten Köpfe – im Unterschied zu jenem Unglücklichen aber nur im übertragenen Sinne. Kiew befahl. Moskau forderte. In den geschlossenen Sitzungen der Führungsriege wurde immer öfter von der Notwendigkeit gesprochen, die karpatischen Molfarn hinzuzuziehen.

Dann kam der Abend, an dem die Mitteilung geändert wurde. Ich weiß noch, dass wir uns schon darauf eingestellt hatten, die immer gleichen Sätze zu hören, deren Worte von der »enthaupteten Leiche« sich uns fest eingeprägt hatten. Plötzlich aber hörten wir etwas Neues: »Nach endgültigem Ergebnis der Autopsie war der Mann nicht zwischen 30 und 40 Jahre alt, wie früher angegeben, sondern zwischen 60 und 70. Trotz seines Alters war der Tote in hervorragender körperlicher Verfassung, was den Fehler der Experten verursacht hat.«

Einen Moment lang glaubte ich, weitere Korrekturen und Dementis würden sogleich folgen. Kein Mann, sondern eine Frau. Nicht am Flussufer, sondern am See. Nicht in diesem Jahr, sondern im vorletzten. Nicht in unserer Stadt, sondern im Staat Arkansas. Und am Ende würden sie sagen: »Überhaupt, verehrte Bürger. Nichts dergleichen ist geschehen. Keine Leiche, kein Kopf. Wir haben nur Spaß gemacht.«

Doch der weitere Text blieb praktisch unverändert. Obwohl die Erklärung am nächsten Morgen nicht mehr erklang. Auch nicht in der Abendausgabe. Nie wieder.

Womit das zu erklären war – mit der genialen Aufdeckung oder angeordneter Vertuschung –, weiß ich bis heute nicht.

Die aufgewühlte Stadt erregte sich noch ein bisschen und kam dann organisiert zur Ruhe. Bis zu ganz anderen Irritationen und Aufregern.

15

Eine Sensation mit einer anderen zu deckeln ist eine Taktik der informationellen Kriegsführung. Damals wussten wir das nicht, denn offiziell gab es keine Informationskriege. Aber genauso sollte es kommen.

Das letzte Gerede über die »Uferleiche« war kaum eine Woche verstummt, als unser Bahnhof eines Morgens mit roten Fahnen vollgehängt erwachte. Das wäre nicht weiter ungewöhnlich gewesen, hätten die roten Fahnen nicht in der Mitte einen weißen Kreis mit schwarzem Hakenkreuz gehabt. Auf den Bahnsteigen und in den Wartesälen patrouillierten Soldaten in Wehrmachtsuniform, ab und zu sah man auch ranghohe SS-Leute. Eine Kolonne abgerissener und geprügelter Rotarmisten in Ketten wurde vorbeigetrieben. Juden wurden getrennt aufgestellt und Mütter und Kinder auseinandergerissen.

Die Reisenden, die aus den Zügen stiegen und diesen ganzen Wirbel sahen, zuckten zusammen und sperrten die Münder auf. Alte Bauersfrauen bekreuzigten sich, und ein Junge rannte voraus in die Bahnhofshalle, wo, wie es hieß, *Major Toporkow* persönlich Autogramme gab.

In der Stadt wurde ein Film gedreht, und alle wollten bei den Massenszenen mitmachen.

Nur ich sah noch lange eine unbegreifliche Verbindung zwischen diesem ganzen Wirrwarr und dem so plötzlich in Vergessenheit geratenen Vorfall.

16

In dieser Geschichte gibt es einen nicht aufgefundenen Kopf. Vielmehr gibt es den Kopf in dieser Geschichte nicht, denn er wurde nicht gefunden.

Außerdem gibt es vieles, das angefangen, aber nicht zu Ende geführt wurde. Ihr kritisches Auge hat schon mehr als ein Detail, mehr als einen Strang bemerkt, aus denen sich nichts entwickelt hat. Selbst den Großbuchstaben F hat sich der ERZÄHLER am Ende nicht auf die Brust tätowiert. Denn es gibt kein Ende.

Eine unvollendete Geschichte hört auf, eine Geschichte zu sein. Aber die meisten Geschichten dieser Welt sind eben unvollendet. Nicht objektiv unvollendet. Unvollendet bleiben sie für uns. Wir können weder die Anfänge noch die Enden erfassen, befinden uns irgendwo dazwischen, in einem zufälligen Teilstück.

Was in jenem Sommer wirklich endete, das ist mein ungefähr zehnjähriges Leben in der Bahnhofsgegend. Es endeten die Familienausflüge ins »Kosmos«, die samstäglichen Besuche im Stadtbad und die abendlichen Spaziergänge zum Warschauer Zug Nr. 76.

Pani Irena führt mich nicht mehr in den Park zum Karussellfahren. Die Gipshirsche weiden nicht mehr. Das ist vorbei.

Auch das Leben meiner Eltern ist vorbei. Meine Mutter starb vergangenes Jahr, mein Vater zwanzig Jahre vor ihr. So kann ich alles, was hier geschrieben steht, ihrem Andenken widmen, das ganze Buch mit seinen Lieblingen.

Sollte sich aber ein geneigter Leser vielleicht nicht nur an den entfernten Vorfall mit der enthaupteten Leiche erinnern, sondern auch an dessen Auflösung, so würde ich gerne wissen, wie es ausgegangen ist, und dann sicher auch diesen unvollendeten Teil vollenden.

Der Autor bedankt sich bei:

Wadym Saplatnykow – für die Idee mit der Zahl achteinhalb;

Olja Mychajljuk, Anatolij Bjelow, Uljana Horbatschewska, Mark Tokar und der gesamten Gruppe »Albert« – für das plötzlich ganz andere Antlitz eines der Helden dieses Buchs;

Bohdan Turezkyj, Iwan Bondarew, Taras Sen, Petro Hanzjuk und Ljubow Solowka – für die Inspirationen, Ratschläge und Ideen, ohne die es den schwierigsten Teil dieses Buches nicht gäbe.

Reinhard Merkel, meinem Kollegen aus dem Berliner Wissenschaftskolleg 2008/2009, der mich so liebenswürdig an seiner ungemein inspirierenden Arbeit »Wer war Rüttgerodt?« teilhaben ließ.

Inhalt